シリーズ現代の流通　第 2 巻

マーケティングの理論と実践

岩永忠康　編著

五絃舎

はしがき

　20世紀の初頭，アメリカにおいて生成・発展したマーケティングは，もともと大規模生産企業の市場問題に対する解決策として登場した実践・技術的学問であった。このようなマーケティングは，アメリカ経済の発展とともに，その内容を深め豊かなものにしてきている。第二次世界大戦後，アメリカを中心とした先進資本主義諸国をはじめ，今日ではほとんどの国において，企業の存立と発展ならびにそれに基づく経済発展がますますマーケティングに依存せざるをえなくなってきたのである。

　戦後のマーケティングは，技術革新のマーケティングとして特徴づけられ，経営者の視点からマネジリアル・マーケティングとして企業の中心的な経営戦略として位置づけられている。そのために，またこの分野での研究も極めて多種多様な内容を包含し，その領域ごとに多くの理論的かつ実践的な研究成果も多くみられる。

　近年，成熟化社会・高度情報化社会・国際化社会などといった社会経済環境の変化に伴って，マーケティングはますます複雑化しながらそのパラダイムや考え方も変化してきている。こういう状況のなかにあって，歴史的経緯を踏まえた基本的なマーケティングの知識や理論を整理することが必要となってくる。その意味で，本書はマネジリアル・マーケティングの視点に立脚したマーケティングの知識や理論を説明し，かつ日本の産業界で実践されているマーケティング戦略を紹介している。

　本書は，岩永忠康『マーケティング戦略論（増補改訂版）』の再改訂として新たに日本の産業界のマーケティング戦略の実践を追加したものであり，マーケティングならびにマーケティング・ミックスに関する基本的な知識を整理しつつ，理論的に体系化したものである。つまり，現代の寡占経済の市場競争下のもとに，寡占企業の差別的優位性の創出と需要創造という基本方向からマーケ

ティングの管理・戦略ないしマーケティング・ミックスを構成している製品戦略・価格戦略・経路戦略・販売促進戦略の部分戦略について分析したものである。そのうえで，新たに実践編として日本の代表的な業界の産業別マーケティングを考察している。

本書の構成を示すと，第1編ではマーケティングの基礎理論について分析している。そのなかで，第1章がマーケティングの概念，第2章がマーケティング管理，第3章がマーケティング戦略の分析に当てている。

次に，第2編ではマーケティング戦略の基本的な構成要素であるマーケティング・ミックスの部分戦略について分析している。そのなかで，第4章が製品戦略，第5章が価格戦略，第6章が経路戦略，第7章が販売促進戦略の分析に当てている。

さらに，第3編では日本の業界の産業別マーケティングについて分析している。そのなかで，第8章が自動車マーケティング，第9章が化粧品マーケティング，第10章が食品マーケティング，第11章が医療マーケティング，第12章が観光マーケティング，第13章が商店街マーケティングの分析に当てている。

本書は，『シリーズ現代の流通』第2巻『マーケティングの理論と実践』として上梓したものである。岩永忠康『マーケティング戦略論（増補改訂版）』の改訂版として編別構成やタイトルは編者が設定したが，第3編の産業別マーケティングについては，執筆者諸氏の得意とする専門分野の視点から独自の分析を行っている。その意味で，日本の業界における産業別マーケティングの基本知識や方向づけはなされていると思われる。そして，この出版の企画に賛同して戴き，多忙にも拘らず貴重な原稿をお寄せ戴いた執筆者諸氏に対し，心から敬意と謝意を表わしたい。

最後に，本書の出版を快くお引き受け戴き，短期間の間で集中的に整理して戴くなど，格別のご配慮とお手数を戴いた五絃舎社長・長谷雅春氏には心からお礼申しあげる次第である。

2012年9月1日

編者：岩永忠康

目　次

第1編　マーケティングの基礎理論

第1章　マーケティングの概念 ―――――――――――――― 3
第1節　マーケティングの概念　3
第2節　アメリカ・マーケティングの生成と発展　9
第3節　マネジリアル・マーケティング　14

第2章　マーケティング管理 ――――――――――――――― 23
第1節　マーケティング管理　23
第2節　マーケティング計画　24
第3節　マーケティング組織　27
第4節　マーケティング統制　32

第3章　マーケティング戦略 ――――――――――――――― 37
第1節　マーケティング戦略　37
第2節　マーケティングの全体戦略　41
第3節　マーケティングの統合戦略　46
第4節　市場地位におけるマーケティング戦略　49

第2編　マーケティング・ミックス戦略

第4章　製品戦略 ―――――――――――――――――――― 57
第1節　製品の概念　57
第2節　製品戦略　58
第3節　製品のライフサイクル　61
第4節　製品計画　65

第 5 節　ブランド・包装・ラベル戦略　　68

第 5 章　価格戦略 ——————————————— 75
第 1 節　価格の概念　　75
第 2 節　価格設定の要因と目標　　77
第 3 節　価格設定の方式　　79
第 4 節　新製品の価格設定　　83
第 5 節　価格管理　　86
第 6 節　最近の動向　　92

第 6 章　経路戦略 ——————————————— 97
第 1 節　流通経路の概念　　97
第 2 節　経路戦略　　99
第 3 節　マーケティング・チャネル戦略　　101
第 4 節　流通系列化　　106
第 5 節　物流経路と情報経路　　110

第 7 章　販売促進戦略 —————————————— 117
第 1 節　販売促進の概念　　117
第 2 節　広　　告　　121
第 3 節　人的販売　　126
第 4 節　狭義の販売促進　　131

第 3 編　産業別マーケティング

第 8 章　自動車マーケティング —————————— 139
第 1 節　自動車産業を取り巻く環境変化　　139
第 2 節　自動車産業の市場構造　　141
第 3 節　自動車産業の製品戦略　　144
第 4 節　自動車産業のチャネル戦略　　148
第 5 節　今後の展望　　153

第9章 化粧品マーケティング ―――――― 157
第1節 化粧品産業の特徴 157
第2節 資生堂のマーケティング戦略 162
第3節 化粧品マーケティングの現状 167

第10章 食品マーケティング ―――――― 171
第1節 食品産業の構造 171
第2節 加工食品製造業者のマーケティング戦略 175
第3節 プライベート・ブランド商品戦略 178

第11章 医療マーケティング ―――――― 185
第1節 医療サービス関連産業の現状 185
第2節 医療サービスの特徴 188
第3節 医療マーケティングの性質 189
第4節 医療マーケティングの枠組み 191
第5節 事例から学ぶ 198

第12章 観光マーケティング ―――――― 201
第1節 観光の特性 201
第2節 観光産業と観光マーケティング 207
第3節 観光経営の展開 212

第13章 商店街マーケティング ―――――― 215
第1節 商店街マーケティング 215
第2節 商店街マーケティング・ミックス戦略 220
第3節 「街づくり」マーケティング 224

索 引 ―――――― 229

第1編　マーケティングの基礎理論

第1章 マーケティングの概念

第1節　マーケティングの概念

1. マーケティングの概念

　マーケティングは，20世紀初頭にアメリカで誕生した経営実践ないしそれを基盤とした学問であり，その具体的なあり方は社会経済構造の変化とともに絶えず革新し続けている。そのためにマーケティングの定義や概念は，研究者や研究機関によってさまざまであり，また時代の経過とともに変化してきている。そこでまず，広く一般的にもちいられているアメリカ・マーケティング協会（American Marketing Association：以下，AMA）の定義専門委員会の定義によって，マーケティングの概念の変遷をみていこう（那須 2009, pp.98-99 参照）。

　まず，マーケティングの定義は，1935年にAMAの前身である全国マーケティング教師協会において最初に公にされた。そこでの定義は，「マーケティングとは生産から消費にいたる商品やサービスの流れに携るビジネス活動である」(The National Association of Marketing Teachers 1935, p.156) となっている。この定義は，マーケティングを経済機能としてマクロ的視点から規定している。

　次に，第二次世界大戦後の経済事情の変化に即応して定義を改正する必要に迫られた。そこで全国マーケティング教師協会を引き継いだAMAによって1948年に改定された。そこでの定義は，「マーケティングとは生産者から消費者あるいは利用者にいたるまでの商品およびサービスの流れを方向づける種々のビジネス活動の遂行である」(日本マーケティング協会訳 1963, p.37) となっている。その後，1960年にも若干のコメントの修正が行われたが，定義その

ものは1948年のものをそのまま据え置いた。この定義は、マーケティングを企業活動としてミクロ的視点から規定している。

さらに、1985年の定義では、「マーケティングとは、個人や組織の目的を満足させる交換を創造するために、アイディア、商品やサービスの概念化、価格設定、販売促進、流通を計画し実施する過程である」（American Marketing Association1985, p.1）となっている。この定義は、マーケティングを交換活動として捉え、個別企業の営利活動のみならず、非営利組織活動を含む拡張した概念から規定している。

また、2004年の定義では、「マーケティングとは、組織とその利害関係者にとって有益となるよう、顧客に対して価値を創造し、伝達し、提供したり、顧客との関係性を構築したりするための組織的な働きや一連の過程である」（高嶋2008, pp.5-6）となっている。この定義は、実施主体を組織や利害関係者まで拡大し、顧客志向に基づいて価値を創造・伝達・提供して関係性を維持する活動としたものである。この定義もまた、マーケティングを拡張した概念として規定している。

さらに、2007年の定義では、「マーケティングとは、顧客、依頼人、パートナー、社会全体にとって価値のある提供物を創造・伝達・配達・交換するための活動であり、一連の制度、そしてプロセスである」（高橋2008, p.11）となっている。この定義は、実施主体を顧客・依頼人・パートナーさらに社会全体まで拡大し、価値ある提供物を創造・伝達・交換する活動として社会的概念の領域にまで広がっている。この定義は、マーケティングを社会的概念まで拡張した概念として規定している[注1]。

2. マーケティングの概念の変化

既述したように、マーケティングは、20世紀初頭にアメリカで誕生した経営実践ないしそれを基盤とした寡占企業の販売問題の解決を課題として発展してきたもので、その具体的なあり方は社会経済構造の変化とともに絶えず革新し続けている。それは、独占形成期における単純素朴なものから複雑なものへ

と変化していき，戦後のマーケティングはマネジリアル・マーケティングへと経営者的アプローチをいっそう強化させ，経営戦略としてのマーケティングを展開している（岩永2007, p.6）。

その後，マーケティングは，1950年代の後半以降，いくつかの問題に直面し，新しい視点が出現してきた。その1つが，1960年代末頃からあらわれたソーシャル・マーケティングの登場である。このソーシャル・マーケティングは，マネジリアル・マーケティングの反省と調和を図りながら社会性を強調するものである。その1つの方向は，レイザー（W.Lazer）を中心とする流れである（Lazer 1969, pp.3-9）。それは，コンシューマリズムや環境保護活動などを契機として発展してきた。そのために企業は，コンシューマリズムや公害問題など社会問題と対応して社会不満・社会不安を解消しながら事業化していくという前向きの姿勢から捉えるべきであり，それだけにマーケティング活動領域が拡大しており，その社会的・経済的な影響力が大きくなっている（坂本2005, p.261）。

他方，もう1つの方向としては，コトラー（P. Kotler）を中心とする流れであり，マーケティング概念の拡大化である（Kotler / Levy 1969, pp.10-15）。このソーシャル・マーケティングは，マーケティングを本来の営利企業だけでなく，政府・病院・大学などの非営利組織にまで応用・拡大していくことによって，より良いサービスやアイディアを提供できれば，社会に大きな満足を与え社会へ貢献できるというものである（坂本2005, p.260）。そして，一度確立されたマーケティング手段や技法は，企業経営であれ非営利組織であれ極めて有効な手段や技法として応用可能である（岡田1992, p.8）。もちろん中小企業分野のマーケティングは，寡占企業と比べてその市場に及ぼす影響力やマーケティング戦略にあたって，かなり限定された自由裁量の余地しかもっていないが，マーケティングの概念と技法は着実に浸透しつつある（三浦1993, p.16）。この視点のマーケティングは，寡占企業から中小企業へ，また消費財部門から生産財部門やサービス・流通部門へ，さらに企業経営から政府・学校・病院などの非営利組織へと広範で多岐にわたる分野にまで普及し，さまざまな主体によるマー

ケティングが提唱されている（岩永 2007, p.7）。

　1980年代において，マーケティングは，技術革新とグローバリゼーションという社会経済情勢の変化により，より総合的な戦略的マーケティングへと発展していった。この戦略的マーケティングは，従来のマネジリアル・マーケティングより企業全体の経営と結びついた上位の概念をめざすものである。つまり，それは全社的な戦略的プランニングが基礎であり，マーケティング・ミックスを構成する市場創造変数に全社的戦略という視点から接近する（那須 2001, pp. 3-5）。

　さらに，1990年代になると，従来のマネジリアル・マーケティングあるいは戦略的マーケティングに代わり，新たなリレーションシップ・マーケティング（関係性マーケティング）が台頭してきた。このマーケティングは，従来のパワー・マーケティングないしマス・マーケティングなど一方的な関係を否定するもので，多様化した消費者ニーズに対応しつつその継続的な関係を維持するものである。それは ワン・ツー・ワン・マーケティング，インターラクティブ・マーケティング，データベース・マーケティング，アフター・マーケティング，ポストモダン・マーケティングなどとして提唱されている（安部 1998, p.14）。つまり，リレーションシップ・マーケティングは「市場シェアより顧客シェアを中心に，現在顧客との信頼関係を深め，より長期的な取引と共創価値創造を目指す商業的マーケティングの発展形態」（嶋口 1995, p.71）とされているように，インターネットやパソコンを駆使することによって，現実の成熟化・高度化・グローバル化した社会に対応しながらかつ顧客との長期的関係を維持するという新たな展開を提示している。

　みられるように，現代のマーケティングは，単に大規模・寡占メーカーの市場問題への対応戦略という枠組みを越えて，営利企業のみならず非営利企業を含めた事業・組織の戦略として拡大解釈され，多くの事業・組織でマーケティングの理念や経営ノウハウが取り入れられ実践されている。しかしながら，マーケティングは戦略的マーケティングにせよ関係性マーケティングにせよ，基本的にはマネジリアル・マーケティングの範疇ないし枠内において遂行されている。

3. マーケティングの成立背景

　マーケティングは独占資本主義段階における大規模生産企業の販売問題ないし市場問題の解決のための諸手法として登場したものである。その意味では，その視点は極めて企業的ないし経営者的色彩を強くもつものであり，内容的にも単なる販売よりもはるかに幅の広い概念である（三浦 1993, pp.1-2）。端的にいえば，マーケティングは商品やサービスを生産者から消費者へ流通させるのみならず，より積極的に市場を開拓・支配し，市場シェアの拡大を目的として展開されるものである。したがって，マーケティングとは巨大生産企業ないし寡占企業による市場創造のための統合的な適応行動（岡田 1992, pp.7-8）と規定することができる。

　そもそも，資本主義経済は市場経済を基礎にしているかぎり市場問題から免れることができない。しかし，この市場問題は資本主義の自由競争段階においてはそれほど緊急な課題となるまでにはいたらなかった。その理由としては，経済的に遅れた部分を絶えず分解して，不断に市場を拡大していきながら，全体としての消費力がいちおう生産力の伸びに相応していたからである。さらに大きな理由としては，市場問題つまり販売問題ないし商品価値の実現がもっぱら商業の利用によって，いわば生産者全体に解決されていたからである。つまり，生産者は原則として商業を利用することによって販売問題を解決してきたのである（森下 1969, pp.214 - 215）。

　ところで，資本主義が自由競争段階から独占段階になると，生産者の生産力は飛躍的に高められ，そのわりに消費力は増大しない。その結果，過剰生産が恒常化し，販売問題ないし市場問題が発生し，相対的に狭隘な市場をめぐって企業競争は激しさを増していったのである。そこで生産と資本の集積・集中によって形成された巨大生産企業ないし寡占的製造企業（以下，寡占企業とする）は，生産力を飛躍的に増大させ，相対的に狭隘化した市場でその地位を維持・強化しながら独占利潤を獲得するために，市場を確保・拡張することが不可欠の課題となったのである。

　こうなってくると，寡占企業は販売問題をもっぱら商業に依存するだけでな

く，販売を自己の経営問題として自らの手で解決しようとする。しかも寡占企業は，生産独占に基づき独占価格を設定し，これを通じて商業を排除し自ら販売に要した費用を他に転嫁することができる。こうして，その必要に迫られ，かつその能力をもつにいたった寡占企業は，市場問題を自らの経営問題としてこれに直面し，これを解決するために展開する諸方策こそマーケティングにほかならない（森下 1993, pp.158 - 159）。

その意味で，マーケティングは，すぐれて独占資本主義段階の産物であり，その主体的条件が寡占企業の形成であり，その客観的条件が資本主義の矛盾に基づく市場の狭隘化あるいは市場問題の激化である。そのためにまた市場における競争形態が価格競争から非価格競争へと変化し多様化してきている（橋本 1973, p.14）。

この点で，森下二次也はマーケティングを次のように規定している（森下 1993, p.164）。

①マーケティングは巨大生産企業の市場獲得・市場支配のための諸方策である。
②それは独占の形成とともに成立する。
③独占資本主義の発展段階に照応して新しい方策が展開され，マーケティングの重点が移行する。

つまり，マーケティングとは，独占資本主義段階における巨大生産企業ないし寡占企業の市場獲得・市場支配のための戦略であり，しかも経済発展段階に照応してマーケティングの重点も変化していくというものである。

なお，マーケティングあるいはマネジリアル・マーケティングは基本的には寡占企業の市場獲得・市場支配のための諸方策であり，マーケティングを十分に実施できる組織と資本力を有しているのはあくまでも寡占企業でなければ不可能である。そこで，マーケティングの発生・展開ないし基本方向を明らかにするために，戦前のアメリカ・マーケティングの経緯を概説しておこう。

第2節　アメリカ・マーケティングの生成と発展

1. マーケティングの生成

　アメリカの資本主義経済は，南北戦争後，幾多の周期的恐慌にみまわれながらもめざましい発展を遂げ，それとともに生産と資本の集積・集中が推進された。特に資本の集中は1870年代から始まった大合同運動によるトラストの形成を通じて進められ，その結果，19世紀末頃までには消費財部門ではタバコ，砂糖，ウィスキー，缶詰などで，生産財部門では鉄鋼，石油などで巨大企業が形成され，ここにマーケティング生成の主体的条件である巨大生産企業ないし寡占企業の成立をみたのである（岡田1992, p.9）。

　一方，19世紀末のアメリカの市場をみると，国外市場は各国の植民地への侵略とその領土分割を完了させていたので，もっぱら国内市場が重点的に開発されなければならなかった。この場合，市場は資本主義発展とともに縦にも横にも発展していく。市場の縦における深さの発展は，19世紀末の第二次産業革命と呼ばれる一連の技術革新によって推進され，資本主義的生産関係のいっそうの発展を通じて促進された。しかし，技術革新を通じて資本の有機的構成は高度化していき，機械などに投下される不変資本部分は増加していくけれど，労働力に投下される可変資本部分は相対的に減少することによって，失業者が増加する傾向にあった。さらに，資本の有機的構成の高度化に基づく資本の生産性の向上によって，相対的剰余価値の搾取が強まり，労働者階級は相対的に貧困化していった。これらは，いずれも国内市場をしだいに狭隘化させていった（橋本1973, pp.15-16）。

　また，市場の横における広さの発展は，ニューイングランド，ニューヨーク，ペンシルバニアなどの地域で形成されていた地域的市場圏から局地的市場圏へと拡大し，さらに鉄道網の発展に伴い西漸運動を通じて推進されてきたが，1880年頃にはこのフロンティアも消滅し，国内市場の地域的・外延的拡大もいちおうの停止をみるにいたった。このように資本の集積・集中，独占の形成

による生産力の増大と国内市場の狭隘化とその深まりゆく矛盾は，資本の関心を市場問題に向けさせたのである（岡田 1992, pp10-11）。

　しかし，この独占形成期におけるマーケティングは，今日のような多彩で洗練された豊富な内容をもったものではなかった。そこでのマーケティングは，端緒的形態であり，単純・素朴なものであった。この段階においては，市場問題が逼迫を示したとはいえ，なお資本の集積・集中，独占の形成それ自体がこの市場問題のいちおうの解決を意味していた。なぜならば，資本の集積・集中，独占の形成は，従来の競争者の競争を圧殺し，その程度において市場の拡大・支配を許したからである。そのために重要な役割を演じたものが，架空の独立会社や戦闘的ブランドによる販売価格切下げと地域的価格差別戦略などによる価格戦略であった。すなわち，巨大生産企業は打倒すべき競争者の市場に切り込んで，そこで徹底した価格切下げを行うことによってその目的を達したのである。こうして市場を入手すると，今度は高い独占価格を設定し独占利潤を獲得することであった。

　しかし，それだけではない。巨大生産企業は，競争相手を打倒し高い独占価格を設定しても独占利潤の獲得を保証するものではない。なぜなら，これまで商品販売はもっぱら商業に依存していたからである。そのために巨大生産企業は，当然このような商業依存体制から離脱して商品販売を自らの経営問題としなければならない。そのための具体的手段として，セールスマンを雇用して自社商品の説明・販売にあたらせたり，従来の商業を自己の管理下のもとにおくなど，直接的・間接的に流通経路へ介入し始めたのである（森下 1993, pp.44-45）。

　ともあれ，独占形成期におけるマーケティングは，今日のような多彩で洗練された豊富な内容をもったものではなく，単純で素朴な端緒的形態のものであった。しかも，そこで重要な役割を演じたのは価格競争であり，この価格競争を通じて資本の集積・集中，さらに独占が形成され，その後，独占価格の設定・維持が行われた。しかし，20世紀の独占段階へ移行すると，このような端緒的形態も役に立たず，その内容も豊富なものになってきたのである。

2. マーケティングの確立

　20世紀初頭には主要な産業分野において寡占企業が成立し，それ以後アメリカ資本主義はいよいよ本格的な独占資本主義の段階に突入していった。そこでは生産と資本を集積・集中した少数の寡占企業が相対峙しており，それらはもはや互いに素朴な価格競争で息の根を止めうるような相手ではなくなっていた。なぜなら，価格競争つまり価格切下げ競争は，他企業の価格切下げを誘発し自らの利潤の低下をもたらし，さらに破滅的競争に陥る可能性があったからである。したがって，長期安定的利潤を志向する寡占企業は，価格競争を回避する方向へと向かわざるをえなくなり，価格協調ないし価格カルテルが結ばれるようになったのである。

　しかし，寡占企業間の競争がなくなったわけではなく，競争はかえって激しさを増してきた。しかも，価格協定や価格カルテルはしばしば破られ，また不当な競争制限行為として社会的批判を受け，法的に禁止され始めたのである。そこで，寡占企業間の主たる競争手段は，価格切下げによる価格競争から，高い価格を設定・維持しながら品質や宣伝広告などによる非価格競争へと移行し，それによって市場を維持・拡大しようとしたのである（岡田1992, pp.11-12）。

　寡占企業は，巨額の固定資本の圧迫を軽減するためにも，また資本の有機的構成の高度化による利潤率をカバーしながら独占利潤を獲得するためにも，いよいよ大量生産を不可欠な課題としなければならなかったのである。そのためには，商品の標準化が必要であり，それとともに標準化された大量の商品を狭隘化した市場で販売しなければならなかった。つまり，寡占企業にとっては，「既存市場の一層集約的な耕作」（Shaw1915, p.43, 伊藤・水野訳1975, p.28）ないし「需要創造」が重要な課題となったのである。そして，この課題を解決するための中心的手段として採用されたものが全国的広告であり，その基礎としての製品差別化ならびにそのためのブランドの付与であった。

　これまで販売の推進力となったものは，商人やセールスマンないしそれによる地方的広告であったが，19世紀末には全国的市場が成立し，それに伴い従来の商人やセールスマンによる地方的広告から寡占企業による全国的広告へと

その重点が移行してきた。一般に，広告は情報的要素と説得的要素をもっているが，資本主義的広告は，情報伝達を中心とする報知的広告よりも自社製品を宣伝する説得的広告でなければならなかった。そのためには自社製品を他社製品から識別されうるようななんらかの特性を与えることが必要であり，その際に重要な役割を演じたものが製品差別化であり，それはまた独占価格の維持にも貢献した（森下1993, p.46, 橋本1973, p.23)。

また，セールスマンによる販売促進の強化もあげられる。すでに19世紀末には市場の地域的拡大とともにセールスマンが活躍していたが，さらにその数が増加したばかりでなく活動領域も拡大し，セールスマンの管理も重要な課題として認識され始めた。そのために従来の単なる販売からセールスマンを教育・訓練・組織化した，いわゆるセールスマンシップに基づく組織的販売へと変化し，それはやがて販売員管理を中心とする販売管理の登場となったのである。

さらに，寡占企業は，大量生産システムに対応する大量販売システムの確立をめざして，自社製品を優先的に販売する協力的な販売店を組織し，流通経路を支配・管理するためにチャネル戦略をとり始めた。そして，これらのチャネル戦略は中間商人の排除ないし商業の系列化としてあらわれる（橋本1973, pp.23-24)。

このように独占資本主義確立期のマーケティングは，いわば説得的な特質をもっていたということができる。つまり，ここでは消費者の需要を考慮することなく，標準化された大量の商品をいかにして販売するかがマーケティングの課題であった。このようなマーケティングの特徴は，第一次世界大戦後の産業合理化政策のもとで，本格的に開始されるに至った大量生産方式の発展によっていっそう強化されることになった。産業合理化の動きは，無駄排除運動に始まり，テーラーの科学的管理法の採用，フォードによって実現されたフォードシステムによって完結したのである。

このフォードシステムは，流れ作業による専門化・単純化に基づく大量生産方式によって，一方では製品の標準化と単純化による製品の種類を整理する側面をもち，他方では自己の市場を狭隘化させる側面をもっていた。そのために

マーケティングは，狭隘化した市場に他社製品と実質的な差異をもたない少品種大量の規格商品を販売するための強圧的マーケティングとならざるをえなかった。たとえば，誇大な広告，詐術的なセールスマンシップ，過剰サービス，信用による割賦販売を活用した所得の先取りという販売形態など，これらは強圧的マーケティングの技法であり（岡田 1992，pp.13-16），さらにまた市場の的確な把握のための市場調査がいっそう重要になったのである。

3. マーケティングの発展

　1929年に勃発した世界大恐慌はアメリカ経済に大きなダメージを与え，この苦境を打開するために国家が積極的に経済活動に介入するようになった。このように国家による一連の経済活動への介入がニューディール政策と呼ばれているものであり，これを契機として，アメリカ経済は混合経済体制として特徴づけられるようになった。

　これを境として，マーケティングはかなり変質・転換した。つまり，1930年代のマーケティングは，「企業の慢性的遊休と失業常備軍」をもって2つの際立った性格が賦与された。その特徴の1つはマーケティングが国家機構と結びついたことである。それは，一方ではマーケティング活動における独占的諸制限を容認し，他方では国家的市場創出との結合としてあらわれた。すなわち，ニューディール政策のもとでの制定された全国産業復興法（NIRA）は，公正競争規約の認可によって広範な独占禁止法除外をつくりあげ，これに反する行為はかえって不公正競争とみなされた。

　またニューディール政策は，極度に狭隘化した国内市場のある程度の回復を図る手段として，農業調整法（AAA）による農民購買力の増強，NIRAによる最高労働時間，最低賃金制，公共投資による雇用増大など一連の購買力補給政策がとられたのである（森下 1993，pp.55-57，橋本 1973，pp.29-30）。このようにニューディール政策の国家的保護のもとに，価格競争が排除され，価格下落を防ぐための公然あるいは暗黙の価格協定が結ばれたり，価格下落の防止手段として操業短縮も実施された。したがって，競争の重点は価格競争から非価格

競争へと移行し，新製品開発競争，特に製品差別化を中心とする品質競争，莫大な費用を投下する広告宣伝競争，割賦販売・技術保証・修繕・景品添付などのサービス競争が中心となったのである（岡田 1992, p.17）。

　もう1つはマーケティングにおける消費者中心主義の強調であった。これは，「消費者は王様（Consumer is King）」という表現に典型的に表われているように，消費者のニーズに基づいた商品を生産し，販売増進のために企業内にあらゆる諸活動を統合するマーチャンダイジングが重視された。それは，製品をできるかぎり消費者需要に適合させることによって販売増進を図ろうとするものであって，生産された製品をいかに消費者に売り込むかというプロダクト・アウトの立場から，消費者の意向を反映して売れる製品をいかに生産するかというマーケット・インへの立場に転換した。このようにマーチャンダイジングは，いかなる製品を生産すべきかという製品計画の領域であり，いわばマーケティングを生産の領域にまで拡張したものであるが，しかしそれはあくまでも既存遊休設備を前提としたもので製品計画の域を脱するものではなかった。こうして1930年代のマーケティングは，1920年代の強圧的ないし高圧的マーケティングに対して，迎合的ないし低圧的マーケティングとして特徴づけられるものであった（森下 1993, pp.57-58，橋本 1973, pp.31-33，岩永 2007, p.14）。

第3節　マネジリアル・マーケティング

1. マネジリアル・マーケティング

　戦後のマーケティングは，技術革新のマーケティングとして特徴づけることができる。それは，単に流通の領域にとどまらず生産の領域にまではいりこみ，それも製品決定だけではなく設備投資の分野にまでさかのぼるにいたったこと，そして個々のマーケティング活動がすべてここを軸点とする新たな展開を示すなど大きな特徴がみられる（森下 1993, p.93，岡田 1992, p.18）。

　この技術革新のマーケティングは次のような特徴をもっている。第1に，統合的なマーケティング・マネジメントの成立である。これは，一方において長

期安定市場の見通しを与え，それを確保するという任務をもっている。このために長期的な基礎のうえに立つマーケティング戦略をその課題としている。それは，当然，マーケティング諸活動の集権的管理が強く要求されることになる。他方において，めまぐるしい不断の変化に対応しながら，大量の商品を迅速に売り尽くすという任務をもっている。このために短期的な基礎のうえに立つマーケティング戦術をその課題としている。それは，眼前の事態に即応して具体的な問題の解決を志向するのであり，したがって現実的な決定を可能にする第1線への権限委譲が要求されることになる。このように技術革新のマーケティングは，一方においては集権的管理を，他方においては分権的管理を要求するのであり，この両者の対立的な要求を満たすものとして統合的なマーケティング・マネジメントが要請されるのである（森下1993, pp.96-97）。

第2に，マーケティングが企業の全活動の管理の基礎となっている。すなわち，「マーケティングは企業活動の全体系を企画する基礎となる。企業の基本的戦略は市場の必要，勢力関係，需要状況を基礎として配慮され，達成されなければならない。マーケティングは企業活動の基本理念であり，組織の生きゆく途」（森下1993, pp.97-98）である。このようにマーケティングは，企業活動の基本理念として，企業の全活動を計画し，組織し，発動し，統制するものであり，生産されたものを販売するといういわば企業活動の終点に関わるだけでなく，いかなる設備をもってなにを生産するかを決定する，いわば企業活動の始点にまでさかのぼらざるをえなくなったのである（森下1993, pp.98-99）。

第3に，マーケティングが経営者的接近に傾斜していったことである。それはマーケティングをもっぱら経営者の計画・問題解決・行動決定の問題として捉えようとしたものである。すでに述べたように，戦後のマーケティングは国家機構との結びつきをいっそう強めていった。このことは，内外市場の人為的創出，自動安定機構による独占価格の支持，特別償却制度による投資の安全保障など，これまでマーケティングにおいて不安定であった諸条件を著しく安定させ，従来資本にとって与件であったものを多かれ少なかれ自由に操作しうるマーケティングの要素に転化させたことを意味している。その結果，マーケ

ティングが資本の外部の全体過程や制度への関心をうすめ，もっぱら経営問題に集中するにいたったのも当然の成り行きであったといえよう（森下1993, p.99）。

以上から，戦後の技術革新のマーケティングは，いわゆるマネジリアル・マーケティングとして捉えることができ，次の3つの側面をもっているといえる。すなわち，「第1に，それはマーケティング諸活動の相互関連からみて統合的マーケティングであり，第2に，諸他の企業活動との関連からみて企業経営の基本理念であり，そして第3に，社会経済との関連において経営者的接近を要求しかつそれを可能にする」（森下1993, pp.99-100）ということである。

2．マネジリアル・マーケティングのフレーム・ワーク

マネジリアル・マーケティングに関する萌芽的研究としては，1915年に著されたショー（Arch W. Shaw）の『市場流通における若干の諸問題』（Some Problems in Market Distribution）に提示されているが，戦後の本格的なマネジリアル・マーケティングに関する先駆的な研究としては，ハワード（John A. Howard）ならびにマッカーシー（E. Jerome McCarthy）をあげることができる。

ハワードは，1957年に『マーケティング・マネジメント：分析と意思決定』（*Marketing Management : Analysis and Decision*）を著し，本格的なマーケティング・

図1-1　ハワードのフレーム・ワーク　　図1-2　マッカーシーのフレーム・ワーク

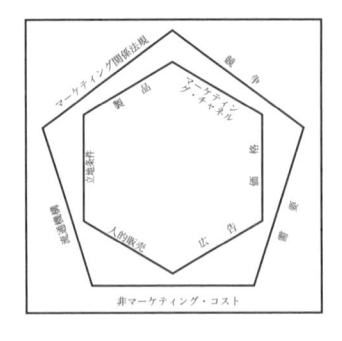

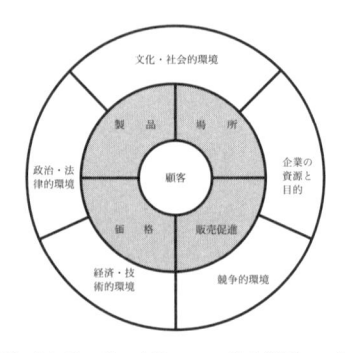

出所：Howard 1957, p.5.　　　　　　　　出所：McCarthy / Perreault 1990, p.48.

マネジメント論に関して独自の体系化を試みている。図1-1に示されるように，マーケティングは経営者の立場からみて企業を取り巻くさまざまな環境要因のうち，統制不可能な要因として競争，需要，非マーケティング・コスト，流通機構，マーケティング関係法規の5つの要因をあげ，また統制可能な要因として製品，マーケティング・チャネル，価格，広告，人的販売，立地条件の6つの要因をあげている。そして，これらの要因に関する諸戦略を統合的に管理することによって市場に積極的かつ創造的に適応していくものとして，マネジリアル・アプローチの基本的なフレーム・ワークを提示している（Howard1957, pp.4-5）。

また，マッカーシーは，1960年に『ベイシック・マーケティング：経営者アプローチ』(Basic Marketing : A Managerial Approach) を著し，ハワードによって提示されたマーケティング・マネジメント論とほぼ同じフレーム・ワークを基本としながら，図1-2にみられるように，統制可能な要因であるマーケティング諸活動を製品（Product），場所（Place），販売促進（Promotion），価格（Price）の4つの活動（4P）に集約し，それらを適切に組み合わせたマーケティング・ミックスによって，標的となる顧客に焦点を絞ったマーケティング・マネジメントを展開している。

マッカーシーは，マーケティングの主要な環境要因として，顧客のほかに，文化・社会的環境，政治・法律的環境，経済・技術的環境，競争的環境，企業の資源と目的といった統制不可能な要因を掲げ，それらへの適応の必要性を示している。特に顧客をマーケティングの中心に位置づけて，その顧客志向性を明確にしているという点に特徴がみられる。すなわち，市場標的としての顧客の獲得をめざして統制可能な諸要因であるマーケティング諸活動を組み合わせる，いわゆる最適マーケティング・ミックスの形成がマーケティング・マネジメントの要点であるという考え方を明示したのである（McCarthy/Perreault 1990, p.48）。

なお，マッカーシーは環境要因の中心に顧客をあげているが，顧客は寡占メーカーからみると販売業者であり，最終的には消費者につながっていく。さらにいえば，産業財マーケティングでは他のメーカーないし販売業者であり，消費財マーケティングでは最終的には消費者である。したがって，ここで

3. マーケティング環境要因としての消費者行動

　消費者行動とは購買と消費を含む消費者の購買意思決定プロセスである。それは、「まず購買であり、消費行動ではない。さらに購買行為でなく、一連の行動、つまり財の購買、たとえばある製品、ブランド等、何を、どこで、どのように等の経過と購買の後のフィードバックまで含めた消費者行動の把握であり、購買意思決定の結果ではなく過程全体を捉えなければならない」(尾碕1992, p.24) と規定されている。つまり、マーケティングにおける消費者行動の分析は消費者の購買意思決定に関することであり、消費者の心の内部を解明することであるといえよう。

　購買者としての消費者は、年齢・性別・所得・学歴・職業・家族構成・趣味・嗜好・パーソナリティなどにおいて異なっている。マーケティング戦略としては、それぞれ異なった消費者グループを識別し、彼らのニーズや欲求に合致した製品やサービスを開発することが課題である。

　図1-3は、マーケティング刺激とその他の刺激→購買者のブラック・ボックス→購買者の反応というフローチャート・モデルを示したものである。すなわち、4Pからなる製品・価格・場所・販売促進のマーケティング刺激ならびに

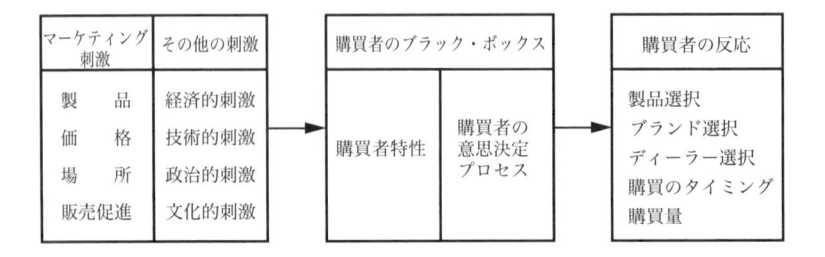

図1-3　購買者行動のモデル

マーケティング刺激	その他の刺激	購買者のブラック・ボックス		購買者の反応
製　品 価　格 場　所 販売促進	経済的刺激 技術的刺激 政治的刺激 文化的刺激	購買者特性	購買者の意思決定プロセス	製品選択 ブランド選択 ディーラー選択 購買のタイミング 購買量

出所：Kotler /Armstrong 1980, p.117.

経済的・技術的・政治的・文化的刺激が購買者のブラック・ボックスを通り，製品選択・ブランド選択・ディーラー選択・購買のタイミング・購買量などの消費者の反応の集合を創出するというモデルである。マーケティング戦略としては，刺激と反応との間の購買者のブラック・ボックスのなかでなにが起きるかを把握することである。その場合，第1に，購買者の特性は，彼らが刺激をいかに知覚し，それにどのように反応するかということに大きな影響力をもっている。第2に，購買者の意思決定プロセスはその結果に影響を与える（Kotler / Armstrong1980, p.117)。そこで，購買者の特性と購買者の意思決定プロセスをみていこう。

まず，消費者の購買行動は，企業にとって統制可能なマーケティング刺激だけでなく，統制不可能な文化的・社会的・個人的・心理的特性によっても著しく影響を受けるのである。それには，文化的特性（カルチャー，サブカルチャー，社会階層），社会的特性（準拠集団，家族，役割と地位），個人的特性（年齢とライフステージ，職業，経済状況，ライフスタイル，パーソナリティと自己概念），心理的特性（動機，知覚，学習，信念と態度）があげられる（Kotler / Armstrong1980, p.117 村田監修 1983, p.282)。

次に，消費者（購買者）の購買意思決定プロセスは一連の継続的な段階から構成されている。

図1-4 購買者の意思決定プロセス

| 問題認知 | → | 情報探索 | → | 代替案評価 | → | 購買決定 | → | 購買後の行動 |

出所：Kotler/Armstrong 1980, p.146, 村田監修 1983, p.303.

それは，図1-4のように，問題認知→情報探索→代替案評価→購買決定→購買後の行動というフローチャート・モデルで示される。このモデルは，購買プロセスが実際の購買よりずっと以前に始まり，購買後もその結果が長く継続することを示している。またこのモデルは，一般的なもので消費者はすべての段階を経過するとはかぎらないし，各々の段階で費やされる時間や努力は異なっている（Kotler / Armstrong 1980, p.146　村田監修 1983, p.303)。

このようにマーケティング戦略を展開するうえでは，消費者（購買者）の特性ならびにその購買意思決定プロセスを理解することが基本的なことである。

4. マネジリアル・マーケティングの基本的戦略

現代のマネジリアル・マーケティングの内容は複雑多岐にわたっているが，基本的には次のようなマッカーシーのマーケティング・ミックスにみられるように，いわゆる4P政策（4P戦略—著者）に集約できるであろう（McCarthy/Perreault 1990, pp.36-39）。

製品政策（Product Policy）——製品の決定，新製品の開発・導入，在来製品の改良；新用途の開拓，製品の混成など，製品そのものに関するものはもちろん，包装やブランドなどに関するものまで，製品に関わる計画・行動を含む領域。

価格政策（Price Policy）——価格の設定，価格の維持，割引その他の差別価格やリベートなど，価格に関わる計画・行動を含む領域。

場所政策（Place Policy）——流通経路の設定，販売業者の選定，販売業者の管理など，流通経路に関するもののほか，運送や保管などいわゆる物的流通をもあわせて，製品を誰の手によって販売するかという流通経路に関わる計画・行動を含む領域。

販売促進政策（Promotion Policy）——広告とセールスマンシップを2本の柱とし，これに特売，実演，陳列，展示，即売会などいわゆる狭義の販売促進を配して行う消費者の欲望刺激，販売促進ないし購買説得に関わる計画・行動を含む領域。

これらの4つの活動領域はそれぞれ他をもっては代え難い独自性をもっている。すなわち，経路戦略（マッカーシーの場所政策）は，その構築・管理がマーケティングの基礎であり，他の諸活動を有効に展開させるための場を準備するという独自の役割を演じている。また価格戦略は，最大限利潤の実現というマーケティングの最終目的を達成するための直接的な手段であり，そのために他の活動はその価格設定・維持のためのいわば二次的手段としての役割を演じる関係に立っている。つまり，製品戦略は社会的欲望と直接に結びつく要因と

して特殊な位置にある。また，販売促進戦略は，企業のすべての活動を市場に説得的に伝達する手段として，他の活動領域の有効性を左右する位置にあるといってよかろう（森下 1994, pp.66-67）。

このように 4 つの活動はそれぞれ独自の役割をもつものであり，それと同時に 4 つの活動はひとしく需要創造のために，またそのための競争手段としての役割をもっている。そしてこれらの活動は，一方では相互補完的な関係に立ちながら，他方では相互代替的な関係に立っている。現実には経済の構造・循環の変化に伴って，またその主体である寡占企業のおかれている市場構造やそこでの地位に応じて，それぞれ活動領域における役割のウェイトは時間的にも空間的にも変化する。それにつれて，それらの相互間の補完・代替の関係もまた自ら異なるのである（森下 1994, pp.67-68）。

注
1）日本マーケティング協会のマーケティング定義委員会の定義（1990 年）によると，「マーケティングとは，企業および他の組織がグローバルな視野に立ち，顧客との相互理解を得ながら，公正な競争を通じて行う市場創造のための総合的活動である」（那須 2009, p.99）となっている。この定義は，企業や組織のグローバルな視野からマーケティング概念を拡大しつつ顧客志向に基づく市場創造の諸活動と規定している。

参考文献
1）安部文彦（1998）「マーケティングの概念」安部文彦・岩永忠康編著『現代マーケティング論－商品別・産業別分析－』ミネルヴァ書房。
2）岩永忠康（2007）『マーケティング戦略論（増補改訂版）』五絃舎
3）岡田千尋（1992）「マネジリアル・マーケティングの成立」尾碕 眞・岩永忠康・岡田千尋・藤澤史郎『マーケティングと消費者行動』ナカニシヤ出版。
4）尾碕 眞（1992）「消費者行動」尾碕 眞・岩永忠康・岡田千尋・藤澤史郎『マーケティングと消費者行動』ナカニシヤ出版。
5）坂本秀夫（1993）『現代マーケティング概論』信山社。
6）嶋口充輝（1995）「関係性マーケティングの現状と課題」日本マーケティング協会編集『季刊マーケティング・ジャーナル』Vol.15, No.2。
7）高嶋克義（2008）「マーケティングの考え方マーケティングの定義」高嶋克義・桑原秀史『現代マーケティング論』有斐閣。
8）高橋郁夫（2008）「マーケティング研究の今とこれから」『日本商業学会第 58 回全国大会報告要旨集』。
9）那須幸雄（2001）「戦略的マーケティング」安部文彦・山本久義・岩永忠康編著『現

代マーケティングと流通』多賀出版。
10) 那須幸雄（2009）「AMA によるマーケティングの新定義（2007 年）についての一考察」『文教大学国際学部紀要』第 19 巻第 2 号。
11) 橋本 勲（1973）『現代マーケティング論』新評論。
12) 三浦 信（1993）「マーケティング」三浦 信・来住元朗・市川 貢『新版マーケティング』ミネルヴァ書房。
13) 森下二次也（1969）「経営販売論」馬場克三編『経営学概論』有斐閣。
14) 森下二次也（1993）『マーケティング論の体系と方法』千倉書房。
15) 森下二次也（1994）『現代の流通機構』世界思想社。
16) American Marketing Association(1960), *Marketing Definitions: A Glossary of Marketing Terms*. (日本マーケティング協会訳（1963）『マーケティング定義集』日本マーケティング協会)
17) American Marketing Association(1985), *Marketing News*, Vol.19, No.5.
18) John A. Howard(1957), *Marketing Management : Analysis and Decision*, Richard D. Irwin, Inc.
19) Philip Kotler and Sidney J. Levy(1969), "Broadening the Concept of Marketing", in *Journal of Marketing*, Vol.33, No.1.
20) Philip Kotler and Gary Armstrong(1980), *Principles of Marketing*, 4th ed., Prentice Hall International, Inc.. (村田昭治監修，和田充夫・上原征彦訳（1983）『マーケティング原理－戦略的アプローチ－』ダイヤモンド社)
21) William Lazer(1969), "Marketing Changing Social Relationship", in *Journal of Marketing*, Vol.33, No.1.
22) E. Jerome McCarthy / William D. Perreault, Jr.(1990), *Basic Marketing : A Managerial Approach*, 10th ed., Richard D. Irwin, Inc.
23) The National Association of Marketing Teachers(1935), Report of Committees Definitions of Marketing Teams, *The National Marketing Review*, Vol.1, No.2.
24) Arch W. Shaw (1915), *Some Problems in Market Distribution*, Harvard University Press . (伊藤康男・水野裕正訳（1975）『市場配給の若干の問題点』文眞堂)

第2章 マーケティング管理

第1節　マーケティング管理

　戦前においては，マーケティング諸活動は個別的に管理されており統一的管理の対象とはならなかったが，戦後においては，マーケティング・マネジメント（管理）をもってマーケティング諸活動を統一的に管理する，いわゆるマネジリアル・マーケティングとして特徴づけられる（森下 1993, p.32）。

　マネジリアル・マーケティングは，マーケティングの目標や目的を達成するために，マーケティング諸活動を統一的管理のもとに計画・組織・統制するという一連のマーケティング管理が重要になってくる。

　American Marketing Association（以下，AMA）の定義によると，「マーケティング管理とは，企業または企業の事業部の全マーケティング活動を計画し，指揮し，統制することであって，マーケティングの目的，方針，計画ならびに戦略の設定を含んでいる。そして通常そのなかに，製品開発，計画を実施するための組織と人員配置，マーケティング作業の監督，マーケティング遂行の統制が含まれる」（日本マーケティング協会訳 1963, pp.39-40）と規定されている。

　今日のように市場環境が複雑多様化してくると，対市場との直接的な接点をもつマーケティング活動が，単に企業活動の一部分の役割としてではなくその中心的役割を果たすものとなっている。つまり，企業は，絶えず変化する市場に企業活動を適応させながら，自社製品に対する需要の喚起・創造を図るために，マーケティング活動を展開しなければならない（岡本 1995, p.61）。そこで，今日の複雑多様化しているマーケティング活動を効果的かつ効率的に遂行していくためには，なによりもマーケティング管理が適切かつ順調に行われなければならない。

マーケティング管理はトップ・マネジメントによって示される企業の目標や目的を達成するために，マーケティング部門の業務を計画し，組織し，統制する活動である。したがって，マーケティング管理は，マーケティング計画，マーケティング組織の編成，マーケティング統制というプロセスで行われる。このうち，まずマーケティング計画は，市場機会の評価，マーケティング目標の設定，対象市場の設定，マーケティング・ミックスの策定を行うことである。次にマーケティング組織の編成は，マーケティング意思決定システムと情報システム，業務の遂行の統合的編成を行うものであり，マーケティング組織の編成と計画を実行することである。さらにマーケティング統制は，マーケティング計画の妥当性を評価し，業務の遂行が計画どおり実行されているかを検討することである（懸田1992, p.28）。

　ともあれ，マーケティング管理は，プランニングの段階で作成されたマーケティング計画が合理的な組織を通じて実行され，その実行の結果が統制によって計画と比較・評価されるプロセスを含んでおり，しかもマーケティング計画・組織・統制という3つの段階は有機的に関連しあっている。そこで，マーケティング管理をマーケティング計画，マーケティング組織，マーケティング統制に分けて考察していこう。

第2節　マーケティング計画

1. マーケティング計画

　マーケティング計画は，広義の経営計画の一領域であり，その対象とする領域によって2つに大別できる。1つはマーケティング活動全般に関わる統合的マーケティングの計画であり，もう1つは製品・価格・経路・販売促進などの個々のマーケティング活動に関わる計画である。このうち統合的マーケティング計画は，企業の中心的課題であり，個々のマーケティング活動が相互にその効果を高めるように統合的に計画しなければならない（岡田1992, p.76）。

　AMAの定義によれば，「マーケティング計画は，マーケティング活動の目

的を樹立し，このような目的を達成するために，必要な段階を決定したり，順序づける作業である」（日本マーケティング協会訳 1969, p.40）と規定されている。

一般に，マーケティング計画は，目標設定をベースとした計画期間によって長期計画・中期計画・短期計画に分けて考えることができ，かつそれを遂行する方法や手続きなどによってマーケティング戦略とマーケティング戦術とに区別される。一般に，マーケティング戦略は長期計画に基づく目的達成のための全体計画であり，マーケティング戦術は全体的な戦略から導かれる具体的な手段を示すものである（中村 2001, p.23）。

マーケティング計画は，マーケティング管理の一環としてマーケティングの諸活動を計画することであり，それぞれの活動の一定の目的を達成するためのプログラムとして目標を決定するものである。その意味ではマーケティング活動における最初の段階であり，マーケティング活動を規定する最も重要な活動である。

したがって，マーケティング計画は，まず企業理念や目標の枠組のなかで市場の機会と脅威を分析し，自社の経営資源を評価することによって市場機会を評価し，マーケティング目標を設定することから始められる（懸田 1992, p.29）。次にマーケティング目標を達成できるような長期的で統合的なマーケティング戦略計画が決定される。さらに具体的な実施細目であるマーケティング実施計画が策定される。

つまり，マーケティング計画は，(1) 市場機会の評価→ (2) マーケティング目標の設定→ (3) マーケティング戦略計画の決定→ (4) マーケティング実施計画の決定というプロセスで行われるのである。

2. マーケティング計画のプロセス

(1) 市場機会の評価

マーケティングは，統制可能な要素を統合し統制不可能な市場環境に適応していくことであるが，マーケティング計画の策定にあたっては，自社にとって魅力のある市場機会を探索することから始めなければならない。この市場機会は，すべての企業に与えられてはいるが，同じ市場で競争している企業であっ

ても，企業のマーケティング戦略やマーケティング・ミックスが異なっている。そのために，その中から自社の企業理念や目標をもち固有の能力を発揮できる企業こそが市場機会をマーケティング機会に置き換えることができるのである（岡本 1995, p.64）。

市場機会の評価は，マーケティング管理を適切に行うための出発点となるものであり，市場環境の変化を分析することにより市場機会を発見し，その機会を自社資源で利用しうるかどうかを検討し，自社に有利な標的市場を把握することである。その場合，現在の市場機会だけでなく，潜在的な市場機会も問題になってくる。市場機会を評価するためには市場に影響を及ぼす環境要因の検討，市場における競争状況の評価，経営資源の検討，市場セグメントの確認と標的市場の選定などの分析が必要である（中村 2001, pp.18-21）。

(2) マーケティング目標の設定

一般に，計画は一定の目標達成のために立案されるものであり，目標の設定は計画の出発点である。マーケティング活動を効果的かつ効率的に遂行するためには，マーケティング目標を適切に設定することが必要である。マーケティング目標は，マーケティング計画以降のマーケティング管理の各ステップの基盤をなすものであり，マーケティング活動の指針となっている。

マーケティングの理念・目標は企業の理念・目標を達成するための下位概念である。企業の目標が長期最大利潤の獲得であるかぎり，マーケティング目標は，企業の究極目標ないし基本目標である長期安定的最大限利潤の獲得という目標に合致したものであり，売上高の極大化を通じての最大利潤の追求にある。この目標を実現するための具体的な目標としては，売上高の増加，市場占有率の拡大，企業の成長率，市場における地位の向上ないし維持，競争企業との対抗，市場範囲の拡大，企業活動の多角化，製品イメージの設定，産業界の指導性の確立などがあげられる（橋本 1973, pp.144-147, 岩永 2007, p.29）。

(3) マーケティング戦略計画の決定

企業がマーケティング目標を達成するためには，マーケティング活動が戦略的に計画されなければならない。このようなマーケティング計画は，マーケティ

ング戦略あるいは戦略計画と呼ばれ，マーケティング目標を達成するために策定される長期的・総合的・動態的な計画である。マーケティングの基本戦略は，組織が環境変化に適応し目標実現に向けて標的市場に適合するようにマーケティング・ミックスを構築することにある。なお，マーケティング戦略計画は，現状分析に基づき達成可能な目標になるように種々の戦略が策定され，そのなかから最適な戦略が策定される。この場合，どのような戦略を選択するかは，自社のおかれた地位，競争環境，社会経済的要因などから総合的に判断される（岡田 1992, pp.79-80。岩永 2007, p.30）。

(4) マーケティング実施計画の決定

マーケティング実施計画は，マーケティング目標を達成するためマーケティング計画を実施する具体的な実施計画・実施細目であり，行動計画ないし戦術計画ともいわれる。マーケティング計画に基づいて，計画目標を達成するための活動が始まり，実施段階に突入するのである（橋本 1973, p.142）。具体的にいえば，マーケティング・ミックスをプログラムすることであり，それら個々のマーケティング・ミックス構成要素をマーケティング計画に統合しなければならない。こうしてマーケティング計画が正式に採用されたら，実施のための諸組織を編成し，各部門・各人それぞれの担当業務を明確にし，計画の実行段階に移行するのである（岡田 1992, p.80）。

第3節　マーケティング組織

1. マーケティング組織の編成

マーケティング組織は，マーケティング理念のもとにマーケティング活動を具体的に遂行する業務の組織である。なお，組織は目標や計画を達成する手段として複数の人間の仕事の体系である。したがって，マーケティング組織は，マーケティング管理者を頂点として各職務を遂行する組織単位を編成し，それに必要な職務を明確にして権限の委譲に伴う階層化をへて編成される（沼野 1990, p.17）。なお，マーケティング組織は企業内でのマーケティング活動の

調整を中心として，マーケティング部門と他部門さらに外部機関との調整が含まれることもある。

マーケティング組織は，機能別マーケティング組織，製品別マーケティング組織，地域別マーケティング組織，顧客別マーケティング組織，事業部制マーケティング組織などに編成される。そこで，それぞれのマーケティング組織を説明していこう。

(1) 機能別マーケティング組織（図2-1）

機能別マーケティング組織は，市場調査，製品，価格，経路，販売促進などマーケティング機能別に部門化した組織で，最も基本的なマーケティング組織形態である。この組織は，機能ごとに専門の担当者を配置し，マーケティング管理者が統轄する形態であり，製品の数が少なく管理が容易で経営規模が小さな企業に適している。しかし個々の製品や市場に責任を負う担当者がいないので，製品や市場の増加に対して十分な対応ができないという欠点もある（沼野 1990，p.17）。

図2-1 機能別マーケティング組織

```
          マーケティング管理者
    ┌───┬───┬───┬───┐
  市場調査 製品 価格 促進 流通チャネル
```

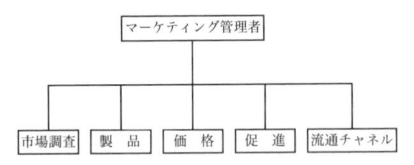

沼野 1990, p.18.

(2) 製品別マーケティング組織（図2-2）

製品別マーケティング組織は，製品別または製品ライン別に部門化する組織である。企業規模が大きくなり製品やブランドの数も多くなると，この組織が多く採用される。それは，製品が異なれば顧客ニーズやマーケティング活動も異なることから，機能部門別に各製品の担当部門を追加した方がよいからである。そのために，この組織は製品ごとに必要な機能をバランスよく調整でき，市場で発生した問題に迅速に対応することができる（沼野 1990，pp.17-18）。

図 2-2　製品別マーケティング組織

```
              マーケティング管理者
    ┌─────┬─────┬─────┬─────┬─────┐
  市場調査  製品   価格   促進  流通チャネル
            │
    ┌───────┼───────┐
  製品管理者A 製品管理者B 製品管理者C
```

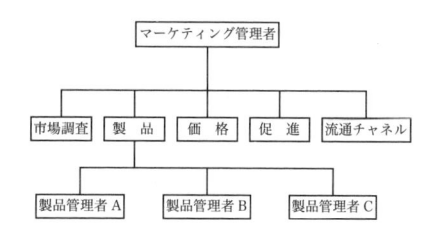

沼野 1990, p.18.

(3) 地域別マーケティング組織（図2-3）

　地域別マーケティング組織は，市場の地域特性を生かした地域区分に基づいて部門化された組織であり，一般に全国的市場のような広範囲な市場を対象とする場合，市場を行政区画・距離・顧客数・潜在売上高などの地域別区分に基づいて部門化される。特に販売活動の展開において地域差がある場合，販売管理上における効率化を図り管理と統制の効果的運営を図るために，適正な地域に分割してマーケティング活動を展開する場合にみられる。それによって，各地域の顧客ニーズに適合したマーケティング組織を編成することができる（西村 1996, p.98）。

図 2-3　地域別マーケティング組織

```
              マーケティング管理者
    ┌─────┬─────┬─────┬─────┐
  製品開発 市場調査   価格   促進
            │
    ┌───────┼───────┐
 A地域担当管理者 B地域担当管理者 C地域担当管理者
```

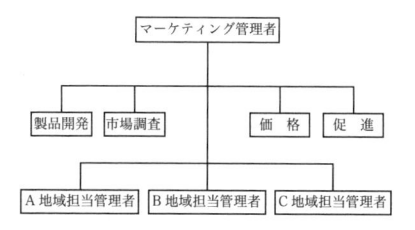

沼野 1990, p.19.

(4) 顧客別マーケティング組織（図2-4）

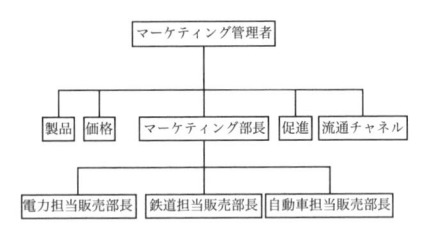

　顧客別マーケティング組織は，顧客ニーズ（市場）そのものに適合するように部門化した組織であり，したがって市場別マーケティング組織ともいえる。この組織は，顧客に対する販売標的を明確にして販売活動を集中させるための組織であり，顧客層が著しく異なっている，または取引規模が大きい顧客を対象とするなど，顧客によって異なったマーケティング戦略をとるような場合にみられる。たとえば，石油を電力・鉄道・自動車産業に向けて販売している企業では，同一商品であっても，それぞれの企業で異なった方法で使用され，異なった用途に使用される場合に適している組織である（西村1996，p.97）。

図2-4　顧客別マーケティング組織

```
                マーケティング管理者
    ┌──────┬──────┼──────┬──────┐
  製品   価格  マーケティング部長  促進  流通チャネル
           ┌──────┼──────┐
      電力担当販売部長 鉄道担当販売部長 自動車担当販売部長
```

西村1996, p.99.

(5) 事業部制マーケティング組織（図2-5）

　事業部制マーケティング組織は，企業の規模が巨大化してくると，事業本部長に権限を委譲するという事業部制度または事業本部制度をとる場合も多い。それは製品別マーケティング戦略を促進するためのものであり，そのために大規模な事業部にとって精通し組織しやすい独立の事業部制マーケティング組織が形成される。これには，①製品別完全事業部制―それぞれの製品事業部が独自の生産・販売・マーケティング活動を担当するために十分な規模と内容を備えた組織をもつものである。②不完全事業部制―各製品系列にまったく異なった販売活動やマーケティング活動を実施する場合，生産部門だけは集中的に一本化する。③販売事業部制―生産部門，マーケティング部門はそれぞれ一本化するが，販売部門だけは製品系列別に独立事業部に分けられる（西村1996, p.102）。

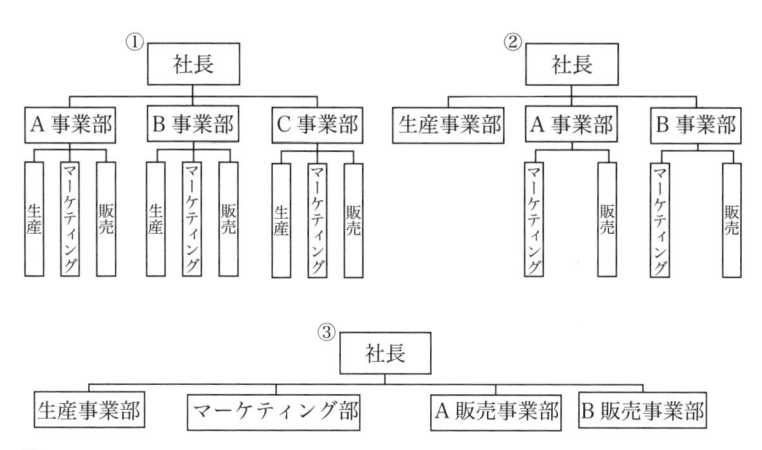

図 2-5 事業部制マーケティング組織

西村 1996, p.102.

以上のように，マーケティング組織は経営規模に基づき機能別マーケティング組織，製品別マーケティング組織，地域別マーケティング組織，顧客別マーケティング組織，事業部制マーケティング組織などに編成される。しかし，これらのマーケティング組織は固定的に編成するのではなく，企業を取り巻く環境や内部諸条件の変化に適応できるように，弾力的に編成することが必要である。

2．マーケティング組織の指揮と動機づけ

　マーケティング組織は，マーケティング活動が効果的かつ効率的に機能できるように組織されたものであり，そこに適切な人材を配置してマーケティング業務を実施しなければならない。マーケティング業務が効率よく適切に行われるためには，リーダーシップ（指揮）と動機づけが必要である。

　リーダーシップは，上司の部下に対する動機づけとして理解され，リーダーがメンバーの行動に影響を与える態度ないしメンバーを統率することである。マーケティング管理者が，リーダーシップを発揮することによって，マーケティング担当者の行動のあり方に良い影響を与え，その結果，マーケティング業務が効率よく適切に行われるのである。

動機づけは，従業員や担当者が仕事に対して積極的にやる気を引き起こすように，管理者が元気づけたり気配りしたりすることである。この動機づけが適切に行われると，上司の意思伝達が部下に容認され，それだけマーケティング業務が効率よく適切に行われる。動機づけの要因には給料・昇進・作業条件・人間関係などがあり，これらの要因は積極的な意欲の増進につながるものであるが，逆に一定の水準を欠くならば不満にもつながる。

動機づけの方法としては意思決定への参画があげられる。これは，ある問題について意思決定する場合，上司が部下の参画を認めるならば，部下はある程度自主性が認められ，それによって相互の意思疎通が図られ，相互理解も促進されるから，高い勤労意欲をもつことになる。つまり，部下に参画の機会を与えることは高い動機づけにつながる。したがって，動機づけは，自己の実現欲求を満たすものとして，業務を容認し充実させ興味をもたせ，責任や昇進の機会を与えることにもなるのである（沼野 1990, pp.20-21　岡本 1995, pp.79-80）。

第4節　マーケティング統制

1. マーケティング統制

マーケティング計画が策定され，それに基づいてマーケティング組織が編成され，その計画実施によってマーケティングが展開された後，最終段階としてマーケティング統制が行われる。このマーケティング統制は，マーケティング活動の結果を分析・評価することであり，それによって実施計画が計画どおりであったか否かが監査され統制される。もし，その監査の結果いろいろな欠陥や不備が生じた場合，次の計画の資料としてフィードバックされる。すなわち，マーケティング統制は，マーケティングの業績達成状況を把握するために，実施結果を評価し，計画との差異を明確にし，それぞれの所期の目的が達成されたかどうかを判断することである。もし欠陥や問題があったならば，問題の所在を明らかにし，それを矯正することである（岡本 1995, p.80）。

マーケティング統制の具体的なプロセスとしては，まず業績評価基準を設定

し，これを実績と対比させて，両者の差異分析を行う。次にもし差異がある場合には，その原因を究明し，必要があればその改善措置をとる。最後に基準の改正を行う。こうしたマーケティング統制は，マーケティング業務遂行の誤った行動や失敗の態様などの原因を明らかにする。それによってまた，マーケティング組織の構成員の行動をチェックするのに役立つばかりでなく，将来のマーケティング計画に有用な情報がえられるのである（中村 2001, p.36）。マーケティング統制は次の3つのタイプに分けて考えられる。

(1) 年間計画統制

年間計画統制は，年間計画で設定された売上・利益・その他の目標が達成されつつあるかどうかを確認することであり，次の4つの段階を踏むことが必要である。第1段階は目標の設定である。これは，年間計画のなかで月間，4半期，その他の期間ごとに明確に規定された目標を提示することである。第2段階は業績評価である。これは，市場における成果と展開を継続的に測定できるような方法を備えることである。第3段階は業績診断である。これは，目標と実績との間の乖離の背後にある原因を明確にすることである。第4段階は矯正行動である。これは，目標と実績との間のギャップを埋めるための最善の矯正行動を明らかにすることである。この場合，計画実行の方法を変更するかあるいは目標そのものを変更するかが考えられる。こうした一連の統制過程において，目標達成度合をチェックするためにもちいられる統制の方法としては，販売分析，市場占有率分析，売上高対マーケティング費用分析，顧客態度の追跡などがある（Kotler / Armstrong 1991, p.556-557. 村田監修 1983, pp.138-145）。

(2) 収益性統制

収益性統制は，企業が年間計画統制に加えて，製品別・テリトリー別・顧客グループ別・チャネル別・受注規模別などでそれぞれ収益性を測定し，製品領域やマーケティング活動を拡大すべきか縮小ないし削減すべきかを意思決定するための資料として役立てる分析手法である。マーケティング収益性分析の基礎は損益計算書であり，製品別・テリトリー別・顧客別などの損益計算書を作成し，それを従来の会計上の仕訳ではなく機能別費用に分類し直して収益性分

析を試み，最善の意思決定に役立つ資料や情報を提供することである（Kotler / Armstrong 1991, pp.557-559，中村 2001, p.38）。

(3) 戦略的統制

時が経つにつれて，企業は全般的なマーケティング効果について再検討をすることが不可欠である。戦略的統制は，マーケティング戦略・計画が急速に陳腐化するので，マーケティング環境の急速な変化に対応して，市場に対する全社的な対応の仕方を定期的に再評価することにある。この再評価にもちいられる手法がマーケティング監査である（Kotler / Armstrong 1991, p.559，村田監修 1983, p.152）。

2. マーケティング監査

マーケティング監査とは，企業が問題領域や機会領域を明らかにし，企業の業績を向上させるために，マーケティング環境・目標・戦略・活動について，包括的・体系的・独立的・定期的に評価することである（Kotler /Armstrong 1991, pp.559-562, 村田監修 1983, p.152）。つまり，マーケティング監査は，企業内外の独立組織による経営上の諸問題と諸機会を評価することであり，それらの諸問題と諸機会に対する企業としての対応措置やその措置の適切性をマーケティングの見地から判断することである。企業のマーケティング状況を包括的に評価するうえで，マーケティング監査は，次のような検討すべき6つの主要な要素がある（村田監修 1983, p.153）。

①企業が直面する主な機会と脅威を明らかにするために，企業を取り巻くマーケティング環境の現在および将来の特性に関する情報を検討する。

②企業が最善の市場機会に対してうまく適合しているかどうかをみるために，企業のマーケティング使命・目標・戦略を検討する。

③企業がマーケティング目標と戦略を効果的に実行できるように，マーケティング組織が編成されているかどうかを検討する。

④企業のマーケティング活動を支援するかたちで，情報・計画・統制に関するマーケティング・マネジメント・システムが適切に設定されているかどうか

を検討する。

⑤企業のマーケティング活動を収益性との関係で行わなければならない。特に企業の収益源はどこにあるのか，そのためにマーケティング活動をコストとの関連でいかに効果的に行うかを検討する。

⑥製品・価格・流通経路・販売促進などの諸活動が十分に管理されているかという点を検討する。

ともあれ，マーケティング統制は，各検討事項の評価・検討を通じて，現在の市場環境変化に対応しながら企業が直面する問題や欠陥の所在を明らかにして矯正することである。特にマーケティング監査は，社内外の独立組織による問題と機会を評価することであり，これらの問題と機会に対して企業がなにを行えるかということについての評価である。

参考文献
1) 懸田 豊（1992）「マーケティング管理」木綿良行・懸田 豊・三村優美子『テキストブック現代マーケティング論』有斐閣。
2) 市川 貢（1993）「競争行動」三浦 信・来往元朗・市川 貢『新版マーケティング』ミネルヴァ書房。
3) 岩永忠康（2007）『マーケティング戦略論（増補改訂版）』五絃舎。
4) 岩永忠康（2011）「マーケティング管理」岩永忠康監修／西島博樹・片山富弘・岩永忠康編著『現代流通の基礎』五絃舎。
5) 岡田千尋（1992）「マーケティング計画と組織」尾碕 眞・岩永忠康・岡田千尋・藤澤史郎『マーケティングと消費者行動』ナカニシヤ出版。
6) 岡本喜裕（1995）『マーケティング要論』白桃書房。
7) 中村孝之（2001）「マーケティング管理」及川良治編著『マーケティング通論』中央大学出版部。
8) 西村 林（1996）『マーケティング管理論（改訂版）』中央経済社。
9) 日本マーケティング協会訳（1963）『マーケティング定義集』日本マーケティング協会。(American Marketing Association, *Marketing Definitions : A Glossary of Marketing Terms*,1960)
10) 沼野 敏（1990）『現代マーケティング管理論―戦略的プランニング・アプローチ―』同文舘。
11) 橋本 勲（1973）『現代マーケティング論』新評論。
12) 三浦 信（1963）『現代マーケティング論』ミネルヴァ書房。
13) 森下二次也（1993）『マーケティング論の体系と方法』千倉書房。

14) Philip Kotler / Gary Armstrong (1991), *Principles of Marketing*, 5th ed., Prentice Hall International, Inc. (村田昭治監修, 和田充夫・上原征彦訳(1983)『マーケティング原理―戦略的アプローチ』ダイヤモンド社)

第3章 マーケティング戦略

第1節　マーケティング戦略

1. マーケティング戦略・戦術の概念

　マーケティングの中心課題はマーケティング戦略の決定である。マーケティング戦略が決定されると，次にマーケティング実施計画としてのマーケティング戦術が決定される。マーケティング戦略は，経営戦略の一環として企業全体の見地からその基本方針やタイプを規定するものであり，それにより企業の基本的な経営計画ないしマーケティング計画が設定される。マーケティング戦術は，すでに決定されたマーケティング戦略のもとで発生する日常的な諸問題を合理的に解決する手段であり，基本計画を遂行するに際し効率的・弾力的な調整の問題に取り組むものである。その意味ではマーケティング戦略とマーケティング戦術とが相俟って，はじめてマーケティング計画が確実に遂行されるのである（三浦 1963, p.81）。

　マーケティングにおける戦略や戦術[注1]は，経営者的実践における意思決定であり，企業的実践コースの選択である点では共通するものがあり，いずれも企業目的達成のための手段である。しかし，両者には次のような差異がみられる（橋本 1973, pp. 153-154）。

　第1に，マーケティング戦略（以下，戦略）は広く全体的・統合的性格をもっている。これに対して，マーケティング戦術（以下，戦術）は狭く部分的・部門的性格をもっている。したがって，戦略が全体計画であるのに対して，戦術が部分計画ないし細目計画の性質をもっている。

　第2に，戦略は基本目標を達成するための手段であり，大目標達成のための

手段である。これに対して，戦術は計画で決められた具体的目標あるいは小目標達成のための手段である。

　第3に，戦略は長期的なものである。これに対して，戦術は短期的なものである。

　第4に，戦略は外部の環境の変化に対して絶えず適応していくための対応性ないし創造性・変革性をもっている。これに対して，戦術は日常的・反復的なものであり自己再生的性格をもっている。

　第5に，戦略はトップ・マネジメントおよびそのスタッフが中心となって作成される。これに対して，戦術はミドル・マネジメントあるいは現場第1線で計画・執行するロウァ・マネジメント以下のスタッフが担当する。

　そもそも，企業はその存続・成長のために組織・事業・製品すべてを市場に適応させていかなければならない。この市場に対する企業の適応戦略がマーケティング戦略といえよう。マーケティング戦略は市場適応戦略として需要戦略・流通戦略・社会戦略・競争戦略の4つの領域と，これら4つの領域を組織的に統合した統合市場戦略とに分けられる。そして，このマーケティング戦略の中心戦略は需要戦略と競争戦略である。というのは，社会戦略や流通戦略は，需要と競争の双方に広く含まれるものであり，統合市場戦略も需要と競争への対応調整結果として位置づけられるからである（嶋口1986, pp.38-43）。

　マーケティング戦略の対象は顧客あるいは消費者の集合としての需要ないし市場であり，その意味でマーケティング戦略は本質的には需要戦略である。したがって，マーケティング戦略は需要の予測に基づき，それに対応して供給を調整するだけでなく，需要を創造しなければならない（斎藤1993, p.70）。企業は，市場のなかから魅力的な需要部分を探索・発見・確定し，その中心的なニーズをマーケティング戦略に取り込み，さらにそのニーズを満足させながら最終需要を調整していくことが必要である。したがって，マーケティングのあらゆる努力は，最終的にすべての需要をいかに有効に引き出し，調整していくかという需要戦略に関わっている（嶋口1986, pp.38-39）。

　それと同時に，市場ないし需要をめぐる競争相手の敵対行動を決して無視で

きない。なぜなら，マーケティングは，競争相手にはない差別的優位性ないし競争優位性の確立をめざす競争手段としても理解されているからである。そのためにまたマーケティングは，顧客の反応に規定されるだけでなく，競争相手の戦略的行動にも強く規定されている。とりわけ，今日の狭隘化した市場では，限られた大きさのパイの配分をめぐって企業間の競争は激化し，顧客重視のマーケティングだけではもはや十分な対応ができない。したがって，競争相手からパイを奪いとる競争重視のマーケティングが強く要請されるようになり，マーケティング戦略も競争行動への合理的な対応の必要性が認識されるようになってきた（市川 1993, pp.89-90）。

　このようにマーケティングは，自社の顧客を維持しつつ，ライバル企業から顧客を奪いとるための活動ともいえる。それは，コスト・リーダーシップをとって価格面で優位に立つか，品質面で優位に立つかの戦略であり，競争相手にはない差別的優位性ないし競争優位性を創出しながら，有利な市場地位を確保しようとする（市川 1993, p.92）。

2. マーケティング戦略の諸形態

　マーケティング戦略は，マーケティング諸活動の全体にわたっているか否かによって部分戦略と全体戦略に分けられる。まず，マーケティングの部分戦略は，マーケティング・ミックスを構成する製品・価格・経路・販売促進などマーケティング諸活動のそれぞれの機能領域について行われる戦略で機能戦略とも呼ばれる。部分戦略はマーケティング戦略の1つのサブ・システムでもあり，全体戦略の下位戦略になる。さらに部分戦略には，販売促進ミックスとして広告，人的販売，狭義の販売促進のサブ・ミックスがあり，さらにまた広告ミックスとして新聞，雑誌，テレビ，ラジオなど下位のサブ・ミックスがある（橋本 1973, p.162, p.166）。

　次に，マーケティング戦略はマーケティング諸活動の機能領域全体にわたるものであり，それはマーケティング・ミックスに直接結びつくか否かによって全体戦略と統合戦略とに分けられる。全体戦略は，マーケティング・ミックス

と直接に結びつかない戦略であり，市場細分化戦略や製品周期戦略などがあげられる。このうち市場細分化戦略は，空間的側面における戦略として市場標的（特定の見込消費者グループ）の特徴によって，それぞれのマーケティング・ミックス手段である機能戦略が規定を受ける。また製品周期戦略は時間的側面における戦略として製品ライフサイクルの各段階の特徴によって，マーケティング・ミックス手段である機能戦略が規定を受ける（橋本 1973, pp.162-164）。

これに対して，マーケティングの統合戦略は，マーケティング・ミックスと直接に結びついたマーケティング・ミックス戦略そのものであり，製品・価格・経路・販売促進などの諸活動を一定の戦略目標達成のために最も効果的・効率的に組み合わせることである。したがって，これらマーケティング諸活動の相互連関を把握し，相互のバランスを維持しながら，連動させ統合させる統合的・全体的視点が必要となるばかりでなく，絶えず変化する消費や需要の動向など市場標的に適合しなければならない（橋本 1973, p.166）。

さらに，マーケティングの統合戦略の1つとして，高圧的マーケティング戦略（High Pressure Marketing）と低圧的マーケティング戦略（Low Pressure Marketing）が考えられる（橋本 1973, p.163, 岩永 2007, p.14）。高圧的マーケティング戦略は，生産されたものをいかに市場に積極的に販売するかが課題となり，いわばプロダクト・アウトの考え方に立脚したプッシュ戦略である。そのために経路戦略やそれを支える販売促進戦略が重要なマーケティング活動領域となる。したがって，経路戦略として寡占メーカーは，販売店に自社製品の積極的な販売を強要させる。そのために販売促進活動としてディーラー・ヘルプス（販売店援助）ないしディーラー・プロモーションに重点がおかれる。しかもまたセールスマンを中心とする人的販売のウェイトも高くなり，それとともに積極的なサービス戦略にも重点がおかれる。

他方，低圧的マーケティング戦略は，消費者中心主義を基底として消費者ニーズを汲み取り，どのような製品を生産すれば販売できるかというマーケット・インの考え方に立脚したプル戦略である。そのために製品戦略やそれを支える販売促進戦略が重要なマーケティング活動となってくる。つまり，生産に先立っ

て消費者の欲求や需要を調査したうえで生産に反映させなければならない。そのために市場調査やマーチャンダイジングが重視され，その製品戦略としては消費者ニーズに適応した市場細分化戦略が中心となる。それとともに販売促進活動としては広告が最も重要な手段となり，メーカーは自社のブランド（商標）を消費者に売り込み，消費者へのプリ・セリングによってプル戦略を行わなければならない（橋本1973, pp.178-185）。

なお，オクセンフェルト（Alfred R. Oxenfeldt）は，マーケティング戦略（市場戦略）を，「①市場標的の確定—企業がその愛顧を求めようとする顧客のタイプを選定すること。②マーケティング・ミックスの構成—採用すべき販売促進方策の組合わせを選択すること」（Oxenfeldt 1967, p.37, 片岡他訳 1969, p. 97）と捉えている。

そこで，次にマーケティング戦略を全体戦略としての需要戦略・競争戦略ならびに統合戦略としてのマーケティング・ミックス戦略に分けて考察していこう。

第2節　マーケティングの全体戦略

1. 需要戦略としての市場細分化戦略

マーケティング戦略の対象は，顧客あるいは消費者の集合としての需要ないし市場であり，その意味でマーケティング戦略は本質的には需要戦略であるといえる。ここでの需要戦略は，市場の需要を積極的に創造することによって，消費者あるいは使用者のニーズに対して，製品やマーケティング努力を合理的かつ明確に適合させることである。したがって需要戦略は，市場のなかから魅力的な需要部分を探索・発見・確定し，その中心的なニーズにマーケティング戦略を取り込み，最終的にすべての需要を喚起・創造していく戦略である。そして，そのなかで最も重要な需要戦略としては市場細分化戦略があげられる。

市場細分化戦略[注2]とは，市場を漠然として全体的に把握するのではなく，消費者需要の特質に対応して市場全体をいくつかの市場セグメントに分割し，

その市場セグメントごとに市場標的として戦略目標を選定し，その市場標的の特質に適応したマーケティング・ミックスを構成する市場戦略である（橋本 1973, p.186）。

　この市場細分化戦略の進め方には2つの形態がある。1つは製品戦略を伴わない市場細分化戦略である。それは，製品以外の価格・経路・販売促進などのマーケティング・ミックス手段によって市場細分化を行うものであり，その意味では表面的・形式的な市場細分化戦略であるといえよう。もう1つは製品戦略を伴う市場細分化戦略である。それは，市場セグメントの特質に適応した製品を生産する製品分化を基礎として，製品を含めたマーケティング・ミックス手段によって市場細分化を行うものである。その意味では実質的な市場細分化戦略である（橋本 1973, p.187）。

　マーケティングにおける市場細分化戦略は，実質的な本来の市場細分化に基づいて，次の3つの市場標的選択戦略についての意思決定が行われる。つまり，図3-1のように，市場標的に対応したマーケティングは，無差別的マーケティング，差別的マーケティング，集中的マーケティングという3つの形態がみられる。そこで，3つの標的市場を簡単に説明しよう（橋本 1973, pp.188-189，村田監修 1983, pp. 373-378）。

図3-1　市場細分化とマーケティング

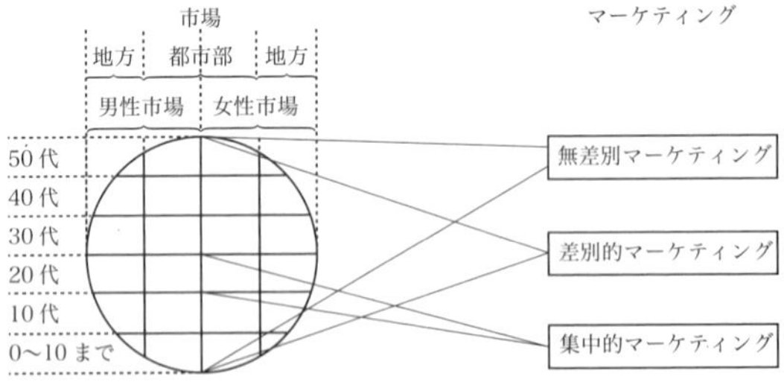

出所：橋本 1973, p.188.

(1) 無差別的マーケティング― これは，市場全体を1つの市場標的として，1つの製品に対して1つのマーケティング活動を行うものである。これは，漠然として市場全体を追求するので，市場全体を単一製品で大量に販売しようとするものである。そのために，生産コストの低減をもたらし，さらに物流コストや販売促進コストなども有利に展開できる。したがって，高圧的なマス・マーケティングの段階に支配的な方法である。

　(2) 差別的マーケティング―これは，市場全体を需要の特質に応じて多くのセグメント市場に分割し，セグメントごとにそれに対応した異なったマーケティング活動を行うものである。これは，各市場セグメントに対して細分化した製品を細分化した販売促進活動等によって市場全体を追求しようとする方法である。そのために少量生産になりやすく大量生産・大量販売による規模の利益は期待できないが，製品多様化へと発展する可能性は高く，それだけ消費者ニーズの多様化に有利に対応することができる。

　(3) 集中的マーケティング―これは，細分化した市場セグメントの1つあるいは少数部分を市場標的に選定し，その限られた市場標的にマーケティング活動を集中するものである。これは，1つあるいは少数の特定市場に限定するためにマーケティング活動を集中することが可能であり，特定商品の生産に特化できる中小企業にとっては効果的なマーケティングであろう。

　ともあれ，市場細分化戦略は，市場標的を選定し，そのセグメントごとの特質に応じた効果的なマーケティング・ミックスを行うことである。

2. 競争戦略としての差別化戦略

　差別化戦略は，企業が競争相手との競争において優位に立つために，あらゆる側面で差別的有利性ないし競争優位性を創出しながら，有利な市場地位を確保しようとする戦略である（市川 1993, p.97）。この差別化の形態は，製品による差別化，価格による差別化，チャネルによる差別化，広告やサービスなどの販売促進による差別化など企業のあらゆる活動や競争行動にみられるが，そのなかで最も基本的で重要な差別化は製品差別化戦略である（斎藤 1993, p.82）。

製品差別化戦略とは，自社製品と競争相手の製品との差異を広告したり，プロモーションすることによって製品に対する需要をある程度コントロールするものであり (Smith 1967, p.285, 片岡他訳 1969, p.193)，いわば需要を供給に合わせることである。換言すると，製品の出自が消費者にとって識別されるように，競争製品に対して自社製品の特異性を打ち出し，その差別や差異を強調することで需要を引きつけ，市場占有をねらう製品戦略である（角松 1980, p.84)。

このような製品差別化戦略が登場した背景には，寡占企業が相対的に狭隘化した市場で大量製品の販売を不可欠な課題としているために，「需要創造」ないし「既存市場の一層集約的な耕作」(Shaw 1915, p.43 伊藤・水野訳 1975, p.28) をめぐっての市場争奪戦を展開しなければならなかったという事情があり，しかも価格競争が制限されているとすれば，価格以外の製品ないし販売促進などのいわゆる非価格競争に重点をおく必要があったのである。そのために製品戦略としては，寡占企業による生産の機械化に基づく規格化・標準化・単純化された製品についての使用価値の差異があまりみられなくなったとき，使用価値の差異を求めるという矛盾，すなわち「競争による差別化の消滅と競争のための差別化の必然性という矛盾」(橋本 1971, p.91) を解決する手段として，製品差別化戦略を展開せざるをえないのである（角松 1973, p.112)。

さて，寡占企業は規格化・標準化・単純化された大量製品を販売するためには，それを吸収するだけの等質・一様化した市場の存在が必要である。しかし現実の市場における消費者の需要は異質・多様であり，だからもともと異質・多様な市場を広告などの販売促進活動によってひとまず等質・一様化した市場にしたうえで，今度は全体市場のなかから自己の個別市場を獲得しなければならない。そのために製品の出自を消費者に識別されるように製品に特徴づけることが製品差別化であり，その中心的要素となるのがブランドによる差別化である（森下 1969, pp.228-229)。

一般に，製品差別化は次の２つの形態に分けることができる（星川 1961, p.52, 橋本 1971, pp.91-92)。

（１）製品自体の本来的使用価値である品質・形態・構造などといった本来的使用価値そのものの差別化。
（２）製品自体の本来的使用価値にはなんら差異はないが，包装・ブランド・各種サービスやデザイン・スタイル・色彩などの副次的使用価値による差別化。

この２つの形態のうち，マーケティング戦略としての製品差別化戦略は，本来的使用価値そのものによる差別化よりも，副次的使用価値による差別化を求める傾向にある。その理由としては，一方では，資本の本性として生産の機械化による大量商品の規格化・標準化・単純化が生産それ自体の技術的基盤を掘り崩すという大きな危険性をはらんでおり，それが不可能ではないとしても一般に多額の費用を要するからである。さらに製品差別化が実質的なものであればあるほど他企業の模倣・追随を許しやすいことなどがあげられる（森下1994, p.77）。

他方では，製品差別化の判断が消費者によってなされるかぎり，その識別基準は客観的価値判断よりも主観的価値判断に依存する傾向が強いのである。それがまた消費者の品質と価格との関連性に対する感覚を鈍化させ，しかも宣伝広告などの販売促進活動の効果によって管理価格を保証するという効果をも兼ね備えているからである（角松1973, p.113）。このように，製品差別化戦略は，消費者の主観的価値判断に依存するものであるだけに，それだけ寡占企業にとっては操作性が大きなものになっている。

ともあれ，製品差別化戦略は，本来的使用価値そのものによる差別化よりも副次的使用価値による差別化，とりわけブランドによって行われている。しかもこの製品差別化戦略は，なによりも管理価格を維持しながら大量生産体制に基づく供給圧力の増大を解決するために，広告などの販売促進手段をもちいて「供給に対応して需要を調整しようとする」（阿部1971, p.63）あるいは「需要を供給側の意思の方向へ曲げる」（Smith 1967, p.284, 片岡他訳 1969, p.192）ものとして，マーケティング戦略のなかで重要な役割を演じているのである。

第3節　マーケティングの統合戦略

1. マーケティング・ミックスの構成要素

　マーケティング統合戦略としてのマーケティング・ミックスは，マーケティング諸要素である製品・価格・経路・販売促進などを一定の目的達成のために最も効果的に組み合わせることである。このマーケティング・ミックスは，絶えず変化する市場に適応しなければならず，そのためにマーケティング諸要素に整合性をもたせて効果的に組み合わせることが基本的な原則であり，そこに統合的・全体的観点が要求される。たとえば，三浦信は，①マーケティング諸活動と企業環境との適切な整合性の確保，②マーケティング諸活動と企業の人的・物的・財務的・情報的能力との適切な整合性の確保，③マーケティング諸活動間の適切な資源配分と整合性の確保，④マーケティング諸活動の時間的に適切な整合性の確保をあげている（三浦1993, pp.254-255）。

　次に，マーケティング・ミックスを構成する諸要素としてはいかなるものがあるのか，論者によってさまざまである。たとえば，オクセンフェルトは，価格，広告，販売活動，製品，顧客サービス，マーケティング・リサーチ，卸商の開発をあげている（片岡他訳1969, p.117）。ハワードは製品，マーケティング・チャネル，価格，広告，人的販売，立地条件をあげている（Howard 1957, p.5）。このようなマーケティング論者のなかで，マッカーシーのいわゆる4P政策が日本で最もよく知られ一般的に定着している。すなわち，①製品（Product）に関する領域 — 製品政策，②価格（Price）に関する領域 — 価格政策，③場所（Place）に関する領域 — 経路政策，④販売促進（Promotion）に関する領域 — 販売促進政策という4つの機能領域である（McCarthy / Perreault1990, p.37）。

　このようにマッカーシーのマーケティング・ミックスは，4つの機能領域に分けられるが，さらにそのなかで細かく分けられる。たとえば，販売促進政策は，広告，人的販売，狭義の販売促進に分けてみたほうが適切な場合もありうる。いずれにせよ，マーケティング・ミックスは，製品・価格・経路・販売

促進の4つの機能領域をメインとして，各々の領域でのサブ要素を効果的にミックスすることによって，最適ミックスを構成することが必要である。しかし，最適ミックスは重要な課題であるとともに最も困難な課題である。というのは，消費者の意識・行動の変化や競争企業の動向などによって，市場が一定に維持されることは少ないからである。それゆえ，企業は常に市場の状況に対応しつつ，かつミックスを規定する諸要素や条件を考慮しながら，最適マーケティング・ミックスを実践していかなければならない（岡田 1992，p.96）。

2. マーケティング・ミックスの規定要因

マーケティング・ミックスを規定する諸要因としては，まず第1に商品ないし産業があげられる。生産財と消費財との差異はもちろん，消費財でも最寄品，買回品，専門品，さらに一般消費財と耐久消費財では当然マーケティング・ミックスの内容ないしその重要度が異なっている。たとえば，お菓子の場合，価格は低く，購買に要する時間と費用もさしたる問題ではなく，購買頻度は高い。そのためにミックス戦略としては，製品開発や価格戦略よりも広告による全国向けの販売促進戦略が強調され，またチャネル戦略は開放的チャネル戦略をとって販売窓口を広くすることが必要である。他方，テレビの場合，価格は高く，購買に要する時間と費用は増加し，購買頻度は低い。またモデルチェンジの期間は長く，サービスの要求は高い。そのためにミックス戦略としては，製品開発や価格戦略に多くの努力が注がれ，販売促進戦略は全国的広告とともに人的販売にも重点がおかれ，チャネル戦略は選択的ないし閉鎖的チャネル戦略をとることが多い（岡田 1992，pp.96-97）。

第2に消費者ニーズや消費者の購買行動（購買動機，購買頻度，購買慣習，購買力などを含む）があげられる。たとえば，自動車などの専門品や家電製品などの買回品を購買する場合は，広告や販売員など広範囲からの情報を集めながら，慎重に購買行動の意思決定が行われる。また雑誌や石鹸などの最寄品を購買する場合は，過去の経験ないし購買慣習から極めて自動的に意思決定が行われる。さらに耐久消費財を購買する場合でも，それが新規需要か買替需要

かによって消費者の購買行動に相違がみられる（橋本1973, pp.172-173, 岡田1992, p.97）。

　第3に人口，所得，生活慣習などの社会的・経済的条件があげられる。たとえば，高齢化社会の進展は，老年層人口の増加によって，老年層市場という市場標的を課題にするであろう。また高学歴社会の進展による教育の普及は学校市場や学生市場を高め，さらに初任給の上昇や年功序列型賃金の是正は青年市場の地位を高めるであろう。所得水準の上昇は，耐久消費財や余暇関連商品の購買力を高めるとともに，欲望の不安定化を生み流行や気まぐれによる衝動買いの傾向を助長する。これらの社会変化に伴って，製品戦略，価格戦略，経路戦略，販売促進戦略が多様化し，さらに販売促進戦略としての広告の媒体も細分化し，訴求点・メッセージ・露出の方法もそれぞれ市場標的によって変化してくるであろう（橋本1973, pp.173-174）。

　第4に流通部門ないし販売店があげられる。直接販売や閉鎖的チャネルの場合には問題は少ないが，開放的チャネルの場合ないし一般に系列化が困難な量販店や大型店などをチャネルに参加させている場合，彼らの行動ないし構造がマーケティング・ミックスを構成するうえで大きな影響を与える。たとえば，大型量販店の増大は製品ラインの多様化をもたらし，それによってメーカーの製品ミックスも多様化し，用途別関連販売を考慮した製品ミックスの多様化を設計する必要があろう（橋本1973, p.174）。

　第5に競争の激化があげられる。一般にマーケティング競争は，価格競争から非価格競争へとその重点を変化させる。たとえば，製品戦略としては，需要が一巡したような場合，新製品計画による新製品開発が重要となってくる。また製品の計画的陳腐化戦略による長期的な時系列的製品ミックスが戦略上の課題となってくる。次に，競争激化による販売の困難がチャネル支配の困難性に起因する場合，チャネル・ミックスの策定が不可欠な問題となる。また生産の供給過剰に起因する場合，市場調査をミックスの主要要素として重視しなければならない。さらに不況による販売の困難にも種々な側面がみられる（橋本1973, p.174-176）。

いずれにせよ，これらの諸要因によってマーケティング・ミックスが異なることになる。それゆえ企業は，自社の達成目標を明確にし，環境要因や競争上の位置や行動などに基づいて，最適マーケティング・ミックスに近づくような努力が必要とされる。

第4節　市場地位におけるマーケティング戦略

1.　マーケティング戦略の基本方向

　現代では多くの産業部門において寡占体制が成立しており，そこではマーケティング戦略が寡占企業にとって不可欠なものである。マーケティング戦略は産業部門によってその内容やウェイトも異なっている。また，同じ産業部門であっても，リーダー企業ないしトップ企業，チャレンジャー企業，ニッチャー企業，フォロワー企業など市場における企業の地位によってマーケティング戦略が異なっている（岡田 1992, pp.105-106）。

　いずれの産業部門ないし企業においてもマーケティング戦略は次の3つの方向で考えられる。第1に，産業部門の市場全体の需要を拡大する総需要の拡大である。これには，①新市場の開拓・拡大による新しい消費者を獲得すること。たとえば，化粧品産業にみられるように女性用だけでなく男性用にも製品ラインを拡大する場合などがあげられる。②製品の新用途を開発・発見すること。たとえば，ナイロン産業にみられるようにパラシュートに始まりストッキング，シャツ，ブラウス，タイヤなど次々に新用途の開発が行われる場合などがあげられる。③多く使用させること。たとえば，調味料の容器のフタや練り歯磨きのチューブの穴を大きくすることで多く使用させる場合があげられる。

　第2に，自社の市場シェアの拡大である。これは市場シェアの全体拡大に基づく自社の市場シェアの拡大を図ることである。この自社の市場シェアの拡大は総需要の拡大に準じて考えることができる。

　第3に，自社の市場シェアの防衛である。これには，①イノベーション戦略がある。具体的方法としては，積極的に新製品のアイディアを出すこと，顧客

に積極的なサービスをすること，流通方法を改善しコストを切下げることなど，いわば積極的な攻めの姿勢で自社の市場シェアを防衛しようとすることである。②価格引下げ戦略がある。これは販売価格や出荷価格を大幅に切下げて，競争企業が実現できないような価格を設定して自社の市場シェアを防衛しようとすることである（岡田 1992, pp.106 - 107）。

2. 企業タイプ別のマーケティング戦略

　リーダー（トップ）企業，チャレンジャー企業，ニッチャー企業，フォロワー企業など市場における地位によってもマーケティング戦略が異なってくる。そこで，嶋口充輝による企業タイプ別のマーケティング戦略を紹介しておこう。
　リーダー企業ないしトップ企業は，産業部門内で最大の相対的経営資源を有する企業である。ほとんどの場合，リーダー企業は産業部門内で最大の市場シェアを有し，総合的な独自能力の優位性をも有している。リーダー企業は他の競争企業から市場シェアをめぐって挑戦を受けている。したがって，マーケティング戦略としては，最大の市場シェア，最大限の利潤，名声やイメージの確保にあると考えられる。その理由は，最大の経営資源蓄積と独自性をもつリーダー企業は，すでに最大の市場シェアを維持しており，その市場シェアを維持

図 3-2　競争地位タイプの経営資源による競争戦略

相対的経営資源の位置	量			
	大		小	
質 高	リーダー企業		ニッチャー企業	
	市場目標	戦略方針	市場目標	戦略方針
	最大シェア 最大利潤 名声イメージ	全方位化	利潤 名声イメージ	集中化
質 低	チャレンジャー企業		フォロワー企業	
	市場目標	戦略方針	市場目標	戦略方針
	市場シェア	差別化	生存利潤	模倣化

出所：嶋口 1986, p.101.

することが必要である。それによって産業部門内で最大の利潤を獲得し，名声やイメージの確保も可能となるからである。そのために基本戦略としては，これまで育成した市場全体に対してオーソドックスな全体的な戦略を展開することが必要である。

　一方，チャレンジャー企業は，リーダー企業に準ずる相対的経営資源をもち，しかもリーダー企業との市場シェアを競いうる地位と意欲をもつ企業である。ただ，リーダー企業に比べて際立った総合的な独自能力の優位性は有していない。したがって，マーケティング戦略としては，利潤を犠牲に名声やイメージを据え置いてでも，市場シェアの獲得に集中しなければならない。そのために基本戦略としては，リーダー企業と同じ魅力ある市場に向けて，リーダー企業と異質の差別化戦略をとることが必要になる。

　さらに，ニッチャー企業は，相対的経営資源や意欲において市場シェアを狙う地位にはないが，何らかの独自性を有する企業である。したがって，マーケティング戦略としては，市場シェアを競うほどの経営資源上の力はないが，棲み分けしうる独自性を有するため，部分的に一部の市場を占有することができる。そのために基本戦略としては，市場細分化を通じてある特定部分に徹底して集中し，他の競合相手があきらめてしまう適所をつかむことである。このように，ニッチャー企業の競争対抗方針は，市場細分化を中心とした製品ないし市場分野の集中化戦略にある。一般に市場が成熟化すればするほど，深耕の奥行は深まるので，間口を絞った多くのユニークなニッチャー企業が存立可能になる。

　また，フォロワー企業は，相対的経営資源や意欲において市場シェアを狙う地位になく，独自性をも有していない企業である。したがって，マーケティング戦略としては，極めて限定的な相対経営資源と独自性を有効に活用する場合，最低限の生存利潤の確保にまず目標を集中すべきといえる。そのために基本戦略としては，リーダー企業やチャレンジャー企業と競合せず，むしろ彼らの優れたやり方を模倣して利潤率のやや劣る市場に向けて打ち出すことである。したがって2次市場，3次市場に模倣戦略をとることである（嶋口1986, pp.98-107）。

注
1) アンソフ（H. I. Ansoff）は，戦略と戦術の概念について，「戦略というのは，敵に対して大規模な兵力を動員するための，いわば用兵についてのむしろ漠然としたきわめて広範な概念である。 また，戦略は戦術と対照的に使われているが，戦術のほうは割当てられた資源を使用するための個別的な計画である」（H. I. アンソフ著　広田寿亮訳（1969）『企業戦略論』産業能率大学出版部, pp.146-147）と指摘している。
2) 市場細分化の基準・方法代表的なものをあげれば，次のような特性によって分けられる（岡田 1992, pp.98-99）。
　第1に，人口統計的特性があげられる。これは，年齢，性別，所得階層，学歴，職業，家族構成などから市場を細分化しようとする。
　第2に，地域的特性があげられる。 これは，全国的市場を地域別市場や都道府県別・市町村別など行政基準，温暖地方や寒冷地方ないし太平洋側や日本海側など気候的基準，都市と地方などの生活様式基準などから市場を細分化しようとする。
　第3に，パーソナリティー的特性があげられる。これは，外交型，内向型，独立型，依存型など市場を形成している消費者の性格基準から市場を細分化しようとする。
　第4に，消費・購買パターン的特性があげられる。これは，店舗やブランドに対するロイヤルティー，価格やサービスに対する感受性など消費者の行動基準から市場を細分化しようとする。

参考文献
1) 阿部真也（1971）「模倣的マーケティング理論からの脱皮へ―マーケティング理論体系化のための一試論―」『世界経済評論』Vol.15, No.1。
2) 市川 貢（1993）「競争行動」三浦 信・来往元朗・市川 貢『新版マーケティング』ミネルヴァ書房。
3) 岩永忠康（2007）『マーケティング戦略論（増補改訂版）』五絃舎。
4) 岡田千尋（1992）「マーケティング戦略」尾碕 眞・岩永忠康・岡田千尋・藤澤史郎『マーケティングと消費者行動』ナカニシヤ出版。
5) 角松正雄（1973）「製品政策」森下二次也監修『マーケティング経済論（下巻）』ミネルヴァ書房。
6) 角松正雄（1980）「製品戦略と価格戦略」橋本 勲・阿部真也編『現代の流通経済』有斐閣。
7) 斎藤雅通（1993）「経営戦略とマーケティング・マネジメント」保田芳昭編『マーケティング論』大月書店。
8) 嶋口充輝（1986）『統合マーケティング ― 豊饒時代の市場志向経営―』日本経済新聞社。
9) 橋本 勲（1971）『現代商業学』ミネルヴァ書房。
10)　橋本 勲（1973）『現代マーケティング論』新評論。
11)　星川順一（1961）「非価格競争の意味するもの」『経済学雑誌』第44巻第6号。
12)　三浦 信（1963）『現代マーケティング論』ミネルヴァ書房。

13) 三浦 信（1993）「マーケティングの計画とコントロール」三浦 信・来往元朗・市川 貢『新版マーケティング』ミネルヴァ書房。
14) 森下二次也（1969）「経営販売論」馬場克三編『経営学概論』有斐閣。
15) 森下二次也（1993）『マーケティング論の体系と方法』千倉書房。
16) 森下二次也（1994）『現代の流通機構』世界思想社。
17) John A. Howard(1957), *Marketing Management : Analysis and Decision*, Richard D. Irwin, Inc..
18) Philip Kotler and Gary Armstrong(1980), *Principles of Marketing*, 4 th ed., Prentice-Hall International, Inc..(村田昭治監修，和田充夫・上原征彦訳（1983）『マーケティング原理―戦略的アプローチ―』ダイヤモンド社)
19) E. Jerome McCarthy / William D. Perreault, Jr.(1990), *Basic Marketing : A Managerial Approach*, 10th ed., Richard D. Irwin, Inc..
20) Alfred R.Oxenfeldt(1967), "The Formulation of A Market Strategy," in William Lazer and Eugene J. Kelley(eds.), *Managerial Marketing: Perspectives and Viewpoints A Source Book*, 3rd ed., Richard D. Irwin, Inc.. (片岡一郎・村田昭治・貝瀬 勝共訳（1973）『マネジリアル・マーケティング（上）』丸善)
21) Arch W. Shaw(1915), *Some Problems in Market Distribution*, Harvard University Press. (伊藤康男・水野裕正訳（1975）『市場配給の若干の問題点』文眞堂)
22) Wendell R. Smith(1967), "Product Differentiation and Market Segmentation as Alternative Marketing Strategies," in William Lazer and Eugene J. Kelley (eds.), *Managerial Marketing : Perspectives and Viewpoints A Source Book*, 3rd ed., Richard D. Irwin, Inc.. (片岡一郎・村田昭治・貝瀬 勝共訳（1973）『マネジリアル・マーケティング（上）』丸善)

第2編　マーケティング・ミックス戦略

第4章 製品戦略

第1節 製品の概念

　今日の資本主義社会は，高度に発達した商品経済に基づく社会であり，製品はもっぱら市場に向けて商品として製造される。商品は，最初から交換を目的として生産・製造される生産物ないし製造物であり，一方ではある特定の欲求を充足する有用的存在でなければならず，他方ではどのような生産物・製造物とも交換されなければならない。つまり，商品は使用価値と交換価値（価値）という2つの側面を有しているものである（久保村・荒川 1982, p.146, p.167）。

　一般に，商品（財貨）はその用途により生産財（産業財）と消費財に大別される[注1]。生産財は生産的消費や業務用に消費ないし利用されるもので，原材料・部品，資本財，補助材・サービスなどに分類される。消費財は個人的な最終消費者を対象として消費または利用されるもので，最寄品，買回品，専門品などに分類される。このうち最寄品は，通常，消費者が頻繁かつ即時に購入するもので，購買に際して最少のコストや努力しか払わないものである。たとえば，タバコ，石鹸，新聞，お菓子などが含まれる。買回品は，消費者が商品選択や購買に際して製品の適合性・品質・価格・スタイルなどを比較かつ検討しながら購入するものである。たとえば，家具，衣料品，大型家電などが含まれる。専門品は，消費者が製品固有の特性ないしブランドに固執して購買するもので，これを購入するために特別な努力を惜しまないようなものである。たとえば，乗用車，写真機器などが含まれる（Kotler / Armstrong1980, pp.244-248, 村田監修 1983, pp. 437-443）。

　さて，今日の製品は，交換価値的側面（価格）と使用価値的側面（品質）との

2つの側面をもつものである。そのうち，製品の使用価値は，品質・形態・構造など製品それ自体の本来的品質に基づく基本的機能のほかに，本来的品質にはなんら差異がないデザイン・スタイル・色彩，さらに包装・商標・各種サービスなどの副次的機能を含めたもので，消費者が識別し評価できるすべての要素を含む包括的概念である。

ところで，マーケティングの対象となる製品の使用価値は，価値的側面に規定されながらも純然たる本来的使用価値としてはあらわれない。マーケティング戦略としての製品の使用価値は，製品の本来的品質に基づく基本的機能よりも副次的機能にウェイトが高まり，特にデザイン・包装・商標などの副次的機能は消費者の主観的な選好に訴求する手段となっている。そのために，製品の使用価値における副次的機能は基本的機能とは区別して商品化効用（マーチャンダイジング・ユーティリティ）とも称される。それは，主観的なものであるだけに企業にとっての操作性も大きく，寡占企業の製品戦略において重要な役割を演じている（森下1981，p.76）。

第2節 製品戦略

製品はマーケティング活動を展開する出発点であり，製品の種類や特質によってマーケティング戦略が異なってくる。特に今日の技術革新のマーケティングにおいては，製品戦略がマーケティング活動のなかで中核的地位を占めている。製品戦略とは企業が消費需要に対して製品を質的ならびに量的に適合させる活動ないし戦略である（橋本1973，p.215）。具体的な製品戦略としては，製品アイテム・製品ラインに関するもの，製品ラインの望ましい組み合わせである製品ミックスないし製品多様化，新製品の開発，既存製品の改良ないし新用途の発見，製品の計画的陳腐化，既存製品の廃棄，製品のライフサイクルに関する製品戦略，さらにブランド，包装，ラベルなどの製品全般に関わる問題を含んでいる（村田1965，pp.17-18）。

1. 個別アイテム・製品ライン・製品ミックス

　製品それ自体に関する戦略は，少なくとも個別アイテム，製品ライン，製品ミックスといった3つのレベルで展開することができる。

図4-1　製品ミックス

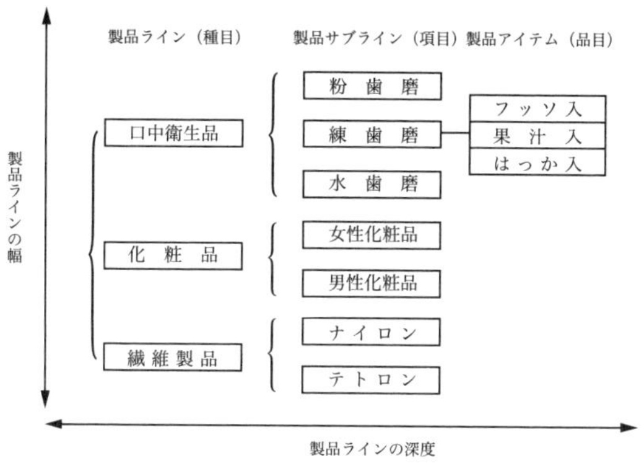

```
          製品ライン（種目）   製品サブライン（項目）  製品アイテム（品目）
                                ┌─ 粉歯磨 ─┐
                   ┌─ 口中衛生品 ├─ 練歯磨 ─┤  ┌─ フッソ入
                   │            └─ 水歯磨 ─┘  ├─ 果汁入
                   │                           └─ はっか入
  製品ラインの幅 ─┤            ┌─ 女性化粧品
                   ├─ 化粧品   ─┤
                   │            └─ 男性化粧品
                   │            ┌─ ナイロン
                   └─ 繊維製品 ─┤
                                └─ テトロン
                     ←──────  製品ラインの深度  ──────→
```

出所：橋本 1973, p219.

　図4-1は，製品ラインや製品アイテムにおける製品ミックスとしての製品多様化の関係を示したものである。たとえば，この製品ミックスとしての口中衛生品は，1つの製品ライン（種目）であり，粉歯磨，練歯磨，水歯磨はそれぞれ製品サブライン（項目）であり，さらにフッソ入，果汁入，はっか入など細分化したものは製品アイテム（品目）と呼ばれている。

　まず，個別アイテム・レベルでは，製品の最小単位である製品アイテム次元で製品戦略が行われる。単一ブランドであってもデザイン，スタイル，サイズ，価格，素材，パッケージなどにおいてさまざまなバリエーションがみられる。

　次に，製品ライン・レベルでは，製品ラインにおける新製品の導入や既存製品の修正，製品の削除に伴う戦略が行われる。これは，既存の製品ラインの適切な管理や製品ラインの変更による戦略が中心となる。なお，製品ラインとは，機能，顧客，流通経路，価格などからみて密接に関連している製品の集合体である。この製品ライン・レベルで考慮すべきことは，新製品の市場と既存製品の市場との重複によって生ずる共食い現象をいかに調整するかということである。

　最後に，製品ミックス・レベルでは，製品ラインの組み合わせに基づく全社

的な成長性や収益性に関わる戦略である。製品ミックスとは，ある特定の売手が買手に販売ないし提供する製品ラインあるいは製品アイテムのすべての組み合わせである。これには新製品ラインの追加や既存製品ラインの削減をはじめ，既存製品ラインへのウェイトづけなどがある（恩蔵 1990，pp.150-152）。具体的には単一の製品ラインに絞るのか，あるいは複数の製品ラインに広げるのか，また複数の製品ラインを拡張する場合その範囲はどの程度にするのか，さらに製品ラインの組み合わせにどのような特徴をもたせるのかに関わっている。つまり，製品ミックスは，企業の長期最大限利潤追求のために，製品ラインの拡張ないしその組み合わせによる最適製品ミックスの決定に関する戦略である（橋本 1973，p.219）。

2. 製品多様化

製品多様化は，製品ミックスとして既存製品ラインに新しい製品ラインないし製品アイテムが追加され，製品ラインの幅を拡大したり深度を深めたりすることである（橋本 1973，p.220）。

図示（図4-1）されているように，製品ミックスとしての製品多様化は，2つの側面から考えられる。1つは同一製品ラインの枠内で製品サブラインならびに製品アイテムを増加させる，いわゆる製品ラインの深度を深めて製品多様化を図るものである。もう1つは製品ラインそのものを増加させる，いわゆる製品ラインの幅を広げて製品多様化を図るものである（橋本 1973，pp.219-220）。前者は，製品のライフサイクルが成熟期に近づくにつれて，市場細分化戦略に基づいて実施される個々の製品サブラインならびに製品アイテムの増加を図る製品多様化である。それに対して，後者は，企業としての成長戦略，リスクの分散，経営基盤の安定化など，おおむね長期経営計画の視点に立脚して製品ラインを拡張する製品多様化である。一般に製品多様化は，後者に重点をおく傾向にあり，次の3つのタイプに分けられる（木綿・懸田・三村 1989，p.52）。

第1のタイプは水平的多様化である。これは，既存製品と同じ市場標的を対象とする製品分野に進出することによって実現される製品多様化である。

第2のタイプは垂直的多様化である。これは，原材料→半製品→最終製品へと加工していく過程で，いずれかの段階の製品を生産する企業が，製造段階での川上段階ないし川下段階へ進出することによって実現される製品多様化である。
　第3のタイプは異質的多様化である。これは，既存製品とまったく関連性のない製品分野に進出することによって実現される製品多様化である。
　なお，製品戦略として最も基本的な製品多様化は，第1のタイプの水平的多様化であり，第2のタイプの垂直的多様化ないし第3のタイプの異質的多様化は，通常の製品戦略の枠を超えた問題であり，一般に経営多角化ないし事業多角化として捉えられる概念である（木綿・懸田・三村1989，pp.52-53）。

第3節　製品のライフサイクル

　製品には寿命がある。製品の寿命とは，新製品として市場に導入されてからしだいに普及し，やがて代替品の出現により市場から消滅してしまうまでのプロセスである。このように新製品が開発され市場に導入されてから最後に廃棄されるまでのプロセスを，製品のライフサイクルあるいは製品周期と呼んでいる。製品のライフサイクルにおいては，それぞれの段階で特徴がみられ，それによって4段階説ないし5段階説をはじめいくつかの説があり，そのなかには製品開発期を含む説もある（Kotler / Armstrong1980, p.289）。当然，製品のライフサイクルの各段階によってマーケティング戦略が異なっている。

1.　製品のライフサイクルの基本パターン

　製品のライフサイクルについて，ここでは導入期，成長期，成熟期，衰退期という4つの段階に分けて説明していこう。図4-2は，製品のライフサイクルの各段階における売上曲線と利益曲線を示したものである。また，製品のライフサイクルの特徴と企業の反応を示したものが表4-1である。そこで，図4-2と表4-1を参考にしながら，各段階の主な特徴を要約すると，次のようになる（Kotler / Armstrong 1980, pp.290-295，岩永2007, pp.82-83）。

(1) 導入期

第1段階の導入期においては，製品が市場に導入され売上はゆっくりと増加するが，製品導入への過剰出費のために利益は期待できない。この段階では，新製品として市場に出回り始め，売上はゆっくりと増加していく。しかし，販

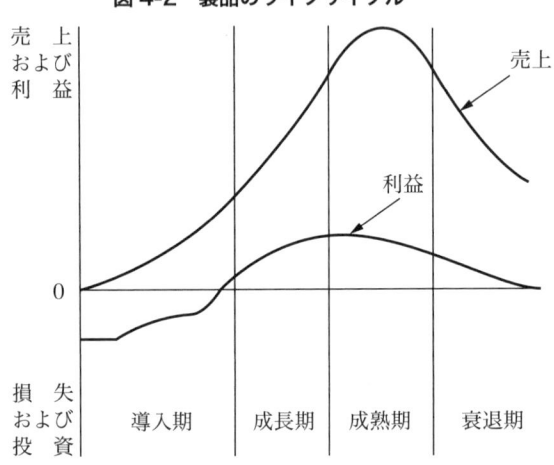

図 4-2　製品のライフサイクル

注：この図は原点図の製品開発期を削減したものである。
出所：Kotler / Armstrong 1980, p.289.

表 4-1　製品のライフサイクルの特徴と企業の反応

	導入期	成長期	成熟期	衰退期
各段階の特徴				
売上高	低い	急成長	低成長	低下
利益	ほとんどなし	ピークに到達	低下	低いかゼロ
キャッシュフロー	マイナス	ほどほど	高い	低い
顧客	革新者	大衆	大衆	保守的採用者
競合企業	ほとんどなし	増えている	多い	減ってくる
企業の反応				
戦略の焦点	市場拡大	市場浸透	シェア維持	生産性の確保
マーケティング支出	高い	高い	低下していく	低い
マーケティング強調点	製品認知	ブランド選考	ブランド・ロイヤルティ	選択的
流通チャネル	未整備	拡張的	拡張的	選択的
価格	高い	やや低い	最低	上がっていく
製品	基礎開発	改良	差別化	合理化

出所：Kotler / Armstrong 1980, p.295. 村田監修 1983, p420.

売促進支出などの費用が高いために，利益はマイナスかあるいはかなり低い。多くの資金は，有能な流通業者の確保や十分な製品ストックにもちいられ，同時に消費者に新製品を知らせるための販売促進活動に向けられる。また，競争企業が少ないために，企業は基本的な製品の生産に専念して，高所得グループへの販売に集中する。製品価格は少量生産による高い生産コストや高い販売促進支出のために高い水準にある。

（2）成長期

第2段階の成長期においては，製品が急速に市場に受け入れられ，利益が増大する。この段階では，売上が急速に増加し始め，初期の購買者である高所得グループとともにしだいに一般の購買者へ広がっていく。そのために新しい競争企業が利潤機会の魅力に引かれて市場に参入し始める。その結果，新製品が導入されて市場が拡大し，また競争企業の増加が流通チャネルの増加や流通業者の在庫品の増加をもたらす。製品価格は現状のままかあるいはわずかに低下してくる。企業は競争企業と対抗するためにいっそう販売促進支出を増加させ市場の維持・管理を図る。利益は売上の伸びと単位当り製造コストの低下のために増加する。この段階では，品質の改良と新モデルや新しい特徴の追加，新市場と新販路の開拓，製品の報知広告から製品の説得広告への変化，価格引下げなどのさまざまなマーケティング戦略が展開される。それによって企業は，高い市場シェアと高い利益を獲得し，さらに製品改良・販売促進・流通チャネル構築のために多くの資金を使用することによって市場での支配的地位を獲得する。

（3）成熟期

第3段階の成熟期においては，製品はほとんどの潜在的な購買者にまで受け入れられ，売上はゆっくりと低下していき，利益は競争激化に対するマーケティング経費の増加のために横ばい状態かあるいは減少していく。そのために，この段階ではマーケティング戦略が強く要求される。つまり，過剰生産はマーケティング競争を激化させ，売上の低下が企業を販売に集中させる。また，製品価格の低下，販売促進支出の増加，製品研究開発費の増加などによって利益

が減少してくる。さらに弱小企業は市場から撤退し始める。そのために企業は，既存製品に固守することなく，積極的な製品開発・改良や市場開拓などによって，マーケティング・ミックス戦略を変化させ修正しなければならない。

（4）衰退期

第4段階の衰退期においては，売上が急激に低下し，利益が減少する。この段階では，ほとんど製品の売上が徐々にあるいは急速に減少する。この売上の減少は技術の進歩，消費者嗜好の変化，競争の激化などによるものである。このように売上と利益が減少し赤字になる企業も出てくるので，多くの企業は市場から撤退し，堅実な企業が残存する。残存企業は，既存製品の生産と販売を減少させ，市場開拓と流通チャネルを縮小させることにより販売促進予算をカットし，さらに価格を低下させることもある。そのために，マーケティング戦略としては，既存製品を維持するか撤退するかを決定しなければならない。

2. 製品のライフサイクルの変形パターンないし延命策

製品のライフサイクルは，すべての製品が図4-2に示したようなパターンをたどるわけではない。製品によっては導入期に失敗して市場から脱落していくケースもかなりみられる。また，ある製品は導入期のゆるやかな売上の推移を経ないで最初から急速に成長期に突入したり，あるいは急速な成長期を経ないで導入期からいきなり成熟期に移行することもある。さらに，ある製品は成熟期を過ぎて再び急速な成長期にはいるケースもある。この場合，このように変形パターンをとる代表的なものとしては，「反復型」ないし「波打ち型」が存在している。

この変形パターンのなかには，マーケティング戦略として製品が成熟期あるいは衰退期に到達した際に，リポジショニングを通じて製品の寿命の延長を図ろうとするものがある。それは，当該製品についての新たな特性，新たな使用者，新たな用途ないし新たな市場の発見などによって，製品のライフサイクルが何度も続けて形成されていくパターンである。たとえば，ナイロンの場合は，パラシュート，靴下，シャツ，カーペットなど新たな用途が次から次へと開発

されたことによって，波打ち型パターンがみられる（Kotler / Armstrong 1980, p.275　村田監修 1983, p. 408)。

第4節　製品計画

　製品計画[注2]は，製品戦略の1つであり，いかなる製品を生産すべきかというプリ・プロダクションとして，メーカーの計画活動にもちいられている（橋本 1973, pp.215-216）。それは新製品開発を中心に，製品改良，製品廃棄などが含まれる。

1.　新製品開発

　戦後のマーケティングは，技術革新と結びついたマネジリアル・マーケティングとして特徴づけられているかぎり，技術革新と結びついた新製品の開発が活発に行われ，その導入の成否が企業の存在を左右する。一般に，新製品の導入には巨額の設備投資を要しリスクも大きく，それだけに新製品開発が現代の製品計画の核心をなすものといえる（森下 1969, p.230）。

　一般に，新製品開発は，新製品を開発し新しく市場に導入するまで多くのプロセスを経てようやく実現される。橋本勲は新製品開発プロセスを次の3段階に分けている（橋本 1973, p.225）。

　第1段階は，新製品についてのアイディアを探究し，技術的な開発にかかるまでのアイディア（着想）段階である。

　第2段階は，新製品の技術的開発段階である。

　第3段階は，技術的にいちおう出来上がった製品を商品として発売する商品化段階あるいは発売段階である。

　また，スチュアート（John B. Stewart）は次の6段階に分けている（Stewart 1965, p.167, 橋本 1973, pp.225-229）。

　第1段階は，アイディア探究・収集であり，企業目的に合致した製品のアイディアを探究する段階である。

第2段階は，アイディアの審査（スクリーニング）であり，前段階で提案されたアイディアを審査し取捨選択する段階である。

第3段階は，アイディアの明細化であり，スクリーニングを通過したアイディアが具体的に製品の特質やプログラムに変形した明細書を研究開発部へ提案する段階である。

第4段階は，製品の開発であり，明細書に示されたアイディアによって実際に生産可能な製品を技術的に開発する段階である。

第5段階は，製品の市場テストであり，技術的に完成した製品が特定の市場でテスト・マーケティングされ消費者の受容性が試験的に測定される段階である。

第6段階は，商品化であり，製品を実際に生産して全国的に発売する段階である。この段階で製品のライフサイクルの導入期に突入する。

このように，新製品開発はいくたのプロセスを経て極めて周到に行われる。この新製品開発には，1つには自社が研究開発部門を設置し，そこで新製品の開発が行われる場合がある。もう1つには新製品を開発した企業そのものを買収したり，あるいは他社から特許ないしライセンスを買い取ったりして新製品を開発する場合がある（Kotler / Armstrong 1980, p.275　村田監修 1983, p.383）。

ちなみに，新製品開発は，企業にとって極めて重要であるにもかかわらず，そのリスクも極めて高く，その範囲は20％から80％に及んでいる。ある調査結果によれば，新製品開発の失敗率は消費財で40％，生産財で20％，サービスで18％となっており，特に消費財における新製品の失敗率は極めて高いということである（Kotler / Armstrong 1980, p.277　村田監修 1983, pp.384-385）。

一般に，新製品と呼ばれるものは，次の4つのレベルで考えられる。

（1）本来的使用価値の創造といった新技術による新製品
（2）使用価値の部分的改良といった部分的改良製品
（3）副次的使用価値の改良といった外観的改良製品
（4）技術的改良を伴わない新用途の発見ないし新市場の発見

これらの新製品のうち，本来的使用価値の創造といった真の意味での新製品と呼ばれるものは多くない。たいていは使用価値の部分的改良製品や外観的改

良製品といった製品改良,さらに既存製品の新用途の発見ないし新市場の開発といった場合が多くみられる(橋本1973, p.216)。

2. 製品改良

　製品のライフサイクルが成熟期に近づいてくると,当該製品に対する市場は飽和状態となり売上も伸び悩む傾向にある。このような状態を打開するために,しばしば製品改良ならびに新用途の発見が行われる。この製品改良には,品質改良,特徴改良,スタイル改良といった3つの形態が考えられる(橋本1973, p.230)。

　(1)品質改良は,製品の材質・構造・エンジニアリングなどの改良で,製品それ自体の信頼性・耐久性を高める改良である。

　(2)特徴改良は,製品の使用回数を増加したり,使用の便利性・安全性・多面性・能率性などを改善することにより,製品が進歩的・革新的であるというイメージを与える改良である。

　(3)スタイル改良は,外観の審美的アピールを高めようとする改良である。

　これら3つの製品改良の区別は,必ずしも明確でなく,混合した形態で行われる。また新用途の発見ないし新市場の発見は,たいてい新しい標的となる市場セグメントの発見に基づき,それに対応する新たな製品コンセプトの形成を通じて行われる(岩永2007, p.86)。

3. 製品廃棄

　製品廃棄は,製品ミックスのなかから製品ラインあるいは製品アイテムを削減することである(橋本1973, pp.230-231)。ほとんどの製品は,製品のライフサイクルの衰退期に近づくにつれ売上や利益が減少し,赤字が増大してくる。これは,新技術や新素材に基づく代替的な新製品の開発による場合もあれば,消費者の関心が流行・好み・ニーズの変化などを通じて低下していく場合もある。さらに企業自体が戦略的に製品を陳腐化し廃棄する,いわゆる製品の計画的陳腐化の場合も考えられる。

製品の計画的陳腐化戦略とは，寡占企業が最大限利潤追求のために使用価値の持続性を計画的に破壊し，製品のライフサイクルを短縮して消費者を収奪する戦略であり，その意味では製品のライフサイクル戦略の1つの形態といえよう（橋本 1973, p.210）。つまり，それは，寡占企業が戦略的に製品を陳腐化し計画的に廃棄していくものであり，本来，環境条件の変化に伴って推移する製品ライフサイクルの動きを恣意的に管理し短縮化することによって，絶えず消費市場の活性化を図るものである（木綿・懸田・三村 1989, p.56）。この製品の計画的陳腐化戦略には，次の3つの形態が考えられる（橋本 1973, pp.210-211, 角松 1980, pp.89-90）。

（1）製品の機能的陳腐化 ─ これは，製品の機能ないし本来的使用価値そのものが陳腐化する場合である。

（2）製品の心理的陳腐化 ─ これは，製品の機能ないし本来的使用価値そのものに変化がなくても，流行による欲望の変化によって心理的に陳腐化する場合である。

（3）製品の材料的陳腐化 ─ これは，故意に短命な製品を生産する場合であり，材料的に消耗が早くなって陳腐化する場合である。

このように製品の計画的陳腐化戦略は，消費者の購買意向に戦略的に介入して，消費者の過度の買増ないし買替えを促すものといえよう（木綿・懸田・三村 1989, p.56）。

ともあれ，企業にとっては，製品のライフサイクルの衰退期にある製品に対して製品廃棄をいつ行うかが重要な課題となる。

第5節　ブランド・包装・ラベル戦略

1. ブランド（商標）

ブランド（商標）は，製品に付与されその主要な構成要素とみなされているかぎり，製品戦略の主要な領域として重要な役割を演じている。今日では，ほとんどの製品にブランドが付与され，それによって業者間の取引がスムーズに

行われるばかりでなく，消費者もまたブランドによって製品を認識・評価して購買している。

　ブランドは，「販売者あるいは販売者集団の商品またはサービスであることを明示し，他の競争者のそれから区別することを目的とした名称，用語，記号，象徴，デザイン，またはそれらの結合である」（日本マーケティング協会訳 1963, p.21）と定義づけられている[注3]。

　また，コール（Jessie V. Coles）によると，「ブランドとは，特定の販売者の商品を同一のものと確認するために取引で使用される独自のマーク・デザイン・シンボル・言葉あるいはそれらの組み合せである」（Coles1949, p.66）と規定されている。

　ブランドは，もともと製品の品質や性能を保証するものとして，その出所と責任の所在を証明するものであった。それが，今日のマーケティング戦略のなかでは，他の同種製品と比較してより良いイメージをもって消費者に受容されるように，心理的差別化を図るための手段としてもちいられる。それによって消費者の愛顧を獲得し，市場の維持・拡大を図るものとして考えられている。

　そこで，ブランドの役割についてみると，ブランドは，第1にブランドによって製品を同一化し，製品の取り扱い全般を容易にする。第2に消費者に対して提供者の出所と責任を明確にする。第3に差別化の基礎として製品を特徴づけて，付加価値を高める。第4に流通をコントロールし，価格・広告・プロモーションへの影響力を高め，それによって消費者に直接訴えることができる。第5に模倣を防ぎ，法的なトレードマークや特許の基礎となっている。その結果，ブランドは，消費者にブランド・ロイヤルティを生み出し，当該ブランドへの価格影響力を弱めながら，継続的な反復購買の可能性をもたらす（嶋口 1986, p.173）。

　一般に，ブランドに対する消費者の意識や態度の度合はブランド・ロイヤルティ（商標忠誠度）によって示され，それはブランド認知，ブランド選好，ブランド固執という3つのレベルで捉えることができる。まず，ブランド認知は，消費者がブランドを見たりブランドネームを聞いたりして，単にそのブランド

を認知している状態である。次に，ブランド選好は，消費者がブランドを認知しているばかりでなく，商品の購買に際して特定のブランドを慣習的に選好する状態である。さらに，ブランド固執は，消費者が商品の購買に際して，特定のブランドを入手するために複数の商店を探したり入荷を待つなど，ブランドに強い愛顧をもつ状態である（久保村 1965, p.44）。

次に，マーケティング戦略としてのブランド戦略は，ブランド・ロイヤルティと密接に関連して，次の３つのレベルで展開される。まず最初に，商品の識別機能である。これは，ブランド本来の機能が商品の品質とその出所・責任を証明し，品質に対する同一性を保証するものである。これによって消費者は，他生産者の同種商品と識別することができる。次に，選択的需要の刺激機能である。これは，ブランドが特定製品に対する選択的需要を喚起・刺激するものである。このように，ブランドの付与によって消費者の反復的購買活動に刺激を与えることができる。最後に，市場支配機能である。これは，ブランドによる商品の識別化が消費者の反復的購買を刺激し，消費者の愛顧を獲得することによって市場シェアを高め，さらに強まると一種の独占状態が発生する。この場合はブランドに対する愛顧独占であるといえよう（徳永 1966, pp.262-263）。

さらに，ブランドの付与に関する戦略としては，次の３つの戦略が考えられる。

第１に自社製品にブランドを付与するか否かの決定である。第２に自社のナショナル・ブランド（NB）を採用するか，流通業者のプライベート・ブランド（PB）を利用するか，あるいはそのミックス・ブランドでいくかの決定である。第３に自社製品全体のブランド統合戦略をどのようにするかということである。これには，個々の製品アイテムあるいは製品ラインごとに独自の個別ブランドを設定する個別ブランド戦略を採用するか，また自社の全製品あるいは複数の製品ラインに共通して設定する総合ブランド戦略あるいは統一ブランド戦略を採用するか，さらに自社の全製品あるいは複数の製品ラインに統一ブランドを設定するとともに，その製品アイテムあるいは製品ラインごとの個別ブランドをも設定する複数ブランド戦略を採用するなどの戦略が考えられる（嶋口 1986, pp.171-181）。

2. 包装（パッケージ）

　包装（パッケージ）は，もともと製品の保護を目的として製品に装いを施すもので，運送や保管の期間中の保護や取り扱い上の便宜性を与える物的流通過程である。日本工業規格（JIS）によれば，包装は「製品の運送・保管などに当たって，適当な材料・容器を用い，製品の価値および状態を保護する技術並びに保護した状態（日本規格協会 1982，p.1132）」と定義づけられている。
　この包装は，さらに個装・内装・外装に分けられる（柳川 1958，pp.225-226）。
　（1）個装 ― 製品個々の包装をいい，製品価値を高めるために，または製品個々を保護するために，適切な材料・容器などを製品に施す技術および施した状態をいう。
　（2）内装 ― 包装製品の内部包装をいい，製品に対する水・湿気・光熱・衝動などを考慮して適切な材料・容器などを製品に施す技術および施した状態をいう。
　（3）外装 ― 包装製品の外部包装をいい，製品を箱・袋・缶・樽などの容器等に入れて結束し，記号・荷印などを製品に施す技術および施した状態をいう。
　ちなみに，今日のマーケティング戦略における包装は，単に製品の保護や運送・保管の取り扱い上の便宜性を与えるといった本来的機能のみならず，さらに販売促進の手段として重要な役割を果たすものとなってきている。すなわち，包装は，ラベルやブランドと密接な関係を維持しながら，「ものいわぬセールスマン」として消費者にアピールする販売促進の手段と利用されている。特に消費財分野において，包装がそのスタイル・素材・色彩・ブランド・デザインなどを通じて製品を差別化し，顧客の反復購入を促進するための販売促進として重要な役割を演じている（久保村・荒川 1982，p.229）。

3. ラベル

　ラベルは，包装の一部として製品に付与されている単純な荷札，あるいは複雑なグラフィックである（Kotler / Armstrong 1980，p.259）。すなわち，ラベルには，絵，図案をはじめ，ブランド，製造業者名または配給業者名，商品の数量，製造された場所，包装された時期，有効期間，商品の大きさ，商品の型・

種類，商品の成分，用途および利用法，取扱上の注意，保証，品質および効能，政府・公共団体の検査証，その他が記載されている（柳川 1958, p.226, 宇野 1959, pp.160-161）。

このラベルの目的は，ブランドと同じように，消費者に製品についての情報を提供することであり，その目的から情報記載・等級ラベルと保護的ラベルの2つのタイプに分けられる。情報記載・等級ラベルはグラフィック，印刷物，書き物，使用明細書，規格等級など内容を記述したラベルである。それに対して，保護的ラベルは，使用者が危険に対する警告として用心させ法律によって要求されるラベルである（Fisk 1967, p.517）。

さらにラベルの役割は，①製品やブランドを同一なものと確認する。②製品に等級を付ける。③製品について，生産者，生産場所，生産時期，製品内容，使用方法，使用可能期間などの事項を記述する。④魅力的なグラフィックを通じて製品の販売を促進させるといったことがあげられる(Kotler / Armstrong 1980, p.259)。

今日，多くの製品は，何らかの形態で包装されており，その一部にラベルが付いている。ラベルは，製品が包装されて取引されるようになり，その製品内容を購買者に理解させる必要から付与されたのである。このようにラベルは，製品の包装と密接不離の関係で発達したものであるが，包装化が進むにつれて，ラベルはますます販売業者と購買者を結合させるものとして重要な役割を演じる。つまり，販売業者は，購買者にその製品についての情報を知らせるとともに，自社製品を他製品と識別させようとする手段にもなっている（宇野 1959, p.161）。

注
1）製品の分類はこれまで多くの学者によって多種多様な方法で行われているが，マーケティング論では一般にコープランド（M. T. Copeland）による分類方法がベースになっている。
2）製品戦略は製品計画，製品政策，製品管理，製品開発，製品決定，マーチャンダイジングなどの表現で使用されているが，その内容は大同小異である。特に製品計画はいかなる製品を生産すべきかというプリ・プロダクションとして，メーカーの計画活動について使われている（橋本 1973, pp.215-216）。
3）ブランド・ネームとは言葉で言い表わせる（すなわち発音可能な）ブランド部分である。また，ブランド・マークとはシンボル，デザイン，識別色，文字形態などのように，

知覚可能であるが発音不可能なブランド部分である。
　また，トレード・マークとは排他的占有が可能であるがゆえに法的保護を与えられている，ブランドないしはその一部を指す。すなわち，トレード・マークは，売り手がそのブランド・ネームおよびブランド・マークを排他的に使用する権利を保護する機能をもっている（Kotler / Armstrong 1980, p.248, 村田監修 1983, pp.443-445）。
　さらに，わが国で一般にもちいられている商標という用語はおおむねトレード・マークに相当するものといえよう（木綿・懸田・三村 1989, p.52）。

参考文献

1）岩永忠康（2007）『マーケティング戦略論（増補改訂版）』五絃舎。
2）宇野政雄（1959）「マーチャンダイジング」清水 晶編『マーケティング・マネジメント』青林書院。
3）恩蔵直人（1990）「製品戦略」田中由多加編著『新・マーケティング総論』創成社。
4）角松正雄（1980）「製品戦略と価格戦略」橋本 勲・阿部真也編『現代の流通経済』有斐閣。
5）木綿良行・懸田 豊・三村優美子（1989）『テキストブック 現代マーケティング論』有斐閣。
6）久保村隆祐（1965）「商標政策」深見義一編『マーケティング論』有斐閣。
7）久保村隆祐・荒川祐吉編（1982）『商業辞典』同文舘。
8）嶋口充輝（1986）『統合マーケティング—豊饒時代の市場志向経営—』日本経済新聞社。
9）徳永 豊（1966）『マーケティング戦略論』同文舘。
10）日本規格協会（1982）『JIS 工業用語大辞典』日本規格協会。
11）橋本 勲（1973）『現代マーケティング論』新評論。
12）村田昭治（1965）「製品計画」深見義一編『マーケティング論』有斐閣。
13）森下二次也（1969）「経営販売論」馬場克三編『経営学概論』有斐閣。
14）森下二次也（1994）『現代の流通機構』世界思想社。
15）柳川 昇編（1958）『商業論』青林書院。
16）アメリカ・マーケティング協会編／日本マーケティング協会訳（1963）『マーケティング定義集』日本マーケティング協会。
17）Jessie V. Coles（1949），*Standards and Labels for Consumer' Goods*, The Ronald Press Company.
18）George Fisk（1967），*Marketing Systems : An Introductory Analysis*, Harper & Row, Publishers, Inc..
19）Philip Kotler and Gary Armstrong（1980），*Principle of Marketing*, 4th ed., Prentice-Hall Intenational, Inc.（村田昭治監修，和田充夫・上原征彦訳(1983)『マーケティング原理— 戦略的アプローチ—』ダイヤモンド社）
20）John B. Stewart（1965），"Product Development," in George Schwartz (ed)，*Science in Marketing*.

第5章 価格戦略

第1節　価格の概念

1. 価格の概念

　今日の社会では，人間にとって商品・サービスなど価値あるものは，ほとんどその貨幣的表現である価格によって表示されている。価格とはある商品（財貨）が他の商品と交換される場合にどれだけの商品量を獲得することができるのかを示す交換価値である。伝統的な経済理論によると，一般に価格は商品・サービスの需要と供給との市場関係によって決定されるということがよく知られている。

　しかし，現実の価格は，必ずしもこのような需要と供給との市場関係によって規定される価格ばかりではなく，政府または企業などの意図のもとに恣意的に規定される価格も存在している。それゆえ，ある程度市場支配力のある企業は，供給条件ならびに需要条件をみずから有利にコントロールすることによって，有利な価格戦略を展開することができる。このように，価格は制度的枠組や取引慣行ならびに政府行政によって大きく規定されている。

　一般に，価格が形成・設定される制度的条件を整理してみると，価格設定主体者の観点から，次の4つのタイプに分類することができる（小林 1990, pp.50-51）。

（1）需要と供給との市場条件が強く反映される価格
（2）政府によって決定される価格もしくは政府・公共機関の意向に強く反映される価格
（3）生産段階とりわけ大規模生産者の意向が強く反映される価格

（4）流通段階とりわけ大規模小売業者の意向が強く反映される価格

（1）のタイプは，現実の価格が需要と供給との市場関係に規定される市場価格を反映したものである。この市場価格は，今日では野菜，果物，魚介類など，主として第1次産業に代表される小規模生産者によってもたらされる生産物などに典型的にみられる。

（2）のタイプは，米価のように政府によって決定される公定価格，ならびに鉄道運賃・水道料金などの公共料金のように政府ないし公的機関によって認可ないし統制されている統制価格があげられる。

（3）のタイプは，自動車，家電製品といった一部の工業製品にみられるように，業界における市場支配力に基づいた寡占企業の価格戦略によって意図的に設定・管理された，いわゆる管理価格に典型的にみられる。この管理価格は，競争価格のように需給関係によって絶えず変動することなく，ある程度の安定性をもっている。

（4）のタイプは，流通段階において総合スーパー，百貨店，専門量販店などの大規模小売商業が，主にメーカーや納入業者に対して行使するバイイング・パワーという市場支配力との関連で設定される価格である（小林 1990, p.51）。

なお，本章におけるマーケティング戦略としての価格戦略は，（3）のタイプの管理価格にみられるように，寡占企業がある程度の独自の意思で意図的に設定・維持することができる価格を対象とする。

2. 価格戦略

現代の資本主義経済のもとで，生産と資本を集積・集中した少数の寡占企業の価格戦略は，全体として客観的に定まる市場価格に追随するのではなく，逆に供給を調整するなど市場を操作することによって価格を操作することができる。つまり，寡占企業の価格戦略は，自己に最も有利な水準で価格を設定し維持することである。その意味では，管理価格であり，いわば一種の独占価格といえよう。

ともあれ，巨大な資本設備を擁し絶えず巨大な配当と減価償却を不可欠とす

る寡占企業にとっては，利潤の確保は長期的かつ安定的なものでなければならない。そのために，寡占企業は，長期的かつ安定的な利潤の極大化を実現するような価格を設定し，それを維持・管理することが不可欠な課題となる（鈴木 1973, p.124）。この寡占企業の価格設定や維持管理が，ここで展開する価格戦略にほかならない。

　こうして寡占企業の価格戦略は，価格設定と価格管理をその中心課題とするものであり，競争手段としての価格競争はなお行われるとしても，それはこの基本的な価格戦略の枠内で補完的に行われるものにすぎない（森下 1969, p.224）。この場合，価格設定は個々の製品に対する基本的な価格の設定に関わる活動であり，価格管理は基本的に設定された価格を維持しながらその価格を市場環境に合わせて適合させる活動をいう（木綿・懸田・三村 1989, p.62）。

第2節　価格設定の要因と目標

　価格戦略にとっての基本的な戦略の1つとして価格設定があげられる。寡占企業が価格を設定するに際しては，まず企業を取り巻く環境要因を考慮し，次に価格設定の指針となる目標を明確にすることによって，価格設定が可能となる。そこで，価格設定の要因ならびに価格設定の目標をあげれば，次のようになる。

1. 価格設定の要因

　寡占企業が価格を設定するに際しては，まず最初に企業を取り巻くさまざまな環境要因を考慮しなければならない。これらの要因には，内部要因としては価格設定の目標，コスト，製品ミックス，製品差別化の程度，マーケティング・ミックス，マーケティング組織などいわば内部統制可能な要因があげられる。外部要因としては経済条件，需要，競争，製品ライフサイクル，流通業者，供給業者，法律などいわば内部統制不可能な要因があげられる。これら価格設定の内外要因のなかでも，コスト，需要，競争が最も基本的な要因としてあげら

れる（木綿・懸田・三村 1989, p.66, 沼野 1990, pp.100-103)。
(1) コ　ス　ト——製品コストは，原材料費，労務費，経費の3要素からなる製造原価に販売費や一般管理費を加えたものである。この製品コストは，価格設定にとって最も重要な要素であり，この製品コストをベースとして販売価格が規定される。
(2) 需　　　要——需要は，供給との関連で市場を形成するものであり，価格によって規定される。一般に市場での競争が正常に機能するかぎり，価格が上昇するにつれて減少し，逆に下落するにつれて増大する傾向にある。つまり需要は価格の上下によって変化する。このように，価格の変化によって生ずる需要変化の割合を需要の価格弾力性というのであるが，この需要の価格弾力性も価格設定に大きな影響を与える。
(3) 競　　　争——競争は，市場における売手と買手の取引・売買関係に基づく需要と供給の市場関係状態であり，それは市場構造と市場行動から規定される。市場構造は，売手と買手の規模と数に規定されるもので，その程度によって独占ないし寡占競争から完全競争にいたるまでさまざまである。また，市場行動は売手と買手との取引ないし売買関係に規定された行動である。当然，この市場構造ないし市場行動が価格設定に大きな影響を与える。

2.　価格設定の目標

　価格設定においては，コスト，需要，競争などの環境要因を考慮しながら，一定の目標ないし目安を定めなければならない。この価格設定の目標が明確になると，より具体的な価格設定が容易になる。そして，製品コストをベースに販売量や利潤量を予測し，買手や競争企業の反応などを考慮して，いくつかの代替案のなかから価格が設定される。その場合，企業のマーケティング戦略の枠組みのなかで決定されるのであるが，価格設定の指針としては，次の6つの目標をあげることができる（木綿・懸田・三村 1989, pp.63-66)。
（1）利益の極大化——これは，期間利益が最大になるように価格を設定しようとするもので，単位当り利益と販売量の積が最大になるように価格を設定

するものである。
（2）目標利益率の達成——これは，企業の資本コストに対する利益の割合である投資効率を基礎として，投下資本の回収が可能になるような目標利益率を設定し，それを達成するように価格を設定するものである。
（3）マーケット・シェアの獲得——これは，業界全体の販売額に占める自社の販売額であるマーケット・シェアが企業の収益性に大きな影響を与えることから，それを最大になるように価格を設定するものである。
（4）安定価格——これは，生産コストや需要に多少の変動があっても，価格競争をさけ，業界の価格秩序を守るように価格を設定するものである。
（5）競争への対応——これは，競争にうまく対応しながら価格の設定を行うものである。通常，業界の実勢価格に合わせて価格を設定するものである。
（6）需要への対応——これは，顧客の価格に対する反応に即応しながら，需要への価格弾力性を考慮して，価格を設定するものである。

第3節　価格設定の方式

　価格は，上述の6つの設定目標を考慮に入れながら，基本的にはコスト，需要，競争の要因のうち，どの要因にウェイトをおくかによって4つのタイプの価格設定方式に分けることができる。すなわち，価格設定方式はコスト重視型価格設定方式，需要重視型価格設定方式，競争重視型価格設定方式，多段階的価格設定方式の4つに大別することができる（Kotler 1967, p.523. 村田監修・小坂他訳 1983, p. 333)。

1.　コスト重視型価格設定方式

　コスト重視型価格設定方式はコストに基づいて価格を設定するものである。これには，長期安定的利潤の極大化をめざす寡占企業の価格設定において，最も一般化しているコスト・プラス方式（原価加算方式）があげられる。この原価加算方式は，製造コストやマーケティング・コストなどに一定のマージンを

加えたものが価格となる。具体的には，単位当りの直接費を算出し，それに一定比率の間接費配賦のマージンを加算したものを総コストとし，それに業界の慣習的マージンあるいは目標利益マージンを加算して価格を設定するものである（木綿・懸田・三村 1989, p.69）。つまり，それは，標準操業度を基にして推計した標準原価に，目標利益率を基にした目標利益を加算して価格を設定しようとするものであり，標準操業度も目標利益率も恣意的に算定できるために，寡占企業の意図する利潤獲得にとって極めて巧妙な手段となる（鈴木 1973, p.125）[注1]。

そのほかには，一定期間の平均費用に一定の割合を付加して価格を決定する平均費用法，生産費と単位当りコストの関係を経験として価格を決定する経験曲線法，総費用に対する目標利益率を達成できるよう価格を決定する目標利益率，総売上高と総費用が等しくなる損益分岐点を目安として価格を決定する損益分岐点法などがあげられる（沼野 1990, pp.105-108）。

なお，流通業者においては，コスト・プラス方式の一種として仕入原価に対するマークアップ率を算出して価格を決定するマークアップ方法がもちいられている（木綿・懸田・三村 1989, p.69）。

2. 需要重視型価格設定方式

需要重視型価格設定方式は，コストを基礎としながらもむしろ需要に重点をおいて価格を設定する方式である。これには，消費者が知覚する商品価値を基準にして価格を設定する知覚価格法，慣習価格法，差別価格法などがある。また消費者が価格に対して抱く心理を利用して価格を設定する端数価格法，名声価格法，価格ライン法，特価品法などがある。これらの価格設定方式は以下の通りである（岩永 2007, pp. 100-101）。

(1) 知覚価格法―― 消費者が当該商品にどれだけの価値を知覚するかに基づいて価格を設定する方法である。その場合，類似商品や代替商品を価格帯から推計する方法や市場調査によって直接消費者の知覚価値を測定するなどの方法がもちいられる。

(2) 慣習価格法——商品によっては長期的に価格が一定していて，消費者の心理に慣習化した価格が形成され，それに基づいて価格を設定する方法である。たとえば，お菓子や清涼飲料水などのように比較的購入頻度の高い商品に多くみられる。
(3) 差別価格法——市場はいくつかのセグメントに分けられ，セグメントごとに需要の強度が異なっているので，同じ商品もしくは類似商品に異なった価格を設定する方法である。たとえば，運賃や料金に大人・子供料金の顧客対象別，劇場の座席などの場所別，季節・日時などの時期や時間帯別などによって価格に差異をつけるものである。
(4) 端数価格法——顧客が心理的に割安とおもうであろう端数価格を設定する方法である。たとえば，1,000円の商品を980円のように端数を付けて価格を設定するものであり，大台を若干下回ることによって消費者に極めて安い印象を与えるものである。
(5) 名声価格法——消費者が品質を評価しにくいような商品の場合には，消費者は価格によって評価しようとするし，さらに，価格それ自体が商品価値を表わす。このような商品に対して，企業は意識的に高い価格を設定する方法である。たとえば，宝石，高級衣料品，高級化粧品，高級車などのブランド品や高級商品にみられる。
(6) 価格ライン法——顧客が商品を選択しやすいように，いくつかの価格帯ごとに価格を設定する方法である。価格帯は一定水準の品質を表わす価格層または値頃であり，商品の品質に基づいて高い価格層，中間の価格層，低い価格層に分類する場合がある。
(7) 特 価 品 法——通常の値入率よりも低い値入率をもちいて特別価格ないし低価格を設定する方法である。これは，販売促進を目的として特別に低い価格を設定するもので，特価品を目玉ないし「おとり」として，関連商品の購買増進を図ろうとするものである。たとえば，小売業者が特価品を目玉ないし「おとり」として顧客の誘引を高めようとする集客戦略にみられる。

3. 競争重視型価格設定方式

競争重視型価格設定方式は，コストを基礎としながらも競争企業の価格を基準として価格を設定する方式である。これは，製品の差別化の程度や企業イメージなどの非価格競争要因，競争上の地位などを考慮して設定されるものである。これには，実勢価格法，競争価格法，入札価格法などがあげられる（木綿・懸田・三村 1989, pp.71-72, 沼野 1990, p.113）。

(1) 実勢価格法── 業界の平均価格とほとんど同じ価格を設定する方法である。一部の業界では主導的な地位の企業がプライス・リーダーシップをもち，その企業の設定する価格に各社が追随して価格を設定するものである。

(2) 競争価格法── マーケット・シェアの極大化といった目標のもとで採用される価格設定の方法である。これは，競争企業の価格を基準にして，それよりも低い価格を設定し，市場の拡大を図ろうとするものである。

(3) 入札価格法── 入札によって価格を設定する方法である。入札とは書面で価格を提示して申し込むもので，一番安い入札価格を提示した企業に落札つまり決定される方法である。日本では公共事業に関わる特注設備機器産業，防衛産業，建設業などの請負の際の価格設定にみられる。

4. 多段階的価格設定方式

これまで，価格設定方式としてはコスト重視型価格設定方式，需要重視型価格設定方式，競争重視型価格設定方式について類型化してみてきたが，現実的には3つの要素を基礎としてすべての要素を重視して設定しなければならない。

そのアプローチの1つとしては，オクセンフェルト（Alfred R. Oxenfeldt）の多段階的価格設定方式がよく知られている。この方式は，価格設定に関する種々の情報や検討方法を系統的・段階的にみていくために，価格設定方式としては非常に有効なものである。そのために価格設定の主たる要素として，①マーケット・ターゲットの選定，②ブランド・イメージの選択，③マーケティング・ミックスの構成，④価格政策の選択，⑤価格戦略の決定，⑥具体的な価格設定の6つをあげ，その6つの要素ないしプロセスを経て価格が設定されていくという方

式である（Oxenfeldt 1967, p.457. 片岡他訳 1972, p. 445）。それによって，第1に，企業イメージやブランド・イメージに関するあらゆる価格行動の永続的効果に重点をおくことによって，長期的な価格設定方式になっている。第2に，あらゆる価格問題を同時に解決するというよりも，段階的に価格設定を行っている点に特徴がみられる（Oxenfeldt 1967, p.464. 片岡他訳 1972, p. 451）。

また，ローゼンベルグ（Larry J. Rosenberg）の戦略的価格設定方式がある。この価格設定方式は，標的市場の選定とマーケティング・ミックス形成を軸とするマーケティング戦略のプロセスを基礎として，消費者行動，競争，コストと需要を考慮して戦略的価格設定を行うものである（Rosenberg1981, pp.329-331, 市川 1993, p.192）。

第4節　新製品の価格設定

新製品が既存製品分野ないし代替製品分野に導入される場合，新製品の価格はそれらの現行価格によって大きな影響を受ける。そのために，新製品の価格は，現行価格を基準にして設定される。そこで，新製品の価格設定にあたっては，第1に新製品の市場受容をいかに図るか，第2に競争製品ないし代替製品へいかに対処するかということを配慮することが必要である（木村 1981, p.240）。

戦後の技術革新のマーケティングは，その中核的戦略として新製品の開発・導入が行われており，新製品の価格設定は企業の存立を左右するほどの大きな影響を与えるものといえよう。新製品の価格設定は，製品の販売量や利益量を規定するものであるから非常に重要なことである。そのため新製品の価格設定には，①市場への受け入れ，②市場の維持，③利潤の獲得を考慮しなければならない（Dean 1967, p.465. 片岡他訳 1972, p.440）。

そして，この3つの指針ないし目標を基本として，新製品に対する長期需要の見通しならびに新市場の受容状況などによって，次の2つの新製品の価格設定が考えられる。そこで，表5-1を参考にしながら，新製品の価格設定戦略をみていこう。

表 5-1　新製品の価格設定の目的・効果・条件

	上層吸収価格戦略	市場浸透価格戦略
目　　的	○導入期における利潤最大化	○市場へのすみやかな浸透と長期的市場確保
効　　果	○多額の開発費を短期で回収でき，急速な陳腐化戦略にも耐えることが可能となる。	○低マージンであるため競争企業の参入を防ぐことができ，大きな自己の市場を固めることができる。
背景・条件		
費用・生産	○経済的生産体制がそれほど大きくなく，生産設備を段階的に拡張できる場合。	○大量生産による制約が大きく，初期に巨額の設備投資を必要とする場合。
競　　争	○パテントなどによる参入障害がある場合。	○潜在的競争があったり，新規参入の脅威がある場合。
需　　要	○需要の価格弾力性に違いがあり，市場の分割が可能な場合 ○需要の価格弾力性（とくに上の部分の）が低い。	○広い全体市場を相手にする場合。 ○需要の価格弾力性（とくに下の部分の）が高い。

出所：木村 1981, p.241.

1.　上層吸収価格戦略

　新製品の価格設定方式の1つは，上層吸収価格戦略（上澄み吸収価格戦略）あるいは初期高価格戦略と呼ばれているものである。これは，新製品の導入期から高い価格を設定して，競争企業が参入する前に市場の上澄みを吸収し，その後しだいに価格を下げていく戦略である。この価格戦略は，画期的な新製品にみられるように，市場の不確実性が高い場合に採用されているものである。この上層吸収価格戦略が行われる理由としては，第1に，販売できる製品の数量が，価格によって影響を受ける度合いが少ない。第2に，市場の大部分を占める低所得者階層に浸透する前に，高い価格によって市場での有利な顧客を獲得することができる。第3に，需要を探る方法としては，初期には高い価格で出発し，製品需要の実態を知ったうえで価格を下げた方が非常に容易である。第4に，市場開発の初期の段階においては，高い価格を設定する戦略が低い価

格を設定するよりも，より多くの販売量をもたらすことがしばしばありうる (Dean 1967, pp.465-466. 片岡他訳 1972, p.440) などがあげられる。

　このように，上層吸収価格戦略は，新製品に対する需要の価格弾力性が低く，しかも価格にあまりこだわらない新製品需要がある場合，また新製品の生産力に対する限界や特許などによる参入障害があって急激な大量生産方式の採用が困難な場合，さらに競争相手の新規参入が困難な場合などに有効である。しかし，この価格戦略は，高い利益を保証する市場で行われるだけに，この新製品市場には競争企業にとっても魅力のある市場であり，それだけ急速に競争企業が出現しやすい（沼野 1990, p.116）。

2. 市場浸透価格戦略

　新製品の価格設定方式のもう1つは，市場浸透価格戦略あるいは初期低価格戦略と呼ばれるものである。これは，新製品の導入期から低い価格を設定してすばやく大衆市場に浸透していこうとする戦略であり，いち早く市場における支配的地位を築くことによって，競争企業の参入を抑制しようとする戦略である。この市場浸透価格戦略が行われる理由としては，第1に，市場参入の初期段階において，製品の販売量が価格に非常に影響されやすい。第2に，単位当りのコストが低く，大量生産によって生産や流通の合理化がもたらされる。第3に，市場導入後まもなく，新製品が強力な潜在的競争企業の脅威に直面する。第4に，最新かつ最高の製品を購入するために，より高い金額でも購買可能な高所得者階層のような，すぐれた市場が存在していない（Dean 1967, p.466, 片岡他訳 1972, p.441）などがあげられる。

　このように，市場浸透価格戦略は，新製品に対する需要の価格弾力性が比較的に高く，しかも価格に敏感な消費者の需要がある場合，また単位当りのコストが低く，大量生産が可能な新製品の場合に有効である（沼野 1990, p.117）。さらに改良型新製品のように，製品需要が成熟期段階にあるような場合に多くみられる。

第5節　価格管理

　価格戦略は，価格設定とともに価格を維持・管理することも重要な戦略である。寡占企業が長期的かつ安定的な利潤を獲得するためには，価格が高い水準に設定されるだけでなく，その設定された価格が維持・管理されてはじめて実現されるのである。そのために寡占企業は，まず生産段階において価格の維持・管理を図り，さらにそれを流通段階末端まで貫徹しなければならない。そこで，価格が，生産段階レベルおよび流通段階レベルにおいて維持・管理される具体的な形態をみていこう。

1. 生産者レベルの協調価格戦略
(1) カルテル価格
　寡占企業にとっては，価格が高い水準に設定されるだけでなく長期的かつ安定的に維持されなければならない。そのために寡占企業は，価格設定に際して協調行動をとることが多い。価格設定に際しての価格協調の行動は公然と行われることも秘密裡で行われることもある。このうち公然と協定し設定される価格がカルテル価格であり，これは，同種商品を生産する生産者が価格協定を結ぶことによって実現するものである。カルテル価格は，他の種類のカルテルと同じく自由な競争を排除するために，消費者の利益に反し国民経済の発展を妨げるおそれがある。したがって，不況時とか中小企業関係などの特別な場合を除き，原則として独占禁止法によって禁止されている。たとえば，不況カルテルは，不況のために業界の大部分の企業が事業を継続することができないおそれがある場合に特に認められるカルテルであって，生産数量，販売数量，設備投資などについて制限を行うが，それらによっても事態を克服できなければ，価格協定としてのカルテル価格が認められる（久保村 1968，p.106）。

(2) 価格先導制
　寡占企業が価格設定に際して協調行動をとることは，原則として独占禁止法

によって禁止されている。そこで，寡占企業によって一般に行われている価格面での協調行動には，秘密裡で暗黙の了解によって行われる価格先導制ないしプライス・リーダーシップと呼ばれるものがある。これは，一般に価格設定に際して産業部門内で主導的地位を占めている寡占企業が価格先導者としてまず価格を設定し，続いて他の寡占企業が価格追随者としてそれに従うものである。この価格先導制によって統一的に設定された価格が管理価格にほかならない。

この価格先導制においては，価格先導者となる寡占企業は原価加算方式に基づいて価格設定を行うのであるが，その場合，超過利潤を獲得するために市場における需給状況を考慮しながら価格の動揺を未然に防止するとともに，価格追随者である他の寡占企業の行動も考慮して価格を設定するために，そこで形成される価格はかなり安定度の高いものとなっている（鈴木 1973, pp.127-128）。

さて，カルテル価格にせよ価格先導制による管理価格にせよ，これらの価格は，さしあたり生産者レベルにおいて設定され維持・管理されるものであるが，この価格が流通段階において崩れるとすれば，いずれ生産者価格にもはね返ってくるものとみなければならない。そのために寡占企業は，流通経路を管理することによって，生産段階で設定された価格を流通末端まで維持しながら商品販路を確保することが不可欠の課題となってくる。

2. 流通段階レベルの協調価格戦略
(1) 再販売価格維持

寡占企業は，流通支配に依拠して流通段階での価格の安定を図るための手段として，再販売価格維持戦略を展開する。再販売価格維持とは，「ある商品の生産者等が，あらかじめその商品が再販売される各段階の販売価格を定め，その商品を再販売する各段階の販売業者に定められた価格で再販売される慣行ないし制度」（長谷川 1969, p.13）である。この再販売価格を維持する手段ないし方法の最も典型的なものとしては，生産者が販売業者と契約を締結して，販売業者に生産者が定めた価格で販売することを義務（長谷川 1969, pp.15-16）づけるという，いわば価格の維持を契約によって義務づける再販売価格維持契

約があげられる。

　この再販売価格維持契約は，基本的には表示価格を維持することにあるが，守った場合は一定のマージンを保証したりリベートなどの報奨を与え，違反した場合は出荷停止や違約金の徴収などの制裁措置をとるといった，いわばアメとムチの戦略によって行われている。これによって，寡占企業は垂直的次元で価格管理を貫徹することができるが，他方では販売業者は価格設定の自由を奪われることになる。そのために，これらの行為は独占禁止法に違反するところから，今日では多くの国で実施されていない。ただ，わが国では例外的に一部の化粧品および医薬品などの商品に認められている（岩永 2007, p.108）。

（2）メーカー希望小売価格（標準小売価格）

　再販売価格維持契約が競争制限的効果をもつものとして禁止されていることから，それに代わるものとしては，寡占企業が販売業者になんら義務を課すことなく流通段階での標準的な価格を定めてその価格を推奨する，いわゆる建値制が多くの消費財寡占企業によって広く採用されている。この建値制による流通末端価格が，メーカー希望小売価格あるいは標準小売価格である。

　建値制に基づくメーカー希望小売価格の目的は，自社製品の値崩れを回避することにある。なぜならば，値崩れは，販売業者のマージンを圧迫することから，販売業者の販売意欲を弱めやがて自社製品を取り扱ってもらえなくなる。そのうえ，小売段階での値崩れは，製品ないしブランドのイメージや信用を損ない，企業そのものを危うくするからである（小林 1990, p.52）。

　さらに，メーカー希望小売価格は，寡占企業にとっては自社製品の価値を価格というかたちで消費者に訴え，商品選択に際しての目安となるため，販売戦略的にも重要である。また消費者や販売業者にとっては，商品選択や販売価格設定において重要な役割を果たすものとなっている。すなわち，消費者にとっては，商品の価値に関する情報源としての商品選択を行う際の目安となる。また販売業者にとっては，販売価格の設定や仕入価格の交渉を容易にするなど取引業務を行う際の目安となる。さらに価格訴求型小売業者にとっては，商品の低価格性を端的に消費者に訴える際の有効な手段となっている（鈴木 1989,

pp.106-107, 田島 1988, p.49)。

　しかし，メーカー希望小売価格が再販売価格維持契約に代替しうる効果をもつものとして登場してきたものであるだけに，寡占企業間の競争がみられない場合や小売業者の寡占企業への依存度合が強い場合には，寡占企業によるメーカー希望小売価格は硬直化する傾向にある。また，小売業者の寡占企業への依存傾向は，寡占企業が小規模零細小売業者を援助し組織化して，安定的な流通経路を構築していく過程でもある。そのためには，標準的な価格体系を販売業者に提示して取引の便宜を与えることが有効と考えられ，他方，販売業者もこれを歓迎することによって価格体系が強化されてきたものと考えられる。そのうえ，マージンやリベートを保証した寡占企業のチャネル戦略が，今日まで寡占企業と販売業者との間の利益共同体的意識をつくりだしてきたこともあって，寡占企業の価格戦略が流通末端まで浸透しやすくなっていることも事実である（鈴木 1989, pp.107-108)。

3. 業者間取引価格戦略

　寡占企業が相互に協調して設定・維持するカルテル価格や管理価格，さらにそれらが流通支配を通じて維持される再販売価格維持やメーカー希望小売価格はある程度管理可能な価格であるとしても，それは需要までも管理できるものではない。そのため，寡占企業は，長期安定的な利潤極大化のために，一方では相互の利益を図って価格面での協調行動をとりつつ，他方では個別的視点に基づいて単独で価格行動を展開することが多い。この場合は，生産段階で設定された管理価格ないし流通段階まで維持されているメーカー希望小売価格に代表される基本的な価格戦略の枠内で，それを補完・補充するための二次的な価格戦略としての価格競争が展開される（森下 1969, p.227)。その具体的なものとしては，割引戦略やリベート戦略があげられる。これらの二次的な価格戦略は，主に生産者と販売業者との業者間で行われるチャネル戦略に基礎をおく価格競争であり，あくまでも管理価格ないしメーカー希望小売価格を維持しながら販売促進戦略を目的とした価格戦略である（岩永 2007, pp.109-110)。

(1) 割引戦略

　割引戦略とは商品の表示価格ないし指定価格から取引状況に応じて一定額（率）を割引ないし控除するものであり，次のようなものがあげられる（大橋 1966, pp.309-318）。

①業者割引――これは，生産者が自社製品の販売機能を販売業者に代行させる機能割引であり，いわば商品の生産と流通の社会的分業を基盤におき，販売経路を維持しながら販売促進を図るものである。

②数量割引――これは，商品の取引量ないし購買量の大きさ，つまり大口取引に対する割引であり，販売や物的流通にかかる費用の節約分を販売業者に還元するものである。これには1回ごとの取引に対して行われる非累積割引と，一定期間における取引ないし購買総量に対して行われる累積割引とがある。また，数量割引は購買数量だけでなく購買金額に応じた割引も含まれる。

③現金割引――これは，掛払いや手形払いにおける支払期日（満期）以前の現金支払いに対する割引である。これは金利や貸倒れ損失に相当する部分を販売業者に還元するものである。

(2) リベート戦略

　リベートとは一定期間の取引高に基づいて期末に取引代金の一定割合を販売業者（得意先）に対して払い戻すものである（木綿・懸田・三村 1989, p.75）。リベートは，わが国において商慣習の1つとして行われ，利益をえる機会に対する報奨の性格をもっていた。しかしながら，今日ではこのような単純な形態のリベートはほとんどみらず，その目的や形態があらゆる業界で複雑多様化してきている。これは，リベートがマーケティング戦略の重要な手段として利用され，リベートのもつ機能に変化が生じたからである（柳沢 1966, p.298）。

　元来，リベートの本来的な機能は，販売促進にあるといえようが，今日ではリベートの機能ないし目的が細分化され，それぞれの機能ないし目的の相乗効果の結果として，販売促進に貢献するものと考える方が妥当であろう。そこで，

リベートを機能的に分類すると，次のように大別できる（柳沢 1966, pp.299-302）。

①販売促進的リベート——取引実績を基準にして，それに相応したかたちで支給され，次への購買の刺激となる機能を果たすものである。この種のリベートとしては売上割戻し，販売奨励金，販売報奨金，割戻金，出荷奨励金，運賃補助金などがある。

②報奨的リベート——販売を促進させるものであるが，さらに販売能率，店頭陳列の位置や特別コーナーの設置などによる販売努力を考慮して支給される場合である。本来は生産者側の予定収益を超過した利益の配分，いわば大入袋的なものであったが，現在では販売業者の協力度に対する報奨の色彩が濃い。この種のリベートとしては謝恩金，特別報奨金，報奨金，特別協力金などがある。

③統制的リベート——生産者が流通段階で支配的地位を確立するための統制ないしコントロールを意図したものである。この統制的リベートが，今日のマーケティング戦略で最も重要な手段として利用されている。たとえば，乱売傾向の強い業界では値崩れを防ぎ，生産者の指示価格通りに販売するための手段にリベートをもちいる。また代金回収を促進するための回収率や期間を基準にするリベート制度，さらに債権保全のための預り金として生産者が留保するといったリベート制度などがある。この種のリベートとしては決済リベート，現金報奨金，価格維持協力金，取引保証金，預り保証金，割引預り金，会積立金などがある。

このように，リベートはもともと販売促進にその主たる役割や機能があった。しかし，今日のリベートは，マーケティング戦略としてその目的や形態が複雑多様化して，それだけに機密性を帯びたものとなり，その意味で，リベート戦略はいわば隠蔽された価格競争であるといえる。

第6節　最近の動向

1. 価格戦略の動向

　一般に，日本の商品価格は海外のそれと比べてずいぶん高くなっており，そのうちブランド品はメーカーや流通業者の戦略によって高く設定されていた（伊藤 1995, p.5）[注2]。既述したように，従来のマーケティングとしての価格戦略は，高い価格設定とその維持・管理が基本方向であり，その具体的なものとして生産者段階でのプライス・リーダー制に基づく管理価格ならびに流通段階での建値制によるメーカー小売希望価格，さらにそれを補完する割引戦略ないしリベート戦略があった。

　しかし，近年では，価格破壊現象や価格革命（宮澤 1995a, p.71）[注3]にみられるように，メーカー主導の価格形成ないし価格戦略に変化があらわれている。その変化の1つとしてメーカー建値制からオープン価格制とそれを支えてきたリベート制の簡素化や廃止などがあげられる。

　これら価格戦略の変化は，当初は景気の調整過程でみられる特定商品の一時的な現象であった価格破壊から，景気循環に伴う一時的なものではなく既存の流通システムや経済全体を構造的に組み換えかつ多くの商品分野へと波及している価格革命とみるべきであろう（宮澤 1995a, pp.71-72）。

　これら価格戦略の変化の背景ないし要因としては，長期にわたる景気の後退と消費の低迷などの経済不況，円高の進展と製品輸入の拡大などにみられる国際化の進展，消費者の価格志向の向上，規制緩和の進展など政策志向の変化，ディスカウントストアなどの新たな小売業態の台頭などによる大規模小売業へのパワー・シフト，大規模メーカーと大規模小売業者の提携関係にみられる製販統合による低価格商品開発（PB商品など）ならびにサプライチェーン・マネジメント（SCM）によるコスト削減志向，商慣行の変化などによる流通分野での競争激化があげられる（宮澤 1995b, p.20）。そこで，最近の価格戦略の動向に影響を与えている要因の1つとして，消費者の価格志向について考察しておこう。

2. 消費者の価格志向

　従来の消費者の価格志向は，食料品・日用衣料・日用雑貨など生活必需品については安価な商品を求めようとする低価格志向性が強く，他方，ファッション商品・教養娯楽関連商品など趣味・余暇関連商品についてはブランド志向にみられる高価格志向性が強い，いわば価格志向の二極分化傾向がみられた。

　しかし，最近のバブル経済崩壊後の長期不況下での消費者の価格志向は，納得価格志向ないし低価格志向がみられる。これは，現象面では百貨店での買物頻度の減少，ディスカウントストアの盛況，短期間で低価格な国内外旅行の人気の上昇，プライベート・ブランドの増加があげられる（宮澤 1995b, p.31）。

　その背景には，第1に，バブル経済時代の消費者自身の買い物行動に対する反省ならびにその後景気の低迷の長期化による必要な時に必要な分量の商品を安い価格で購入しようとする賢い消費者行動が広まったこと。第2に，円高の進展による内外価格差の拡大，円高による海外旅行の増加やアジア諸国からの安価で品質的にも国産に劣らない輸入品の増加ならびにその購買機会の拡大が内外価格差に対する消費者の不満を喚起して価格に対する意識を強めていること。第3に，ディスカウントストアなど低価格販売を行う小売業態の台頭が消費者の商品に関する選択機会を拡大したことなどがあげられる（田村 1995, pp.181-182）。

　ともあれ，上記のような社会経済背景の変化により，消費者の購買行動や価格意識が大きく変化したことは，従来の価格形成や価格戦略に大きなインパクトを与えている。

注
1) これについて，角松正雄は，「この方式が，寡占企業に採用されるのは，標準原価の採用によって，コストや需要の短期変動に伴う設定価格の短期的かつ頻繁な改訂から解放され，価格維持行動を容易にしうるからである。需要が増加すれば過剰能力を稼働させて操業度を引き上げることで供給を増加させ，需要が減少すれば操業度を引き下げて供給を減少させる。つまり，操業度操作による需給調整がおこなわれるからである。……しかし，実際操業度が損益分岐点を越えて低下したような場合，大企業は価格支配力を行使して価格の引上げを図るのである。……要するに，この価

格決定方式は好況で儲け不況でも損をしない方式であることは明らかである」（角松 1980, p.92）と述べている。
2 ）日本の価格が高いケースとして，①米のように輸入制限が行われている。②ブランド品のようにメーカーや流通業者の戦略によって高く設定されている。③住宅や高速道路の公共料金のように多くの規制が関わっている。④タクシーや金融などの非貿易財のように海外から輸入することができないために価格が高くなるなどがあげられる（伊藤 1995, pp. 5 - 8 ）。
3 ）ここでの価格革命とは，景気の調整過程でみられた一時的な現象である「価格破壊」ではなく，それを契機として既存の流通システム全体あるいは経済全体が構造的に大きく変化している価格構造や価格戦略の変化を意味するものである（宮澤 1995a, p.71）。

参考文献
1 ）市川 貢 (1993)「価格管理」三浦 信・来住元朗・市川 貢『新版マーケティング』ミネルヴァ書房。
2 ）伊藤元重 (1995)『日本の物価はなぜ高いのか―価格と流通の経済学―』NHK 出版。
3 ）岩永忠康 (2007)『マーケティング戦略論（増補改訂版）』五絃舎。
4 ）大橋周次 (1966)「ディスカウント政策」深見義一編『マーケティング講座（第 2 巻）価格政策』有斐閣。
5 ）角松正雄 (1980)「製品戦略と価格戦略」橋本 勲・阿部真也編『現代の流通経済』有斐閣。
6 ）木村立夫 (1981)「価格戦略」田内幸一・村田昭治編『現代マーケティングの基礎理論』同文舘。
7 ）木綿良行・懸田 豊・三村優美子 (1989)『テキストブック 現代マーケティング論』有斐閣。
8 ）久保村隆祐 (1968)『マーケティング』ダイヤモンド社。
9 ）小林逸太 (1990)「日本的価格形成とリベート制度」『ジュリスト』950 号, 有斐閣。
10）鈴木 武 (1973)「価格政策」森下二次也監修『マーケティング経済論（下巻）』ミネルヴァ書房。
11）鈴木 武 (1989)『商業政策講義案』九州流通政策研究会。
12）田島義博編 (1988)『メーカーの価格政策と競争―メーカー希望小売価格の実態と問題点―』公正取引協会。
13）田村正紀 (1995)「価格革命の戦略とその意味」宮澤健一編者『価格革命と流通革新』日本経済新聞社。
14）沼野 敏 (1990)『現代マーケティング管理論―戦略的プランニング・アプローチ―』同文舘。
15）橋本 勲 (1973)『現代マーケティング論』新評論。
16）長谷川 古 (1969)『再販売価格維持制度』商事法務研究会。
17）宮澤健一 (1995)「『価格革命』に向けた流通革新」宮澤健一編者『価格革命と流通

革新』日本経済新聞社。
18) 宮澤健一（1995）「価格形成の変化とその背景」宮澤健一編者『価格革命と流通革新』日本経済新聞社。
19) 森下二次也（1969）「経営販売論」馬場克三編『経営学概論』有斐閣。
20) 柳沢 孝（1966）「リベート政策」深見義一編『マーケティング講座（第2巻）価格政策』有斐閣。
21) Joel Dean(1967), "Pricing a New Product," in William Lazer and Eugene J. Kelley(eds.), *Managerial Marketing : Perspectives and Viewpoints A Source Book*, 2nd ed., Richard D. Irwin,Inc..（片岡一郎・村田昭治・貝瀬 勝共訳（1972）『マネジリアル・マーケティング（下）』丸善）
22) Philip Kotler(1967), *Marketing Management: Analysis, Planning andControl*, 2nd ed., Prentice-Hall, Inc.,.（村田昭治監修，小坂 恕・疋田 聡・三村優美子訳（1983）『マーケティング・マネジメント―競争的戦略時代の発想と展開―（第4版）』プレジデント社）
23) Philip Kotler / Gary Armstrong(1980), *Principles of Marketing*, 4th ed., Prentice-Hall International, Inc..（村田昭治監修，和田充夫・上原征彦訳（1983）『マーケティング原理―戦略的アプローチ―』ダイヤモンド社）
24) Alfred R. Oxenfeldt(1967), "Multi-Stage Approach to Pricing," in William Lazer and Eugene J. Kelley(eds.), *Managerial Marketing : Perspectives and Viewpoints A Source Book*, 2nd ed., Richard D. Irwin,Inc..（片岡一郎・村田昭治・貝瀬 勝共訳（1972）『マネジリアル・マーケティング（下）』丸善）
25) Larry J. Rosenberg(1981), *Marketing*, 2nd ed., Prentice-Hall, Inc..

第6章 経路戦略

第1節　流通経路の概念

　一般に，商品は，生産者から卸売業者へ，卸売業者から小売業者へ，小売業者から消費者へと，それぞれの段階における売買取引によって流通している。流通経路（流通チャネル）は，このように商品が市場関係に規定されながら，そこで行われる売買の継起的な段階の全体である（風呂1984, p.36）。たとえば，最も基本的な流通経路は直接に生産者と消費者との間で行われる売買取引である。次に生産者と消費者との間に商人が介入する売買取引はいっそう発達した流通経路である。

　流通経路は商品の種類によって異なり，同じ種類の商品が複数の流通経路をもつこともある。それにもかかわらず経済発展の一定の段階においては，その段階において一般的・支配的なある流通経路が抽出される。このような一般的・支配的な流通経路を全体としての商品流通のなかに位置づけている。その具体的な商品流通の姿あるいはその仕組みないし形式を流通形態と呼び，特にこの流通形態を経済発展の一定の段階における固有の生産方法ないし生産関係に関連させたものを流通機構と呼ぶことができる（森下1994, pp.14-15）。

1.　自由競争段階の流通機構

　資本主義の自由競争段階における流通機構ないし流通経路は，基本的には商業組織を媒介とした商品流通が一般的であった。この段階では，商業は生産者から社会的に独立したものとして存在する。つまり，商業は多数の生産者から商品を購入し，それを自己の責任のもとで取扱い再販売する。つまり，商品の

価値実現の過程は，個々の生産者の意図とは無関係に商業によって社会化された過程として進行する（石原1973, p.143）のである。

ともあれ，この段階では，一般的に生産者はもっぱら生産に専念し，卸売業者や小売業者は生産された商品を購入して再販売するという商品流通に携わる専業者として，個々の生産者の意図と無関係に定型化されていた。つまり，生産と流通との社会的分業関係が確立し，生産者と商業者はそれぞれ独立した意思によって遂行されていたのである。たとえば，多くの消費財の場合，生産者―→卸売業者―→小売業者―→消費者という流通経路が最も一般的・支配的なものであった（森下1994, p.68）。

また，この段階においては，販売問題がそれほど緊急な課題とはならなかった。その理由としては，全体としての消費力がいちおう生産力の伸びに相応していたからである。さらに大きな理由としては，販売問題つまり商品価値の実現が，もっぱら社会的に分業した商業の利用によって，いわば生産者全体にとって解決されていたからである。つまり，生産者は原則として商業を利用することによって販売問題を解決してきたのである。この場合，商業は販売の専門家として販売問題をいっそう能率的に遂行することができたのである。

商業は，生産者の販売代行者ではあるが，特定生産者の代理人ではなく多数の生産者の共同販売代理人として機能していた。その意味では，商業の販売は販売の社会化といえよう。もちろん，それで販売問題が完全に解消されたわけではないが，全体として販売がいっそう容易になり販売費用も大幅に節約された（森下1969, p.215）。そこに，商業の存立基盤が存在していたのである。

2. 独占段階の流通機構

資本主義が自由競争から転化した独占段階になると，そこでの流通機構ないし流通経路は，配給組織を媒介とした商品流通が支配的となってくる。この場合，商業資本の自立性が制限ないし否定され，商品資本の直接無媒介の運動が一般化してくる。つまり，流通機構全体が寡占企業による流通過程の包摂を可能にし，その縦系列を規定的な要素として組織化されてくるのである（森下

1994, pp.45-54)。

　この段階においては，生産者の生産力は飛躍的に高められ，そのわりに消費力は増大しない。その結果，過剰生産が恒常化し，販売問題が激化し，いわゆる市場問題が発生した。そこで生産力を飛躍的に増大させた大規模製造業者ないし寡占企業は，相対的に狭隘化した市場でその地位を維持・強化しながら独占利潤を獲得するために，市場を確保・拡張することが不可欠の課題となってきた。つまり，寡占企業はもはや販売問題を単なる商業への販売問題として処理することが許されなくなった。そのために，寡占企業が販売問題を自己の経営問題としてみずから解決しようとする，いわゆるマーケティングが不可欠な課題となったのである（森下 1993, pp.158-159, 岩永 2007, p.5）。

　ともあれ，独占段階における流通機構ないし流通経路は，従来の商業を媒介として自然発生的に形成された社会的な流通経路を存続させながら，基本的には寡占企業による人為的・意識的に選択・構築される私的な流通経路へとその支配的な形態を変化させていった。つまり，商業の介入によって遮断され隔離されていた社会的流通経路が，寡占企業の意図のものに私的・個別的な流通経路へと再編成されていく過程でもある。しかも寡占企業は単にそうすることが必要であるだけでなく，価格設定力をもつことによってそれを行うだけの能力をもっているのである（石原 1973, p.144）。

第2節　経路戦略

　現代の独占段階における流通経路は，商業による社会的流通経路としての自由流通チャネルと寡占企業による私的な流通経路としての垂直的流通チャネル・システムないしマーケティング・チャネル・システムに大別することができる。自由流通チャネルは，流通経路が生産と流通の社会的分業体制のもとで自然発生的に形成され，しかも個々の生産者の意図と無関係に定型化されており，そこではもっぱら商業によって社会的流通経路が形成されている。他方，垂直的流通チャネル・システムは，流通経路の管理者ないしキャプテンが生産

から消費までの流通経路を統合化・調整化・同調化することによって，技術的・管理的・促進的な経済性を達成するために計画・構築された流通経路である（沼野 1990, p.145）。

このような垂直的流通チャネル・システムには会社システム，契約システム，管理システムという3つの形態があげられる。このうち，会社システムは，流通経路のある段階あるいはすべての段階を資本力や役員派遣をもって統合した流通経路である。それによって完全所有と流通経路の管理が達成される。また，契約システムは，多くの独立した組織体が統一的に流通チャネル・システムを形成する当事者間の契約によって形成された流通システムである。さらに，管理システムは，主として寡占企業が経済力や管理力に基づく積極的な戦略や活動によって形成された流通経路であり，それによって流通経路を支配・管理するものである（沼野 1990, p.146, 石居 1998, p.187）。

ともあれ，現代の流通経路は，自由流通チャネルと垂直的流通チャネル・システムとの2つの形態に代表される。そのうち垂直的流通チャネル・システムが支配的な形態であり，それが寡占企業による経路戦略の主たる対象領域となっている。なお，この経路戦略としては，商業を媒介としない直接販売，商業を媒介とする間接販売との2つの形態があげられる。

1. 直接販売

寡占企業の経路戦略における最も端的な形態は，寡占企業自らが直接に販売問題の担い手となり，流通経路に関するかぎり商業依存から完全に脱却して直接販売の方法をとる，いわゆる商業排除と呼ばれるものである。これは，寡占企業が自己の販売組織を構築することであり，そのために新しく販売部門を設置したり既存の販売組織を吸収合併したりすることである。この具体的形態としては通信販売や訪問販売，販売営業所・支店の設置ならびに販売会社の設置などがあげられる。この場合，これらは形式的には独立の企業として存在しているが，実質的には内部販売組織となんら異なるものではない（森下 1969, p.219）。

このような直接販売は，資本力によって流通経路を統合するものであり，そ

れによって完全な所有とチャネル管理が達成される。その意味では，最も強力に流通経路を管理することができる。しかし，寡占企業が流通経路の末端まで資本投下することは，資本の固定化を招き流通チャネル・コストの負担を大きくするとともに，寡占企業にとっては市場危険を一手に引き受けることにもなる（木綿・懸田・三村 1989, p.98）。さらに，たとえ寡占企業が流通経路を完全に管理したとしても，基本的には生産の無政府性に基づく販売の困難は依然として残っているのである。

2. 間接販売

　寡占企業の経路戦略におけるもう1つの形態は，寡占企業が商業に依存しながらそれを系列化して利用することである。この場合，そこで市場危険を可能なかぎり商業に転嫁させながら，同時に商業が本来的にもっている社会的性格を否定するものである（風呂 1968, p.144）。こうした意図のもとに展開される活動こそ商業の系列化にほかならない。

　このような商業の系列化は，一方では商業独自の活動を前提としながら，他方ではその独自の活動を制約するという矛盾を内包している。このように，特定の寡占企業の意図を実現するために個別的に系列化した商業を媒介とする流通経路をマーケティング・チャネルと呼んでいる。経路戦略はマーケティング・チャネル戦略としての商業系列化ないし流通系列化を重要な課題としている（石原 1973, pp.150-151）。

第3節　マーケティング・チャネル戦略

　寡占企業の経路戦略における1つの形態としてのマーケティング・チャネル戦略（以下，チャネル戦略）は，既存の商業系列化を通して流通経路を支配・管理することである。そのためには，まずマーケティング・チャネルを構築することが必要であり，それによってチャネル戦略を展開することができる。

1. マーケティング・チャネルの構築

　チャネル戦略は，寡占企業が商業の伝統的な活動領域である流通機構に介入し，程度の差こそあれ，寡占企業自らが商業を管理して，流通経路を管理しようとするものである。そのためには，最初にマーケティング・チャネルの構築が課題となる。マーケティング・チャネルは，消費者，市場，製品特性，その他の環境要因を考慮しながら，収益性，市場成長性，市場占有率などの観点から確実で安定したものを設計しなければならない（沼野 1990, pp.146-148）。

　次に，寡占企業はどのような流通経路を利用するのか，いわばマーケティング・チャネルの構成や構造が課題となる。それはまず流通経路の長さの問題であり，具体的には卸売ないし小売のどの段階までの商業を流通経路として利用するのかである。次に，マーケティング・チャネルにおける商業者の数の決定ないし流通経路の分布密度の問題である。さらに，マーケティング・チャネルを一元的な流通経路にするか多元的な流通経路にするかの問題などがある（岩永 2007, p.122）。

2. マーケティング・チャネル戦略の展開

　チャネル戦略は，寡占企業の生産力や販売努力の程度，競争の状況，商業との力関係，費用の負担関係などによって規定されるのであるが，それは次の3つの次元から考えることができる（石原 1973, p.156）。

（1）製品次元

　製品次元は製品取扱いに関わる問題である。寡占企業は，極めて多種類の製品を生産しており，その各製品のもつ市場支配力ないし消費受容力は異なっている。一般に製品の市場力が強ければ，寡占企業にとっては商業系列化が容易であり，それだけチャネル戦略を有利に展開することができる。したがって製品次元でのチャネル戦略は，まず市場力の強い製品をベースに，今度はそれを市場力の弱い製品にまで拡張しようとするかあるいは弱い製品を抱合わせて販売しようとする。この場合，前者が拘束付製品戦略，後者が抱合わせ製品戦略と呼ばれている。なお最高の形態は，寡占企業が生産するすべての製品の取扱いを義務づけ

る全製品取扱いを強制したものであるといえる（石原 1973, p.157）。

（2）商業機能次元

　商業機能次元は商業機能つまり再販売購入活動に関わる問題である。商業は，多数の生産者の共同販売代理人として社会的性格をもつものであり，商業の再販売購入活動のなかに独自の活動・機能を果たしている。さて，チャネル戦略のなかで最もゆるやかな形態は，競争製品との併売を前提としながら自社製品の推奨販売を要請するものである。次のレベルでは，商業の再販売購入活動に直接的に関わりをもち，競争製品との併売を原則としながら，そのなかで常に自社の製品を一定比率取扱うことを義務づけるものである。つまり，そこでは商業の品揃えそのものが寡占企業の意図のもとにおかれることになる。そして最高の形態は，競争相手の製品の取扱いを禁止する場合であり，そのとき商業は寡占企業の専属的流通経路の構成要素となるのである（石原 1973, pp.156-157）。

（3）チャネル類型次元

　チャネル類型次元は寡占企業の製品を取扱う商業ないし販売店の数に関わる問題である。これは，一般に開放的チャネル戦略，選択的チャネル戦略，専属的チャネル戦略の3類型に分けて考えられる（橋本 1973, pp.253-255）。

　開放的チャネル戦略は，販売店を差別・選択しないで広くすべての商業ないし販売業者に開放して自社製品を取扱わせる戦略である。その意味では，自由流通チャネルとなんら変わらない。というのは，このチャネル戦略は，消費者が最寄りの商店で購買するような食料品・日用品・薬品など最寄品の販売に多くみられるように，生産者は広く多数の商店に販売する必要があるからである。したがって，チャネル戦略は，次の①選択的チャネル戦略ならびに②専属的チャネル戦略に限定すべきであろう。

　①選択的チャネル戦略

　選択的チャネル戦略は，寡占企業がなんらかの基準によって一定の協力的な販売店を差別・選択するものであり，それによって選定された販売店に自社製品の取扱いを義務づけながら優先的に製品を取り扱わせるなど優遇措置をとる戦略である。このような選択的チャネル戦略は，製品単価が比較的高い家電製

品・高級衣料品などの買回品や専門品など，ディーラーの推奨が必要な製品に多くみられる。

②専属的チャネル戦略

専属的チャネル戦略は，一定の販売地域に特定の販売店のみを選定し，その販売店にその地域における自社製品の専売権を与える戦略である。したがって専属代理店制ないし排他的販売制などと呼ばれている。この専属的チャネル戦略は，一定の販売地域に一店のみの販売業者を選ぶときは一手販売代理店契約を結び，数店の販売業者に販売権を与えるときは共同専売代理店契約を結ぶことによって実現される。これらの専属的チャネル戦略は，自動車，電気器具，機械器具，ピアノ，ミシンなどの専門品または高額耐久消費財や石油などの業界に多くみられる。

3. マーケティング・チャネル管理

寡占企業は，自社のマーケティング・チャネルを構築したら，自社製品がチャネル内でスムーズに売買できるように，マーケティング・チャネルを維持・管理することが不可欠な課題となっている。このマーケティング・チャネル管理の目的は，チャネルメンバー間の衝突を最小にして，販売と利益の増大を図ることにある。マーケティング・チャネルは，チャネルメンバーの相互依存関係に基づいて，製品の円滑な売買を通じてチャネル全体の利益の増大を図るという共通目標とともに，個々のメンバーの利益の増大を図るという独自の目標も存在している（沼野 1990, p.154）。

（1）チャネルメンバーの相互依存関係

チャネルメンバーの相互依存関係は，協調と衝突ならびに支配力の行使に分けて考えられる。マーケティング・チャネル内で，チャネル全体の利益を増大させるという共通目標を実現するためには，チャネルメンバーがそれぞれの役割を遂行しながら協調していかなければならない。その場合，協調は，チャネルメンバーがともに行動したいという状態から生起するものであり，共通目標に対する共同的な努力行動である。他方，衝突は，チャネルメンバーが独自に

行動したいという欲求から生起するものであり（沼野 1990, p.155），具体的には相互依存関係にあるメンバーの撲滅，損傷，妨害，コントロールを意図した行動 (Stern / El-Ansary 1977, p.13) といえよう。

この衝突の要因には，目標の不一致，役割範囲の不一致，コミュニケーションの欠如，現実認識の不一致，考え方の不一致などがあげられる (Bowersox 1980, pp.74-80)。このような衝突は，一定限度内であれば戦略や手続の改善をもたらしチャネル効率を高める場合もある。しかし，一般には，チャネルメンバー間に不信をもたらしチャネル効率を低下させることが多い。さらに，マーケティング・チャネルの安定的な関係やマーケティング・チャネルそのものを崩壊させる場合もありうる。

（2）チャネルメンバーの管理

マーケティング・チャネルを安定的かつ効率的なものにするためには，チャネルメンバー内でリーダーシップを有する寡占企業が，その支配力を行使してチャネルを管理することが不可欠な課題となる。この場合の支配力は，生産力・市場力・資本力からなる経済力であり，この経済力に基づいて強制力・専門力・指示力などを発揮することができる（沼野 1990, p.158）。もし，チャネルメンバー間に衝突が発生したら，寡占企業は，これらの支配力に基づいて共通目標の設定，コミュニケーションの改善，政治，説得，交渉などを通じて問題解決を図ろうとする。なお，組織行動研究の分野では，衝突解決のための方法としては問題解決，説得，交渉，政略をあげている (Bowersox 1980, pp.108-113)。

さて，寡占企業は，自社のマーケティング・チャネルに参加する商業と共通の利害関係にあるが，商業は寡占企業の内部組織ではない。商業はチャネル戦略によって制限されているとはいえ，なお独自性をもっている。しかも他方では，寡占企業は有能な商業をめぐって他の寡占企業と激しい商業獲得のための競争関係に立たされている。そこで，寡占企業は商業系列化を強化しながら，チャネル戦略を維持・強化するために不断の努力をしなければならない。これら一連の努力がいわゆる販売店援助（ディーラー・ヘルプス）と呼ばれるものである。その内容は多種多様であり，具体的には招待，報償，店主・店員の訓練，経営指導，

広告指導，共同広告，販売指導，設備資金貸与や出資，経営者派遣などがあげられる（森下1969, p.221）。さらに，販売店に対する割引ないしリベートによる価格戦略も重要な役割を演じている。

第4節　流通系列化

　日本で行われているチャネル戦略の典型的なものとして流通系列化があげられる。流通系列化は，「製造業者（寡占企業—著者）が自己の商品の販売について，販売業者の協力を確保し，その販売について自己の政策が実現できるよう販売業者を把握し，組織化する一連の行為」（野田1980, p.13）を意味する。これは，ふつう寡占企業と販売業者との間に締結された協定に基づいて，寡占企業が販売地域，顧客，商品，価格などに関して販売業者の自由裁量の余地を制約することによって達成される（白石1986, p.62）。

1. 流通系列化の形成

　わが国の産業界において流通系列化が広く採用されるようになったのは，高度経済成長期において，寡占企業が流通分野に介入して自社製品の販売価格を維持・管理しながら販売を確実なものにしようとするために，積極的にマーケティング活動を展開したためである。その背景には，第1に1950年代後半から技術革新による新生産方式の導入や新製品開発が活発に行われ，大量生産システムが確立し，それに対応して大衆消費社会が到来したからである。第2に高度経済成長のもとでの急速な消費市場の拡大に対応するためには，従来の小規模零細で分散的な販売網を整備するとともに自社の販売組織を確立しなければならなかったからである。第3に戦後急成長している家電製品や自動車などの耐久消費財寡占企業は，自社製品の専門的知識や技術支援を必要とするために，販路の拡張，小売店への資金的・技術的な援助，アフターサービスの充実などを含めた独自の流通経路を構築する必要があったからである。第4に寡占企業は相互間のマーケティング競争に勝ち抜く手段として，また自社製品の販

売を強化するためにも，優れた販売業者を組織化して排他的な流通システムを構築することが競争上有利であったからである（石居1998, p.195-196）。

このように流通系列化は，寡占企業が卸売業や小売業から消費者にいたる流通経路を管理・支配することによって，マーケティングをより有効なものにしようとするチャネル戦略の現実的な形態である。わが国の独占禁止法研究会報告書では，このような流通系列化の具体的形態として，(1) 再販売価格維持，(2) 一店一帳合制，(3) テリトリー制，(4) 専売店制，(5) 店会制，(6) 委託販売制，(7) 払込制，(8) リベート制の8つの類型をあげている。このうちチャネル戦略として販売業者を拘束・支配するものとしては(1)〜(6)の6つの類型があげられる。なお，(7) 払込制，(8) リベート制は価格戦略の範疇に属する。

2. 流通系列化の形態

流通系列化の具体的形態として，次の6類型を簡単に紹介しておこう（白石1986, pp.63-64）。

(1) 再販売価格維持

再販売価格維持は，寡占企業が販売業者の再販売価格を直接拘束するもので，販売業者間の価格競争を消滅させることによって価格の安定化を図ろうとするものである。これによって垂直的価格硬直化がもたらされる。このことはまた，同じ寡占企業によって供給される同一ブランド品については，流通段階での価格競争が一般に消滅することを意味する。なお，この再販売価格維持は一部の医薬品・化粧品などの商品を除いてわが国の独占禁止法で禁止されている。

(2) 一店一帳合制

一店一帳合制は，寡占企業が卸売業者に対してその販売先である小売業者を特定しようとするもので，小売業者に特定の卸売業者以外のものと取引することを禁止させる制度である。これにより，寡占企業は流通経路をコントロールすることができ，直接に価格拘束を行わないで価格水準の維持を図ることができる。

(3) テリトリー制

テリトリー制は，寡占企業が自社製品の販売にあたり特定の販売地域に販売

業者を指定したり，あるいは特定の販売業者に販売地域を指定する制度である。さらに，これには販売地域を限定し当該地域に単一の販売業者しか認めないクローズド・テリトリー制，販売地域は限定するが当該地域に複数の販売業者を認めるオープン・テリトリー制，営業拠点の設置場所を一定の地域内に制限するロケーション制などがある。これらは，いずれも販売業者の販売先が地域的に制限されるため，ブランド内競争は制限ないし消滅する。

（4）専売店制

専売店制は，寡占企業が販売業者に対して他社製品の取扱いを禁止または制限するものである。これは，販売網の掌握，販売の拡充，アフターサービスの充実，競争企業の新規参入阻止などを基本的な目的としたものであり，流通系列化の手段のうちで最も閉鎖性の強いものである。

（5）店会制

店会制は，寡占企業が販売業者の系列化をいっそう強固なものにするため，販売業者をして横断的な組織を結成させるものである。この店会制は，代理店や特約店などを組織して販売業者間の協調を促進するものであり，それによって寡占企業の価格維持を容易にすることができる。

（6）委託販売制

委託販売制は，寡占企業が自社製品の販売に際して販売業者に一定の手数料を支払い，商品の所有権を留保しながら販売を委託するものである。つまり，自社製品について自社の指示と監督のもとで販売価格を遵守させながら販売させるものである。

3. 最近の動向

わが国の産業界で実践されてきた経路戦略の基本方向は，寡占企業が既存の卸売業や小売業から消費者にいたる流通経路を管理・支配するチャネル戦略であった。その場合の基本的な関係は，寡占企業が中小卸売業・小売業を支配・従属する商業系列化を特徴としていた。つまり，高度経済成長期以来の大量生産・大量販売・大量消費という大量集中原理に基づき，市場シェアの向上をめ

ざし，それを基盤とする市場支配力によって市場創造を行おうとする，いわゆる寡占企業によるパワー・マーケティング（田村 1996，序文p.1）としての経路戦略ないしチャネル戦略であったといえよう。

しかし，近年，内外価格差，各種の規制緩和，独占禁止法の運用強化，開放経済体制への移行，情報技術の発達，マイカーの普及，価格破壊・革命など社会経済の変化ないしそれに基づく市場構造の変化によって，従来の寡占企業によるパワー・マーケティングの有効性はますます制約され，その有効性を支えてきた制度的な前提が崩壊し始めている。その主要な契機としては，大規模小売業へのパワー・シフトと消費者意識・行動の変化などがあげられる（田村 1996，pp.2-3）。

量販店や価格訴求型大規模小売店の台頭にみられる大規模小売業へのパワー・シフトは，従来の経路戦略に大きな影響を与えた。たとえば，最近，家電製品の流通経路にみられる特徴は，量販店のシェアの増大傾向に対して系列店のシェアの減少傾向があげられる。このような量販店の台頭に直面して，系列店の少ない家電メーカーは従来の系列店重視から量販店重視へと戦略転換を図っている。また，1万店以上の系列店を抱えている大手家電メーカー各社は，量販店のシェアの拡大に対して，販売会社（販社）と系列店の再編強化に乗り出している（近藤 1989，p.45）。

さらに，1990年代には，寡占企業と特定の大規模小売業との連携関係が新たな動向として注目されてきた。いわゆる製販統合（戦略提携ないし戦略同盟，パートナーシップなど）と呼ばれる現象ないし傾向である。製販統合は，寡占企業と大規模小売業が対等な立場で流通さらには生産における機能分担関係をもつものである。なお，流通系列化と製販統合の相違点についていえば，流通系列化は，小売業が実質的に寡占企業の管理・統制のもとにあり他律的な状況にあるのに対して，製販統合は，小売業に対等な立場で自立性が存在している（尾崎 1998，pp.135-136）。

この製販統合における垂直的戦略提携の関係は，①限定的だが長期的な共通目標の設定，②経営資源の統合効果，③関係の互恵性・対等性といった基本要素で成り立っている（矢作 1994，p.326）。この場合，店頭品揃えの最適化や商

品供給の効率化といった既存業務の効率改善に主眼をおく「機能的戦略提携」と，新市場の創造や新製品開発を目標とした「包括的戦略提携」との製販統合がみられる（矢作1994, pp.329-340）。いうまでもなく，寡占企業と大規模小売商業との間における取引・提携関係である製販統合は，双方の協調関係として把握することができるが，これによって寡占企業と大規模小売商業との利害対立の関係が完全に消滅するわけではない。

第5節　物流経路と情報経路

　流通経路は，商品が生産者から消費者まで流通するという単なる商品の流通経路（商品の所有権の移転）だけではなく，当該商品に関わる各種サービス提供の経路，商品情報や市場情報に関わる情報流通の経路，商品そのものの移転に関わる物的流通（物流）の経路としても重要な役割を果たしている。

　流通は，生産と消費の間に位置し，それを連結するという重要な機能を遂行している経済領域である。今日の資本主義経済においては，生産と消費の間の懸隔がますます拡大する傾向にある。この生産と消費の間の懸隔には人的懸隔，時間的懸隔，場所的・空間的懸隔が存在している。人的懸隔は，所有の懸隔ともいわれ，生産者から消費者への商品の所有権を移転する商的流通（取引流通）によって架橋されている。

　これまで経路戦略は，もっぱら生産と消費の人的懸隔を架橋する商的流通を対象として考察してきた。しかし，この商的流通が順調かつ効率的に遂行されるためには，時間的懸隔を埋める保管，場所的・空間的懸隔を埋める輸送（運送）などの商品そのものの移転に関わる物的流通活動が重要な役割を演じている。さらに商品情報や市場情報などの商的流通に関わる情報ないし輸送・保管などの物的流通に関わる情報など情報流通もまた不可欠な活動である。

1．物的流通

　物的流通は，産業構造審議会流通部会の第5回中間答申「物的流通の改善に

ついて」において，「有形，無形の物財の供給者から需要者に至る実物的な流れのことであって，具体的には，包装，荷役，輸送，保管および通信の諸活動をさしている」(通商産業省企業局 1968, p.70) と定義づけられている。さらに，最近の情報流通の重要性の増大に伴って，「物流とは，有形・無形の一切の財の廃棄・還元も含め，供給主体と需要主体を結ぶ，空間と時間の克服，ならびに一部の形質の効用創出に関する物理的な経済活動であり，具体的には輸送・保管・包装・荷役・流通加工等の物質の流通活動と，物流に関連した情報活動をさす」(阿保 1983, p.10) とあるように，物的流通と情報流通とに大別する傾向もみられる。

そこで，図6-1を参考にしながら，物的流通活動の種類と内容を列記してみると，次の通りである (篠原 1990, pp.308-319)。

(1) 輸送活動——生産と消費との間に存在する場所的・空間的・地理的な懸隔を埋める活動であり，仕入れのための輸送活動，販売のための配送・配達活動，企業内移転活動に大別できる。
(2) 保管活動——生産と消費との間に存在する時間的な懸隔を埋める活動であり，具体的には商品を貯蔵・管理する活動である。保存・貯蔵活動，流通在庫活動，在庫統制活動に大別できる。
(3) 荷役活動——商品の移転に付随して必要になる活動であり，積込み活動，荷卸し活動がある。
(4) 包装活動——商品の保護や移転を前提にして発生するものである。包装は，「製品の運送・保管などに当たって，適当な材料・容器を用い，製品の価値および状態を保護する技術並びに保護した状態」(日本規格協会 1982, p.1,132) と規定されているように，商品の損傷防止など商品の保護を基本的機能としている。この包装は，今日のマーケティング戦略においては製品差別化手段あるいは販売促進手段として重要になってくる。
(5) 流通加工活動——包装活動と同様に商品の移転を前提として発生するものであり，流通部門が行う製品の形態変化や品質の変更などに関する活動である。切断，加工，組立，再包装・小口化包装，ラベリング，値札付け，プ

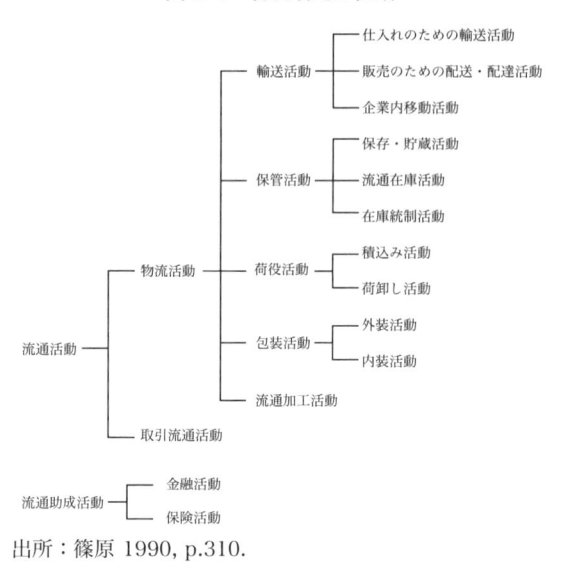

図 6-1 物流活動の種類

```
流通活動 ─┬─ 物流活動 ─┬─ 輸送活動 ─┬─ 仕入れのための輸送活動
         │            │            ├─ 販売のための配送・配達活動
         │            │            └─ 企業内移動活動
         │            │
         │            ├─ 保管活動 ─┬─ 保存・貯蔵活動
         │            │            ├─ 流通在庫活動
         │            │            └─ 在庫統制活動
         │            │
         │            ├─ 荷役活動 ─┬─ 積込み活動
         │            │            └─ 荷卸し活動
         │            │
         │            ├─ 包装活動 ─┬─ 外装活動
         │            │            └─ 内装活動
         │            │
         │            └─ 流通加工活動
         │
         └─ 取引流通活動

           流通助成活動 ─┬─ 金融活動
                        └─ 保険活動
```

出所：篠原 1990, p.310.

　リパッケージング，トランスファー加工（ナマコンなど），混合，小分け，詰合せ，縫製などがある。

　これらの物的流通は，マーケティング戦略にとって次の2点で重要な役割を果たしている。第1に，輸送費・保管費などの物的流通費用との関係から重要である。これらの物的流通費用は商品価格に追加され，最終的には消費者が負担することになるが，それだけに寡占企業にとっては合理的な物的流通を選択し利用することで競争を有利に展開することができる。第2に，供給を現実の需要に即応させることから重要である。販売促進活動などによってせっかく需要が喚起されても，商品が実際にそこに存在しないため，商品販売が実現できないこともありうるからである（森下 1969, pp.222-223）。

2. 情報経路

　情報経路は，製品の技術や機能が高度なものになるにつれ，一方では生産者から消費者へ多種多様な商品やサービスの情報提供が要請されるとともに，他

方では消費者ニーズの多様化・個性化の進展に伴い消費の市場情報をフィードバックするための消費者情報も重要になってくる（木綿・懸田・三村 1989, p.83）。

　マーケティングは市場を対象とした活動ないし戦略であり，もともと市場や消費者需要に関しては不確実性を免れえない。そこで，市場や消費者需要に関する不確実性の程度を小さくするために多くの情報を収集し，整理し，分析することが必要である。そのために行われるのが市場調査あるいはマーケティング調査である（森下 1994, p.84）。

　マーケティング調査とは「商品やサービスのマーケティングに関する諸問題についての資料を組織的に収集し，記録し，分析すること」（日本マーケティング協会訳 1963, p. 41）と定義づけられる。なお，マーケティング調査の対象となるものは，経済情勢，市場における需給の規模・構成・変化，流通経路の現状と動向，消費者の選好，購買動機，購買慣習，マーケティング活動に対する競争企業・販売業者・消費者の反応などさまざまなものがある（森下 1994, p.84）。

　近年，高度情報化社会といわれるように，コンピュータ技術，光ファイバーを利用した高速のインターネットなどの情報通信技術の急速な発達が，社会・経済の各方面に大きなインパクトを与えている。特に情報ネットワーク型流通システムの展開による消費者ニーズの的確な把握を通じて，マーケティングの効率化や取引の効率化が飛躍的に高められている。たとえば，POS (Point of Sales) システムとそれに基づく流通データサービスは，消費者情報を迅速かつ正確に把握し，消費者ニーズに適合した商品品揃え，小売店舗の在庫管理，会計システムの合理化等を可能にしている。

　他方では，POS システムにより蓄積された消費者情報を幅広く活用することによって，メーカーや販売業者の生産・販売活動の合理化ならびに物的流通の合理化が飛躍的に高まっている。また，消費者への商品や店舗に関する情報としては，インターネットやビデオディスクによる商品情報提供，小売店舗におけるテレビの画像による情報提供などが試みられている。そして，これらニューメディアによるホームショッピングの発達は消費者の便宜性志向と品揃え志向を満たすことが可能であるほか，高齢化社会の進展，女性の社会進出な

ど各層の消費者ニーズに対応することができる(鈴木 1989, pp.176-177)。

さらに,情報流通は物的流通の管理を的確かつ効率的に行うためにも重要な活動である。流通における情報のネットワーク化が進展するにつれて,情報システムと連動した物流システムや物流情報システムの開発が重要となってくる。たとえば,JAN コードや ITF コードのような共通物流コードにより,企業間取引における集荷包装や運送包装の単位が共通になり,それを利用して共同物流や共同情報システムの設計が可能となる。 もちろん,これらのことはコンピュータとデータ通信を利用することによってはじめて可能となる(篠原 1990, p.325)。

参考文献
1) 阿保栄司(1983)『物流の基礎』税務経理協会。
2) 石居正雄(1998)「独占禁止法と垂直的流通」田中由多加編著『入門商業政策』創成社。
3) 石原武政(1973)「経路政策」森下二次也監修『マーケティング経済論(下巻)』ミネルヴァ書房。
4) 岩永忠康(2007)『マーケティング戦略論(増補改訂版)』五絃舎。
5) 尾崎久仁博(1988)『流通パートナーシップ論』中央経済社。
6) 木綿良行・懸田 豊・三村優美子(1989)『テキストブック 現代マーケティング論』有斐閣。
7) 近藤文男(1989)「家電」糸園辰雄・中野安・前田重朗・山中豊国編『マーケティング』大月書店。
8) 篠原一壽(1990)「物流活動と物流管理」田中由多加編著『新・マーケティング総論』創成社。
9) 白石善章(1986)「商業構造」合力 栄・白石善章編『現代商業論―流通変革の理論と政策―』新評論。
10) 鈴木 武(1989)『商業政策講義集』九州流通政策研究会。
11) 田村正紀(1984)『マーケティング力―大量集中から機動集中へ―』千倉書房。
12) 通商産業省企業局編(1968)『産業構造審議会流通部会中間報告集』。
13) 日本規格協会(1982)『JIS 工業用語大辞典』日本規格協会。
14) 沼野 敏(1990)『現代マーケティング管理論―戦略的プランニング・アプローチ―』同文舘。
15) 野田 實編著(1980)『流通系列化と独占禁止法―独占禁止法研究会報告―』大蔵省印刷局。
16) 橋本 勲(1973)『現代マーケティング論』新評論。
17) 風呂 勉(1968)『マーケティング・チャネル行動論』千倉書房。

18) 風呂 勉 (1984)「流通経路の変遷」久保村隆祐・原田俊夫編『商業学を学ぶ（第 2 版）』有斐閣。
19) 森下二次也 (1969)「経営販売論」馬場克三編『経営学概論』有斐閣。
20) 森下二次也 (1994)『現代の流通機構』世界思想社。
21) 矢作敏行 (1994)『コンビニエンス・ストア・システムの革新性』日本経済新聞社。
22) アメリカ・マーケティング協会編／日本マーケティング協会訳 (1963)『マーケティング定義集』日本マーケティング協会。
23) Donald J. Bowersox (1980), M. Bixby Cooper, Douglas M. Lambert, Donald A. Taylor, *Management in Marketing Channels*, McGraw-Hill, Inc..
24) Louis W. Stern and Adel I. El-Ansary (1977), *Marketing Channels*, Prentice-Hall, Inc..

第7章 販売促進戦略

第1節 販売促進の概念

1. 販売促進の概念

　販売促進という用語は，1930年頃からアメリカで使用され始めたもので，その領域が確定している概念ではない（橋本 1973, pp.269-270）。

　最も広い概念としては，製品戦略，価格戦略，経路戦略をも含めた販売促進に貢献するすべての諸活動ないし戦略を意味することがある。この場合，販売促進は需要創造としてのマーケティング活動全般とほぼ同義に解されている（上岡 1973, p.161）。しかし，このように販売促進を最広義に解釈すると，販売促進がそのままマーケティングとなり，マーケティングにおける販売促進活動ないし戦略の位置づけがわからなくなってしまう。

　AMAの定義をみると，販売促進は，「（1）特有の意味では，面接的販売，広告活動，パブリシティ等を除くマーケティング諸活動のことであり，消費者の購買やディーラーの効率性を刺激するような陳列，展示，展覧会，実演その他定式過程のようには繰り返して行われることがない，販売諸努力である。（2）小売活動においては，面接的販売，広告活動，パブリシティを含む，顧客の購買を刺激するすべての方法である」（日本マーケティング協会訳 1969, pp.51-52）と規定されている。

　また日本商業学会用語定義委員会の定義によると，販売促進は，「広義においては，広告，人的販売，狭義の販売促進を含む。狭義の販売促進は，広告ならびに人的販売を補足し，それらの活動をいっそう効果的にする諸活動である」（日本商業学会用語定義委員会 1971, p.50）と規定されている。

両定義にみられるように，販売促進は広義・狭義に分けて解釈されているが，一般に，今日のマーケティング戦略としての販売促進は，広告，人的販売，狭義の販売促進を含む広義の概念を意味している。特に狭義の概念をもちいる場合には，狭義という形容詞をつけた狭義の販売促進として広告，人的販売を除いたそれ以外の活動を意味している。したがって，本章でも，販売促進活動を広告，人的販売，狭義の販売促進という3つの範疇に分けて考察していくことにする。

2. 販売促進の役割

現代の販売促進活動は，単に商品の販売増進を図る活動だけではなく，情報の収集・伝達，販売資料の整理，苦情処理，その他顧客サービスの提供など広範な活動を行って，顧客や消費者との間の良好な関係を確立するという，いわばコミュニケーション活動を含めた概念として考えられている（来住 1991a, pp.233-234）。

コミュニケーションは，もともとラテン語の communis - common に由来し，2つ以上の主体が意味を共有することによって意思を疎通し，情報や思想，態度などを共有する状態もしくはその過程である。つまり，コミュニケーションは，送り手によって特定の意味を付与されたメッセージが，チャネルを通して受け手に伝達され，受け手が送り手にとって好ましい態度や行為をとることを期待されている一連のプロセスである（川嶋 1981, p.308）。

したがって，マーケティング戦略としてのコミュニケーション活動は，コミュニケーションの送り手としての生産者・販売業者が，受け手である購買者・消費者に望ましい売買関係を求めて行う一連の活動である（沼野 1990, pp.123-124）。

販売促進活動は，その形式からみると情報の伝達活動ないしコミュニケーション活動であり，そこで伝達されるものは製品あるいは企業などの情報であり，消費者はこの情報に基づいて購買を行う。しかも，それは，消費者の合理的な購買を可能にすると同時に，消費者の欲望を刺激しながら，基本的には企業の属する産業へ，最終的には自社企業の製品へ消費者の関心を引き寄せて

需要を操縦することである。つまり，販売促進は，自社企業のための需要の創造・開拓を図る活動であり，その意味では，説得活動であり（森下 1969, p.233）そのために行われる情報活動といえよう。

そして，マーケティング戦略における販売促進は，広告，人的販売，狭義の販売促進を組み合わせることによって最大の販売促進効果を発揮することが最も重要なことであり，これらの組み合わせがプロモーション・ミックスと呼ばれている（木綿・懸田・三村 1989, p.103）。したがって，販売促進戦略は，最適のプロモーション・ミックスが行われるように，広告，人的販売，狭義の販売促進活動のウェイトを考慮することが大きな課題となってくる。

3. 販売促進としての人的販売と広告の特徴

マーケティングとしての販売促進は，広告，人的販売，狭義の販売促進の3つの範疇ないし手段があげられる。このうち，広告は，新聞・雑誌やラジオ・テレビなどのマス媒体を中心にさまざまな物的手段を通じて，主として比較的広範囲にわたる消費者を対象に情報活動を行うことによって，消費者が商品を購買するように引き込むいわゆるプル戦略としての役割を演じている。また，人的販売は，セールスマンによる口頭・会話・態度などの人的手段を通じて，特定の販売業者あるいは消費者に集中的な情報活動を行うことにより，商品を押し込むいわゆるプッシュ戦略としての役割を演じている。さらに，狭義の販売促進は，広告と人的販売を補完するものとして，各種の物的・人的サービスを通じて企業内部の関係者や販売業者ならびに消費者への販売促進活動を行うものである（木綿・懸田・三村 1989, p.103）。特に人的販売と広告は，プロモーション・ミックスの両輪として商品の販売促進において極めて重要な役割を演じている。そこで，人的販売と広告を対比しながらそれぞれの特徴をあげてみよう（来住 1991a, pp.231-232, 坂本 1993, pp.99-100）。

第1に，人的販売は，セールスマンによる口頭・会話・態度などの人的手段を通して行われる情報の伝達ないしコミュニケーション活動である。それに対して，広告はテレビ・ラジオ，新聞・雑誌，カタログなどの物的手段を通して

行われる情報の伝達ないしコミュニケーション活動である。このような人的手段によらない販売は機構的販売とも呼ばれている。

　第2に，人的販売は，セールスマンと消費者が直接に対面して行われる双方的な情報の伝達ないしコミュニケーション活動である。そのために，販売アプローチに対する消費者の反応に対応した情報の伝達方法や説得の仕方で即応できるという柔軟性かつ適応性のある販売促進であるといえよう。それに対して，広告は，一方的な情報の伝達活動ないしコミュニケーション活動であるが，同一の情報を何回も長期間にわたって伝達することにより消費者に印象を持続させることができる。

　第3に，人的販売は，特定の顧客ないし消費者に標的を絞って重点的な情報の伝達や購買の説得を行うことができる。その意味では販売活動に必要な時間やコストを節約できる効率的な販売促進であるといえよう。それに対して，広告は，不特定多数の人々を対象とするものであり，その対象市場の範囲が広く遠隔地の消費者も対象にすることができる。

　第4に，人的販売は，製品に対する消費者の欲求を喚起するとともに，その場で同時に注文を受けて直ちに販売を実現することができる。それに対して，広告は，消費者の需要を喚起することはできても，それと同時に注文を獲得することはできない。

　資本主義経済の発展に伴う資本の有機的構成の高度化によって，生産過程の発達に照応して流通過程もしだいに高度化・技術化していくと，その主体的推進者としてのセールスマンの地位が広告などの機構的販売にとって代わられる。そのために流通過程において補助的役割を占めるにすぎなかった広告などの機構的販売が，しだいに流通における価値実現の中心となってくるのである。

　さらに，資本主義経済における市場問題の激化は，セールスマンの役割そのものを変化させ，かつては販売行為の完結という役割が中心であったが，近年ではコミュニケーション活動ないし説得活動による購買の刺激という役割が中心になってきた。その結果，セールスマンの間にも分化が進み，配達人や集金などが登場し，本来のセールスマンは，コミュニケーションによる商品販

売ないし価値実現の専門的担当者と考えられるようになってきた（橋本 1973, pp.288-289）。

4. 販売促進の対象

販売促進は，その対象によって，①企業内部や関係機関に対する販売促進，②販売業者に対する販売促進，③顧客や消費者に対する販売促進という，次の3つの活動に分けられる（刀根 1965, pp. 144-145）。

①企業内部や関係機関に対する販売促進

これは，企業が販売促進の実施に際して，企業内部において直接・間接に関係を有する販売部門・広告部門・市場調査部門などと協力しあって，各部門の業務を遂行しながら全体として販売促進を行うものである。

②販売業者に対する販売促進

これは，企業が自社製品を取り扱う販売業者に自社製品の販売ないし販売促進に協力してもらうために，自社製品の知識を十分に熟知させたり商品の陳列を改善させたりする活動である。そのために生産者は，販売業者に対する各種の援助を行うのであるが，これは販売店援助（ディーラー・ヘルプス）と呼ばれている。

③顧客や消費者に対する販売促進

これは，顧客や消費者の関心を促すことによって需要を刺激し喚起する販売促進であり，消費者ないし使用者に直接的に働きかけるものである。

第2節 広　告

1. 広告の概念

広告は，企業や消費者に製品・サービスに関する情報を伝達し，それに対する購買欲求を喚起させるための重要な役割を演じている。とりわけ，今日の高度情報化社会におけるテレビ・ラジオ，新聞・雑誌など各種の情報媒体やコンピュータ技術の発達とともに，寡占企業の大量生産に対応した大量販売の要請

と相俟って，広告が最も重要な販売促進の手段として位置づけられている（森下 1969, p.234）。

広告とは「名前を明示したスポンサー（広告主）による，すべての有料形態の，アイディア，商品あるいはサービスの非面接的な提示および宣伝である」（日本マーケティング協会訳 1969, p.19）とあるように，広告[注1]は，特定の企業のために，有料で，特定のメッセージを，物的（非人的）手段をもちいて行う販売促進活動として特徴づけられる。換言すると，広告は「明示された送り手が有料の媒体を通じ，多数の受け手を対象に製品やサービスなどの名称，機能，特長を知らせる情報伝達活動であり，それは受け手の意識，態度，行動に変容を与える目的で伝播される説得活動である」（根本 1985, p.83）ともいえる。したがって，広告は情報伝達活動と説得活動を担っている。

ちなみに，マーシャル（Alfred Marshall）は，広告の基本的性格について情報的広告と説得的広告とに分類している。このうち，情報的広告は本源的需要を刺激し社会的に必要なものであるが，説得的広告は選択的需要を刺激し，ある生産者から他の生産者へ需要をシフトするにすぎないから社会的に浪費であると主張している（村田 1969, p.16）。しかし，このような広告の二面的性格を区別する客観的基準はなく，また両者は表裏一体の性格を有していると考えられるため選別することは不可能である（木綿・懸田・三村 1989, pp.104-105）。すなわち，広告は，その本質において特定ブランドないし商品に対して消費者の愛顧を確保する目的で行われるため，情報的側面と同時に説得的側面を有していなければならないのである。

このように広告は，情報を伝達するものであるが，その技術的側面では広告の心理的影響を通して消費者大衆の操作や誘導が行われ，その経済的側面では商品の価値を実現するものである。したがって，資本主義社会における広告の本質は，物的（非人的）コミュニケーション活動を通じて行われる商品の価値実現機能にあるといえよう（橋本 1973, p.297）。

2. 広告の種類

現代の高度情報化社会における情報技術の発達に伴って，広告の種類や媒体は非常に多様化・細分化してきている。そこで，以下のように分類することができる（橋本 1973, p.298）。

①誰が広告するかという広告主体——広告発達の初期には地方の小売店や百貨店などの商業による小売広告ないし商店広告が中心であったが，20世紀においてはマーケティングの発生・発展に伴って，その中心は製造業による製品広告ないし企業広告へと移行していった。さらに今日では，政府・学校・医療機関・宗教団体など各主体による広告も多くみられる。

②広告する地理的範囲——主として商業による地方的広告から製造業による地域的広告ないし全国的広告などに分かれる。

③何を広告するかという広告客体——商業や製造業による商品広告から企業広告などに分かれる。

④誰に広告するかという広告対象——消費者向け広告のほかに，原料や機械設備などの産業用品の購買者を対象とする産業広告，流通業を対象とする業界広告，医者や建築家などの職業的専門家を対象とする専門的職業者向け広告などに分かれる。

3. 広告目標の設定

広告目標は最終的には企業の長期安定的最大限利潤の追求にある。この目標は企業目標でありマーケティングの目標でもある。したがって，広告目標を設定する場合，まずマーケティング・ミックスを考慮し，その一環としてのプロモーション・ミックスを設計し，その関連において広告目標を設定することが必要である。

広告は，潜在的購買者に商品ないし企業に対する一定の好意的反応を与えることができるが，直ちに商品を購買させるまでにはいたらない。そのために商品の購買までにはマーケティングの努力，すなわち適切なマーケティング・ミックスが不可欠な課題となってくる（橋本 1973, p.302）。

次に，広告目標を具体的に設定しようとする場合，広告の具体的目標または手段目標を明確にすべきである。一般に，広告の具体的目標は広告の種類によって違ってくる。たとえば，商品広告は消費者の購買動機に訴求することを目標としており，企業広告は消費者の愛顧的動機に訴求することを目標としている。また企業広告の目標は，直接に売上高の増加を図るという短期的目標だけではなく，ブランドや企業の名声を印象づけて将来の売上高の増加を図るという長期的目標にある場合も多い。

さらに，広告目標の具体化の動きとして，広告コミュニケーション・スペクトル，すなわち広告の効果を表現する潜在購買者の心理的プロセスが開発されている。たとえば，コーリィ（R. H. Colley）は知名→理解→確信→行為，またホイートレイ（J. J. Wheatley）は知名→知識→愛好→選好→確信→購入というフローチャートを提示している。このように，それぞれの段階で，どれだけの効果があったかを表現する指標としては，知名率→理解率→好意率→意図率→行動率というフローチャートが用いられ，その効果測定によって広告目標の達成度を明らかにしている。一般に，最初の知名率は比較的高いが，理解・好意をもつ人々はしだいに減少し，さらに購買を意図したり購買行動に移す潜在購買者は極めて少なくなる。そのために広告目標の設定においては，まず知名率を高め，次いで理解率，好意率，意図率，行動率を順次に高めていかなければならない（橋本 1973, pp.302-303）。

4. 広告媒体の決定

広告メッセージが消費者の注意を引き認知され記憶されるためには，それが適切な手段を通して呈示・伝達されなければならない。その場合，広告媒体にはテレビ・ラジオの電波媒体，新聞・雑誌の印刷媒体の4大媒体をはじめとして各種の媒体や形態があり，それぞれに機能上の特性をもっている。それゆえ，それぞれの媒体の特性を十分に把握したうえで，対象とする消費者に広告メッセージを最も有効的かつ効率的に伝達できる媒体を選択することが重要である（来住 1991b, p.222）。なお，広告媒体は，いくつかの媒体を組み合わせて使用

する方が相乗効果を発揮することができる。そのために，最も有効的かつ効率的な媒体の組み合わせを決定して広告媒体ミックスの最適化を図ることが重要である（来住 1991b, pp.223-224）。

図7-1　4大広告媒体の特徴

媒体	長所	短所
テレビ	・映像，音声，動きの総合的組み合わせにより，視覚と聴覚の両方に訴求できる ・注目率が高い ・到達範囲が広い ・同時性・即時性がある	・費用が高い ・瞬時的で広告寿命が短い ・視聴者の受信の選択性が小さい
ラジオ	・地域や聴取者層の選択性が高い ・多数の人々を対象にできる ・テレビに比べて費用が安い ・同時性・即時性がある	・聴覚への訴求しかできない ・瞬時的で広告寿命が短い ・テレビより注目率が低い
新聞	・地域的な選択性が高い ・タイムリーな広告メッセージを送れる ・地域市場のカバレッジが高い	・印刷の質が雑誌やDMにくらべて劣る ・広告寿命が短い ・広告メッセージの閲読率が小さ
雑誌	・地域や読者層の選択性が高い ・広告寿命が長い ・閲覧率が高い	・広告が掲載されるまでに時間がかかる ・発行部数と購買部数が一致しない ・メッセージ・コピーの修正や変更についての弾力性がない

出所：来住 1993, p.230.

5.　広告予算の設定

　広告予算は広告活動のために必要な経費である。広告が効果的に行われるためには，それに支出される予算が科学的かつ合理的に決定されなければならない。広告予算の設定方法は，主観法，定率法，目標法の3つに大別することができる。このうち，主観法は最も単純なもので経営者の判断や経験に頼る方法である。次に，定率法は一定の基準に対して固定比率または変動比率を適用して広告予算を設定する方法である。さらに，目標法は一定の目標達成を実現するように広告予算を設定する方法である（チャールズ 1973, pp.98-99）。その代表的なものを3つあげ簡単に説明すると，次のようになる（来住 1991b, pp.219-221，坂本 1993, pp.122-123）。

①目標―課業法（目標課題達成法）は，広告予算の設定のなかで理論的には最善の方法であり，最も現実的なアプローチでもある（橋本 1973, p.315）。これは，マーケティング活動における広告目標あるいは課題を設定し，これを達成するために必要とされる広告予算を計上する方法である。そのために，最初の段階では，一定の広告目標を設定しなければならない。この目標としては，売上高の増加といった目標だけでなく，知名率や記憶率の増大などのコミュニケーション効果といった目標も考慮しなければならない。次の段階では，その目標達成に必要とおもわれる広告活動の種類と量が決定される。最後の段階では，それらの活動に必要とされる媒体費，コピー費などの費用が推計され，広告予算が決定されるのである。

②対抗企業法は，競争企業の広告費を基準にして，それに対抗するかたちで当該企業の広告費を決定する方法である。

③売上高比例法は，売上高の一定比率を基に広告費を決定する方法である。

6. 広告効果の測定

広告効果とは広告目標の達成度を意味するものである。この広告効果は，社会的効果，経済的効果，コミュニケーション効果，売上高効果などさまざまなレベルや局面が考えられる（川嶋 1981, pp.321-322）。このうち，マーケティングにおける広告効果は，個別企業の広告目標に対する達成度を意味するものであり，その指標としては売上高効果とコミュニケーション効果が中心になっている。売上高効果とは広告によって売上高がどれほど増加したかという広告の売上高への貢献度を意味するものであり，コミュニケーション効果とは広告によって引き起こされた消費者の心理的変化の程度を意味するものである（来住 1991b, p.224）。

第3節　人的販売

1. 人的販売の概念

人的販売とは「販売を実現することを目的として，一人またはそれ以上の見

込顧客との会話によって口頭の提示を行なうこと」（日本マーケティング協会訳 1969, p.44）である。さらにいえば，販売員と消費者との直接的な人的接触を通して商品・サービスに関する情報の伝達と購買の説得を行うコミュニケーション活動といえる。そして，その主体者はセールスマン（販売員）であることから販売員活動とも呼ばれている（来住 1991a, p.231）。

　セールスマンによる人的販売は，古くから存在しているもので，最初のころは個人の才能や経験など個人的かつ秘伝的な販売技術の性格に委ねられていた。しかし，経験や勘による販売技術ないし心理法則がマーケティング論や心理学によって研究され，その秘伝的な性格がはぎとられ，個人的な主観的性格から社会的な客観的性格をもつようになって近代的な人的販売が確立された。

　この人的販売は，販売技術の近代化によって従来は不可能であった系統的・組織的な教育訓練が可能となり，さらにマーケティングの発展に伴い著しく精巧でしかも体系化された。この基本原則は一般にセールスマンシップと呼ばれている（橋本 1971, p.84）。つまり，現代の人的販売は，従来のように個々のセールスマンの個人的な能力や経験に委ねられた個人的な活動としてではなく，統合的なマーケティング・システムのなかに組み込まれ，組織的に統一された活動として展開されなければならない。そのためには，セールスマンシップを客観的に整備・体系化するとともに，マーケティング活動の中でのセールスマンの役割を的確に把握して，統一的かつ効率的なセールスマン活動が展開できるように，セールスマンを組織・管理・統制しなければならない。これが狭義の販売管理ないし販売員管理である（来住 1991a, p.234）。販売管理とは「事業単位の面接的販売活動の計画，指揮ならびに統制であって，補充，選定，訓練，装備，割当，行路決定，監督，報酬，動機づけなどのような面接的販売要員に適用しうる作業を含む」（日本マーケティング協会訳 1969, p.51）と規定されている。

　一般に，セールスマンとは製品に対する見込顧客の欲求を喚起し購買の説得を行い，販売を完結させる業務を継続的に遂行する個人であり，このセールスマンのグループを販売部隊（sales force）という（来住 1991a, p.234）。現代の販売活動は，個々のセールスマンの個人的な能力や技量にのみ依存するのでは

なく，チームワークによる展開を必要としている。それゆえ，この販売部隊をどのように構築・設定するかが，現代の販売員管理における重要な課題となっている。販売部隊の構築とは，販売活動ないしマーケティング活動の有効性と効率性を高めるために，企業がその販売・営業部門をいくつかのグループに分割・組織化し，個々のセールスマンを特定のグループに適正に配置することである（来住 1991a, p.239）。

この販売部隊にはいくつかの組織があげられるが（詳しくは第2章第3節参照：岩永 2007, pp.31-34），ここでは，①地域別組織，②製品別組織，③顧客別組織をあげておこう（来住 1991a, pp.239-241）。

①地域別組織は，販売部隊が市場の地域的・地区的・地方的区分に基づいて分化し，そこで全製品ラインを販売させる組織形態である。

②製品別組織は，販売部隊が製品ラインないし製品グループごとに分化している組織形態である。

③顧客別組織は，販売部隊が見込顧客ないし市場別に部門化されている組織形態である。

これらの販売部隊の組織形態は，通常，それらが単独で構成されるよりも，いくつかのパターンを組み合わせて複合的な組織として構築されることが多い。

2. セールスマンの種類

セールスマンは人的販売の担当者であり，顧客と直接に接触して顧客を説得し取引を締結し，商品の価値を実現する。その意味では販売従業員ということができる。販売従業員には営業部で事務処理をする事務員，店頭でお客に接する「売り子」ないし店員，訪問販売員などさまざまな形態がみられる。このうち，本来のセールスマンは，店頭販売員でなく訪問販売員，外売販売員，外交販売員などと呼ばれ，主として外売りの販売員に限定されてもちいられる場合が多い（橋本 1983, p.286）。

セールスマンは，マーケティングの発展とともに単に数が増加するばかりでなく，その種類や役割も複雑化・細分化していった。すなわち，セールスマン

は，かつて販売行為の完結という役割が中心であったけれど，販売の困難性が増大するにつれ，コミュニケーション活動ないし説得活動による購買の刺激と販売の促進という役割が中心となってきた。その結果，セールスマンの間にも分化が進み，商品を配達する配達人，商品の代金を回収する集金人，本来のセールスマンとして文字通り商品販売の専門的担当者などに分化していくのである（橋本 1973, p.289）。

そこで，このように多種多様化したセールスマンを実質的なセールスマン活動に基づいて，次のように分類することができる（池上 1981, p287）。

①取引対象別分類——メーカーへのセールスマン，販売業者へのセールスマン，消費者へのセールスマン

②商品別分類——生産財セールスマン，消費財セールスマン，サービスセールスマン

③機能別分類——創造的セールスマン，維持的セールスマン，支援的セールスマン

このうち③機能別分類について説明すると，まず，創造的セールスマン活動は，主として潜在的需要を発見しそれを顕在化させる最も困難な課業である。それだけに苦労も伴い優秀なセールスマンをあてなければならない。企業の発展は，この創造的セールスマンに依存するといっても過言ではなかろう。次に，維持的セールスマン活動は，すでに成立した取引関係の維持が中心的業務となり，配達，注文，補充，事務的業務あるいはディーラー・ヘルプス（販売店援助）が主たる課業となる。おおむね購買の意思を有している顧客に対して，取引条件の説明など補足的なコミュニケーションを行いながら取引を結実していくものである。さらに，支援的セールスマン活動は，原則として注文活動をしない技術的な説明やディーラー・ヘルプスが主たる課業となる。たとえば，技術的な説明のためのセールス・エンジニア，あるいは自社製品の注文を卸売業者のためにとるミッショナリー・セールスマンなどがこのタイプに該当する（池上 1981, p.288）。

現代の販売促進としてはコミュニケーション機能が重要な役割を担っている。この点でミッショナリー・セールスマンが販売促進として本来の機能に専

門化し，さまざまなディーラー・ヘルプスを付帯的活動として展開することによって，チャネル・プロモーションを実践していくために期待されている（木綿・懸田・三村 1989, pp.115-116）。たとえば，わが国の医薬品業界に幅広く活動している MR（Medical Representative, 俗称：プロパー）がミッショナリー・セールスマンの代表的なものであり，彼らは医薬品メーカーによって自社の医薬品を販売する薬局・薬店やそれを使用する病院などに派遣され，新薬の紹介や各種医薬品の臨床データを提供するなどの情報提供活動のほか，薬局・薬店に対してさまざまなディーラー・ヘルプスを行っている（木綿・懸田・三村 1989, p.116）。

3. セールスマンの役割と課業

現代のセールスマンは販売促進活動の中心的な担い手であり，その役割や担うべき責任と課業も複雑多岐にわたっている。そこで，その役割と課業をあげると，次のようになる（来住 1991a, pp.236-239, 坂本 1993, pp.101-103）。

第1に，セールスマンは，もともと顧客と直接に接触して製品を呈示し，購買に対する刺激と説得を行い，売買契約を締結して販売行為を完結させるという，本来的な意味での販売活動を遂行する。しかし，現代のセールスマンは，所与の製品の売り込みや既存顧客の維持という活動だけでなく，潜在的顧客の探索や新しい顧客の開拓という，いわば市場創造ないし市場開発という課業を遂行することが重要である。すなわち，今日では創造的販売がセールスマンの役割として重要視される。

第2に，セールスマンは，消費者のニーズや行動ないし競争企業の動向などについて的確に調査・分析し，その結果を企業にフィードバックしなければならない。そのためにセールスマンは，十分な教育訓練を受けることによって，市場を分析・理解する能力を養わなければならない。かくしてセールスマンは，単なる販売担当者ではなく，いわゆるフィールド・マンとしての役割を担うことになる。

第3に，セールスマンは，製品について十分な技術的な専門知識をもち，見込顧客ないし消費者にとって技術コンサルタントの役割を果たすことが要請さ

れる。すなわち，今日の技術革新のマーケティングのもとでは新製品が絶えず開発され，生産され，販売されているので，製品それ自体が複雑・多様化している。そのためにセールスマンは，消費者に製品について的確な技術情報を提供したり，使用上の助言を与えることが重要になってくる。そこでは，セールス・エンジニアとしてのセールスマンの役割が重要になってくる。

第4に，セールスマンは，製品の販売に付随して多種多様なサービスを提供しなければならない。そのためにセールスマンは，製品の価格・品質をはじめ，配達条件，クレジットの条件などについて，正確かつ十分な知識をもっていなければならない。そこで，セールスマンは，セールス・コンサルタントとしての役割を担っているのである。

第5に，セールスマンは，単に売上の増加にのみ関心を払うのではなく，自己の担当地域を1つの企業のように運営し，自己の時間と費用を効率的に使用することによって，企業の収益に貢献しなければならない。そこで，セールスマンは，アカウント・マネジャーないし財務アドバイザーとしての役割を担っている。

このように現代のセールスマンは，単なる販売業務を遂行するだけではなく，さまざまな課業を遂行することが要請されている。しかも1人のセールスマンが，これらの業務を単独で遂行するのではなく，企業内の他のメンバーとのチームワークによって遂行している。そして，セールスマンがマーケティング・システムとして販売促進の重要な構成要素として認識されているかぎり，現代のセールスマンは，もはや単なる販売という技術的操作の担当者ではなく，企業のマーケティング・コンセプトの代弁者であり，マーケティング機能の遂行者でなければならない。

第4節　狭義の販売促進

1. 狭義の販売促進の概念

狭義の販売促進は，すでに述べたように，「人的販売，広告，パブリシティなどを除くマーケティング諸活動のことであり，消費者の購買やディーラーの効

率性を刺激するような陳列，展示，展覧会，実演，その他定式過程のようには繰り返して行なわれることがない，販売諸努力である」（日本マーケティング協会訳 1969, pp.51-52）と規定されている。

狭義の販売促進は，販売促進の一領域として人的販売と広告を補完・補充するものとして位置づけられ，これまで企業の販売促進活動のなかではそれほどウェイトの高いものではなかった。しかし，今日のマーケティング活動が高度化・複雑化し，それに伴う人的販売活動や広告活動が高度化し活発化するにしたがって，それらを補完・補充する狭義の販売促進活動も当然重要視されてくるのである（鈴木 1985, p.119）。

狭義の販売促進の目標ないし目的としては，①需要の喚起・刺激ないし需要の創造，②販売抵抗の除去，③製品ないし店舗に対するロイヤルティの促進，④販売増進のための調整（社内の部門間調整や対販売業者の調整）などがあげられる（鈴木 1985, pp.120-121）。これらは，あくまでも全体のマーケティング戦略，さらには販売促進戦略の一環として位置づけられなければならない。すなわち，狭義の販売促進戦略は，全体のマーケティング戦略が最大の効果を発揮できるようなマーケティング諸活動の組み合わせとしての最適マーケティング・ミックスを考慮しながら，その下位の販売促進戦略としての最適プロモーション・ミックスを補完・補充するものでなければならない。

狭義の販売促進は，以下のように，①社内に対する販売促進，②販売業者に対する販売促進，③消費者や顧客に対する販売促進に分類することができる。

2. 社内に対する販売促進

社内に対する販売促進は，社内の販売部門，営業部門，広告部門などに働きかけて，それぞれの活動を助成・強化するとともに，それらをプロモーション・ミックスとして統合し調整して，企業全体としての販売促進効果を引き出そうとするものである。具体的には，販売部門に対しては，セールスマンに必要な各種の商品情報のデータ化，カタログやパンフレットなどの企画・作成，セールスマン・コンテストの企画・実施などがあげられる。広告部門に対しては，

従業員に対する教育・訓練，資金援助，情報提供などがあげられる。
③店頭販売助成──小売店頭での販売助成に関する活動である。これには POP 広告材料の提供，陳列用具の提供，推奨販売員の派遣などがあげられる。
④アローアンス提供──生産者が特に要請した特定の拡販努力の実施に対する報奨として現金を提供することである。これには陳列アローアンス，宣伝広告アローアンスなどがあげられる。
⑤条件付帯出荷──何らかの特別な条件を付帯することによって出荷を促進させることである。このうち，ディーラー・プレミアムとしては招待（旅行など），物品・現金プレミアムなどがあげられ，また特別出荷としては内増し付出荷，現金割引出荷などがあげられる。

4. 消費者や顧客に対する販売促進

　消費者や顧客に対する販売促進は，消費者の関心を刺激して需要を喚起し増進させるような販売促進活動である。この典型的な活動がアフター・サービスである。それは，消費者が商品購入後の一定期間に限って商品の無料修理等を受けられるもので，品質保証サービスや修繕サービスなどの実質的サービスがあげられる。たとえば，ある程度長期間にわたって使用される自動車や家電商品などの耐久消費財は，その使用期間中に生ずる部品の交換や修理などのサービスが必要な場合，それらのサービスの提供は一種の販売促進活動であり，さらに商品の配達などもこれらのサービスに含まれ（藤澤 1992, p.170），以下のようなものがあげられる。
①サンプリング──主として商品を購買したことのない消費者に対して，試用ないし試食してもらい商品の価値を知ってもらうという方策である。これには添付サンプリング，店頭サンプリング，メディア・サンプリング，ダイレクトメール・サンプリング，ドア・ツー・ドア方式などがある（鈴木 1985, pp.129-130）。
②消費者プレミアム（景品付販売など）──消費者を引き付ける目的のために，商品販売に付随して消費者に提供される物品やサービスなどの経済的利益

効果的な広告の作成に必要な商品情報や各種資料の収集・整理・提供などがあげられる。そして，それぞれに部門のキャンペーン実施に際しては，その目的や意図を他の部門に正確に伝達し，全社的な効果をいっそう高めるような努力などを含んでいる（木綿・懸田・三村 1989, p.117）。社内に対する狭義の販売促進活動は，次のようなものがあげられる（鈴木 1985, pp.131-132）。

① 社内調整――社内における部門間の調整活動である。この部門間の調整活動としては，販売部門と広告部門をはじめ，販売部門と経理部門，販売部門と製造部門，狭義の販売促進部門と営業部門などの調整活動があげられる。

② 販売会議――新市場開拓のための会議，新チャネル開拓のための会議，販売割当達成のための会議などがある。

③ セールス・マニュアル――販売のための手引書である。

④ 社内コンテスト――販売員の販売意欲と販売技術の向上を目的とした社内コンテストである。これには研究発表コンテスト，売上コンテスト，アイディア・コンテスト，販売改善コンテストなどがある。

⑤ 社内向けハウス・ヴォーガン――企業の内部関係者向けに企業の実情・実態を知ってもらうために，継続的に特別に編集・発行される印刷物である。

3. 販売業者に対する販売促進

販売業者に対する販売促進は，自社製品を取り扱う卸売業者や小売業者に働きかけ，さまざまな形態でそれらの販売活動を援助して自社に協力するように方向づけるとともに，流通径略全体に自社のマーケティング戦略を徹底させようとするものであり，次のようなものがあげられる（鈴木 1985, pp.126-128）。

① ディーラー・コンテスト――販売業者を対象に各種のコンテストを実施して，自社製品に対する販売意欲を増進させることである。これには売上高コンテスト，陳列コンテスト，接客技術コンテスト，POP コンテスト，チラシ・コンテストなどがあげられる。

② ディーラー・ヘルプス（販売店援助）――生産者が取引先の販売店に与えるさまざまな援助である。これには経営や店舗に対する指導・援助，店主・

つき販売である。つまり，商品に付随した商品以外の要素による販売促進活動である，具体的には景品付販売，懸賞付販売，クーポン付販売，スタンプなどがあげられる。たとえば，クーポン（切り取り式切符）には割引券，見本請求券，優待券，景品券などがあり，割引券の場合は，新聞雑誌の広告の一部分に印刷されている割引券を切り取って返送あるいは持参したりすると，指定の金額分だけ値引きしてもらえる（藤澤 1992, pp.170-171）。

③値引──消費者に商品の通常価格から一定の値引をすることである。これには価格の値引ないし増量がある（坂本 1993, p.145）。

④消費者教育──消費者に対する教育であり，具体的には工場見学，各種講習会，展示会・実演などがある（坂本 1993, p.146）。

⑤消費者コンテスト──自社主催のコンテストに参加するよう広く消費者に呼びかけ，そのコンテストの参加を通じて，企業や商品に対する好意や関心を高めようとするものである。これにはクイズ形式，コンクール形式，アンケート形式などのコンテストがある（鈴木 1985, p.129）。

⑥スタンプ──消費者が商品を購入した際に，金額や購入回数に応じてスタンプを押してもらい，それがある程度まとまってから，景品カタログや交換センターを通じて欲しい商品と交換できるものである（坂本 1993, p.146）。

注

1）広告と類似の活動として，パブリシティならびに PR（パブリック・リレーションズ）がある。パブリシティとは「商品もしくはサービス，アイディア，あるいは企業について商業上の価値ある情報を非人的方法で提供し，その費用はスポンサーによって負担されない」（日本商業学会用語定義委員会）と定義づけられる。また，PR とは「企業または組織体の活動に影響をうけるグループに対し，企業または組織体が好ましい態度を開発するため働きかける一切の活動あるいは態度である」（日本商業学会用語定義委員会）と定義づけられる。

このように，広告と同じくパブリシティ，PR，マス・メディアを利用して，多くの人々に伝達する活動である点ではよく似ている。しかしながら，広告と異なっているのは，パブリシティは，第1に媒体の使用料金を払う必要がない。第2に単に販売促進の目的ばかりでなく，時として非営利的目的のためにも利用される。第3に企業は媒体機関に情報を提供するだけであって，掲載や放送を強制することはできない。第4にスポンサーの名によって報道されるのでなく新聞社や雑誌社など媒体機関の名に

よって報道されるので，媒体の信用力を利用して大きな効果を与えることができるなどの点である（橋本 1973, pp.296-297）。

参考文献
1） 池上和男（1981）「セールスマン販売」田内幸一・村田昭治編『現代マーケティングの基礎理論』同文舘。
2） 岩永忠康（2007）『マーケティング戦略論（増補改訂版）』五絃舎。
3） 上岡正行（1973）「広告政策と人的販売政策」森下二次也監修『マーケティング経済論（下巻）』ミネルヴァ書房。
4） 川嶋行彦（1981）「広告」田内幸一・村田昭治編『現代マーケティングの基礎理論』同文舘。
5） 来住元朗（1991a）「販売員管理」三浦 信・来住元朗・市川 貢『新版マーケティング』ミネルヴァ書房。
6） 来住元朗（1991b）「広告管理」三浦 信・来住元朗・市川 貢『新版マーケティング』ミネルヴァ書房。
7） 木綿良行・懸田 豊・三村優美子（1989）『テキストブック 現代マーケティング論』有斐閣。
8） 坂本秀夫（1993）『現代マーケティング概論』信山社。
9） 鈴木 孝（1985）「セールス・プロモーション戦略」宇野政雄編著『最新マーケティング総論』実教出版。
10） 刀根武晴（1965）「販売促進」深見義一編『マーケティング論』有斐閣。
11） 日本マーケティング協会訳（1969）『マーケティング定義集』日本マーケティング協会，(American Marketing Association, 1960, *Marketing Definitions : A Glossary of Marketing Terms*)。
12） 日本商業学会用語定義委員会（1971）『商業用語（マーケティング用語）定義』日本商業学会。
13） 沼野 敏（1990）『現代マーケティング管理論―戦略的プランニング・アプローチ―』同文舘。
14） 根本昭二郎（1985）「広告戦略」宇野政雄編著『最新マーケティング総論』実教出版。
15） 橋本 勲（1973）『現代マーケティング論』新評論。
16） 橋本 勲（1971）『現代商業学』ミネルヴァ書房。
17） 橋本 勲（1983）『販売管理論』同文舘。
18） 藤澤史郎（1992）「販売促進政策」尾碕 眞・岩永忠康・岡田千尋・藤澤史郎『マーケティングと消費者行動』ナカニシヤ出版。
19） 村田稔雄（1969）「市場競争と広告」久保村隆祐・村田昭治編『広告論』有斐閣。
20） 森下二次也（1969）「経営販売論」馬場克三編『経営学概論』有斐閣。
21） チャールズ Y. ヤン（1973）『広告―現代の理論と手法―』同文舘。

第3編　産業別マーケティング

第8章 自動車マーケティング

第1節 自動車産業を取り巻く環境変化

　日本の自動車産業における近年の変化は，ものづくりの根幹を揺るがす世界的潮流により生じている。その1つに生産体制の海外シフトが挙げられるであろう。また，自動車産業はその発展とともに世界的な環境問題への取り組みを背景として，二酸化炭素等の排出削減や燃費向上を目標とする高度な技術的課題への解決策が要求されている。

　一方でそれらに加えて，モーダルシフトと呼ばれる人的・物的を含む移動手段の効率化への見直し，および若者世代で顕著な「車社会」への捉え方の変化も顕在化してきており，生産面ばかりでなく販売面における世界的潮流となりつつある。

　このような状況下で自動車産業においては，裾野が広い産業だけにメーカーはもとより一般社団法人日本自動車工業会，一般社団法人日本自動車販売協会連合会などの業界団体を初めとして，その関連産業では非常に危機感をもっている。とりわけ，わが国の代表的な自動車メーカーであるトヨタ，日産，ホンダの3社の生産台数は，2010年のデータを除けば，2008年のリーマンショック以降，国内外市場で軒並み減少傾向に転じている（表8-1を参照）。

　それ以前から自動車メーカーの販売不振は恒常化しつつある。というのも，産業構造に着目すれば，日本の自動車産業は，海外への商品輸出のウェイトが大きな輸出依存産業であるからである。そもそも，日本の自動車産業は，戦後から高度経済成長期を経て，バブル経済期を経験しながら，より高度に発展を遂げてきているが，その市場構造は依然として寡占市場の性格を有している。

表 8-1 日本の自動車生産台数の変化

年	乗用車 普通車	小型四輪車	軽四輪車	小計	トラック 普通車	小型四輪車	軽四輪車	小計	バス 大型	小型	小計	合計
1970年	51,619	2,377,639	749,450	3,178,708	258,100	1,253,861	551,922	2,063,883	15,265	31,301	46,566	5,289,157
1980年	403,338	6,438,847	195,923	7,038,108	885,198	2,113,311	914,679	3,913,188	16,470	75,118	91,588	11,042,884
1990年	1,750,783	7,361,224	835,965	9,947,972	1,249,525	1,262,943	986,171	3,498,639	15,787	24,398	40,185	13,486,796
2000年	3,376,447	3,699,893	1,283,094	8,359,434	649,180	483,282	594,356	1,726,818	8,035	46,509	54,544	10,140,796
2002年	3,671,023	3,637,501	1,309,830	8,618,354	679,964	380,303	512,373	1,572,640	11,141	55,180	66,321	10,257,315
2003年	3,753,446	3,434,662	1,290,220	8,478,328	772,727	449,462	524,427	1,746,616	11,406	49,668	61,074	10,286,018
2004年	4,044,563	3,309,147	1,366,675	8,720,385	769,953	446,536	514,202	1,730,691	12,286	48,156	60,442	10,511,518
2005年	4,191,360	3,416,622	1,408,753	9,016,735	723,663	436,763	546,185	1,706,611	11,763	64,550	76,313	10,799,659
2006年	4,915,428	3,302,265	1,537,210	9,754,903	699,410	419,404	521,879	1,640,693	11,063	77,574	88,637	11,484,233
2007年	5,864,354	2,638,842	1,441,441	9,944,637	718,901	365,532	453,587	1,538,020	11,516	102,154	113,670	11,596,327
2008年	5,786,333	2,714,413	1,427,397	9,928,143	734,923	329,758	443,718	1,508,399	11,660	127,442	139,102	11,575,644
2009年	3,459,589	2,145,279	1,257,293	6,862,161	371,686	215,139	398,276	985,101	8,783	78,012	86,795	7,934,057
2010年	4,846,411	2,159,119	1,304,832	8,310,362	520,672	238,776	449,776	1,209,224	10,274	99,060	109,334	9,628,920
2011年	4,180,361	1,861,279	1,116,885	7,158,525	512,335	234,586	389,150	1,136,071	9,427	94,682	104,109	8,398,705

注：データは四輪車の生産台数。2002年以降は1年ごとの数値である。
出所：一般社団法人日本自動車工業会 URL データから抜粋。筆者修正加筆。
(http://www.jama.or.jp/industry/four_wheeled/four_wheeled_lt1.html (2012年8月7日アクセス))

次節以降では，日本の代表的な産業の1つである自動車産業について，その市場構造を概観しながら，個別企業のマーケティング戦略を含めた自動車産業の製品・チャネル戦略について分析していくことにする。

第2節　自動車産業の市場構造

1．自動車生産の現状

まず，日本における自動車の生産台数（表8-1）を確認しながら，自動車産業の構造に触れていくことにする。

一般社団法人日本自動車工業会によれば，2011年における日本の自動車生産台数は，主要車種である①乗用車，②トラック，③バスの3車種で合計8,398,705台となっている。さらに乗用車とトラックでそれぞれ普通車，小型四輪車，軽四輪車に，またバスを大型，小型に分類することができる。

最も生産台数が多いのは，乗用車の普通車である。この1970年以降のデータでは，1980年から90年にかけて飛躍的に生産台数を増加させていることがわかる。

自動車生産台数に占める割合が高いのは乗用車であり，そのなかでも普通車の割合が全体の約50％を占め，続いて乗用車の小型四輪車が約22％，乗用車の軽四輪車が約13％となっている（図8-1）。また2011年現在の主要車種の各構成比は，乗用車が7,158,525台で全体の85.2％，トラックが1,136,071台で13.5％，バスが104,109台で1.3％となっている。

生産台数の傾向は，特に乗用車で見てみると，普通車は2007年に過去最大の生産台数となる5,864,354台を記録して以来，徐々に生産台数が減少してきている。また，小型四輪車は最大値である1990年の約4分の1以下まで減少してきており下げ幅が最も大きくなっている。軽四輪車は2006年には1,537,210台の生産が行われており，その後は緩やかな減少傾向と見て取れる。

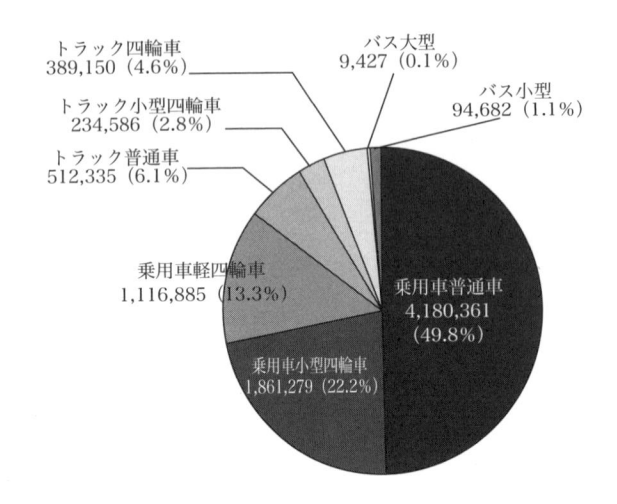

図 8-1　日本の自動車車種別生産台数とその構成比（2011 年）

- トラック四輪車　389,150（4.6%）
- バス大型　9,427（0.1%）
- トラック小型四輪車　234,586（2.8%）
- バス小型　94,682（1.1%）
- トラック普通車　512,335（6.1%）
- 乗用車軽四輪車　1,116,885（13.3%）
- 乗用車普通車　4,180,361（49.8%）
- 乗用車小型四輪車　1,861,279（22.2%）

出所：一般社団法人日本自動車工業会 URL データから抜粋，筆者修正加筆。
（http://www.jama.or.jp/industry/four_wheeled/four_wheeled_lgl.html（2012年8月7日アクセス））

2. 自動車の商品特性と市場構造

　自動車は耐久消費財であると同時に非常に高価な商品である。高価な理由は商品生産に関して，①高度な技術レベルが必要とされ，②さまざまなパーツから構成され，なおかつ複数の工程による複雑な組み立て完成品であり，③生産には設備投資が膨大に必要とされる点である。

　別の特徴としてパーツの1つ1つの耐久性はもとより，完成品そのものの耐久性や頑丈性，トータルな安全性が非常に重視される。また，デザインや乗り心地といった製品開発に係る部分においても繊細さが要求される点も大きな特徴である。さらに付け加えると，嗜好性が商品に反映されることでも知られる。すなわち，簡略すれば自動車の生産にはその生産過程から高度な技術に基づいた緻密な設計と多数の各部品の複雑な組み立て工程を要し，商品そのものとしては快適，安全性の高い水準が求められ，かつ個人の嗜好性が関係する商品特

性のために高額になることがわかる。

　同時に販売面において非常に手間がかかる商品でもある。それは物質面での容量が大きく，所有に関してある程度の場所を必要とし，なおかつ所有権移転に際しての法定手続き，諸々の税金支払等から始まり，運転する際に必要な各種設備品の操作方法説明など，商品取り扱いにおける時間や人的販売を，他の商品と比較して過度に必要とする。さらに購入後も商品の故障・修繕，定期的に義務づけられている法定整備点検等，アフターサービスが欠かせない。また購入者が使用するにあたり，自賠責保険の加入，運転免許の取得を前提として，ほぼセットとなっている燃料補充なしには使用できない商品である。

　このように自動車は，他の商品群とは異なる商品特性を有しており，商品取り扱い技術も他の商品と比較して異質である。したがって，その産業構造の特徴も商品特性から生じており，サプライヤーを含むメーカーサイドの要因が非常に大きく，その販売面での特殊性を指摘することができる。

　さて，自動車産業では規模の経済性が働くのも大きな特徴の1つである。白石（1995）は，自動車産業の市場構造を，家電産業やビール産業と類似する側面を有している典型的な寡占市場構造と指摘し，技術的側面が重要な意味をもつ点を強調している。

　寡占市場構造の特徴の1つに供給者が少数であることが挙げられる。一般社団法人日本自動車工業会のデータによれば，乗用車の生産では2011年6月からの1年間における生産台数は全メーカー中でトヨタが3,452,622台（約37%），日産が1,216,875台（約13%），ホンダが1,040,842台（約11%）と3社合計で全体の約61%を占める。また，2010年度におけるこの3社の売上高の合計は，約14兆5千億円となっており，業界4位のスズキ，5位のダイハツを加えた5社の全体に占める占有率は80%を超える（東洋経済新報社編2011, pp.40-41）。なお上述のメーカーにマツダ，三菱，富士の各社を含めた乗用車の主要メーカーは8社となる。

　競争面においては，寡占市場の性格から各個別企業間での競争も激しいが，一方で協調関係の構築も行われている。塩見（2008）によれば，トヨタ，日産，

ホンダを含む世界の著名な自動車メーカー上位10社は，投資および研究開発，製品技術，生産プロセス，完成車販売等の活動で多面的提携関係を構築し，経営資源の複雑な継続的取引関係を形成[注1]していることを指摘している。

第3節　自動車産業の製品戦略

1．導入期の製品戦略

　自動車の大量生産が確立するのが1950年代後半とされる。それ以前は戦時中および戦後の空白期間を経験しており，日本の自動車メーカー生産における技術や製品の性能は世界水準から大きく遅れをとっていた。戦後からはトヨタ自工，日産重工，ヂーゼル自工が自動車生産を行っていたが，資金問題や労働問題に直面しながらの厳しい時代を経て，戦後の混乱期を迎えた。

　戦後まもなくは需要も安定しない状況下であったが，1950年6月の朝鮮動乱により日本の自動車産業の再生・発展の機会が訪れ，各メーカーの資本蓄積がその後の成長の糧となっていく（石川 2009, p.66）。そして，1952年4月には外国車の輸入が解禁され，日本の自動車メーカーのなかには海外自動車メーカーとの技術提携を模索する動きも活発化した。一方で，乗用車の完全国産化を志向したトヨタは，営業用から個人使用へとシフトしつつあった自動車需要に対して素早い反応を示し，モータリゼーション，すなわち自動車社会の到来を牽引していく。

　以下では，自動車の導入期である前モータリゼーション時代（1966年以前）における状況を紹介しておく。まず，この時期には自動車メーカーの新規参入も相次ぎ，前述のトヨタ，日産，いすゞ（1949年ヂーゼル自工が改称），日野，富士，プリンス，三菱，本田技研など計11社となり，各社間の競争関係が明確化する点を押さえておきたい。この時期には2大メーカーであるトヨタ，日産が主力商品であるクラウン（1955年），ブルーバード（1959年）を発売しつつ，トヨタがコロナ（1957年），パブリカ（1961年）を，日産がセドリック（1960年）を新製品として市場投入している（白石 1995, p.117）。各社は生産の安定化を

図りながら，主要ブランドの確立を目指すとともに，時には知名度を上げる手段として広告宣伝も実施している。

導入期の各自動車メーカーのマーケティングは，マーケティング・リサーチが不十分な上，消費者選好も明確でなかったことも関係して，主力商品に加えての新規モデル開発も限定的であることが特徴である。

2. 成長期の製品戦略

高度経済成長とともに到来したモータリゼーションは，さらなる生産面における高度な技術革新とオートメーション化による大量生産，消費面における商品経済からサービス経済への過渡期における高い消費意欲と大量消費に支えられて実現された。

1960年代後半から70年代前半になると，トヨタはカローラ（1966年），マークⅡ（1968年），セリカ（1970年），日産はサニー（1970年），グロリア（1967年），ローレル（1968年），スカイライン（1968年）と立て続けに新製品ブランドを開発して販売していく。

自動車産業における寡占市場行動から生じるマーケティング競争の特徴の1つとして，耐久消費財としての製品差別化を挙げることができる。自動車を製品開発および製品改良の視点から捉えた場合には，①機能性，②燃費，③居住性，④外観・スタイルの差別化がマーケティング戦略上で意味をもつと思われる（白石 1995, p.117）。それは単純には，製品ラインにおいて商品カテゴリー幅の広狭および製品アイテム数の深浅により製品差別化と製品多様化を同時に推し進めることである。

次節で述べるが，成長期段階にある各自動車メーカーは，導入期段階とは異なり単一ラインにおける製品販売から，複数ラインにおける製品販売への変更，ひいては複数チャネルの整備を迫られることとなる。当然のことながら，他社と競合するカテゴリーでの生産・販売も意識することになる。

続いて1970年代後半から80年代になると，二度の石油危機（1973年・1978年）を経験した日本経済は安定成長期を迎える。自動車産業が直面した

のは環境問題への取り組みであった。1975年には環境庁（現環境省）の自動車排出ガス規制が行われ，それを契機に各自動車メーカーは排気ガス装置の装着や排気ガスを過給器へ供給して出力を上げるシステムの開発，低燃費を実現するエンジンの開発に力を入れ始めた。

自動車メーカーの製品戦略は，市場動向にも反応する形，すなわち消費の多様化や個性化，ファッション化に対応して，なおかつ国際化も視野に入れて，車種・車型から構成されるモデル数を増加させ，また多頻度なモデルチェンジを行ってきた（フルライン戦略）（陶山1995, p.143）。

一方で，各自動車メーカーの技術面における格差が自動車の性能やスタイルを決定づけていた導入期からやがて成長期を迎えると，先発メーカーの製品は後発メーカーに多かれ少なかれ模倣されるようになる。つまり，製品の同質化からはメーカーは逃れることはできない。そこでこの時期，新しい市場を開拓するために採用されたのが特定のセグメント（分割された市場）への商品投入を意図する市場細分化戦略である。低成長下での余暇の増大，女性の社会進出などモータリゼーションを後押しする背景で，各自動車メーカーではオートマティック車，四輪駆動車，小型車などの技術的開発も進み「大衆車」，「高級車」，「スポーツ車」等の製品ラインの拡張と車種の多様化[注2]がもたらされた。

また，車種の多様化は，同一コンセプト内での車種のブランド名変更をすることで進展してきた。例えば，トヨタではパブリカ（後のスターレット）は，コルサ，ターセルが同一コンセプト車であり，同様にマークⅡにはチェイサー，クレスタのブランドが設けられている[注3]。

3. 成熟期の製品戦略

1980年代後半からは為替相場の円高傾向が顕著となり，国際化が進展していく段階である。その端的な潮流は，①消費者ニーズの個性化と高級化に応じた商品開発や，②その商品開発のリードタイムの短縮による製品コンセプトの新たな創造ないし生産システムの急速な革新が求められたこと，他方で日本国内における自動車市場の内需拡大がこれまでの量産体制のプロダクト・アウ

トのスタイルを伝統的に採用してきたメーカーの市場細分化に加えて，③消費者ニーズを踏まえたマーケット・インの手法を要求するものであった（下川 1989, p.40）。

1990年代，とりわけバブル経済崩壊以降では，各自動車メーカーは車種・車型の削減と絞り込みを行っている。これまで採用してきた市場細分化戦略は，製品フルラインの多品種少量生産へのシフトをもたらし，極度の製品多様化にともなう自動車生産・流通在庫の膨張，生産・販売・物流コストの増大は，ひいては経営資源の非効率化を招いたと，陶山（1995）は指摘している[注4]。

既出の表8-1のデータで見ると，1990年の乗用車の生産台数は9,947,972台であり，トラック，バスを合わせた合計は13,486,796台となり，2011年に至るまでの統計値では最大値を示している。1990年を境にそれ以降では，例えば富士重工が合理化の一環として400種類以上ある乗用車，商用車等のモデル数を半減させる中期経営計画を打ち出したり，ダイハツが経費削減の一環として一定の車型を減少させたりしている（陶山 1995, pp.144-145）。また，マツダではMI（マツダ・イノベーション）計画においてマーケティング戦略の改革と強化を骨子とした施策に転じている（久保田 1995, pp.63-64）。

一方で，新たなブランド戦略も各社で動きを見せている。トヨタの高級ブランドである「レクサス」は北米販売で成功した後に，日本市場に2005年に投入された。一般的には「レクサス」は，トヨタブランドとの認識はある程度なされているものの，トヨタの世界戦略の一環として敢えてメーカー名を表しない新ブランドとして注目されている。新ブランドとしては，ガソリンとモーターで走るハイブリッド車として販売された「プリウス」も，2009年にはマイナーチェンジされ，明確なコンセプトを掲げたことが，今日のブランド確立につながっている。

続いて，日産のブランド戦略の要はスポーティーカーである「スカイライン」の復活であり，その最上位ブランドである「スカイラインGT-R」のブランド独立化が大きい。2007年に発売された「GT-R」は，世界戦略を担う車種であるとともに，日産復活の象徴となったと言える。また，日産はトヨタに先行し

て次世代ゼロエミッションカーの「リーフ」に先行投資して，2010年に販売を開始した。いわゆる日産の量産型「100％電気自動車」の販売である。

ホンダは四輪車事業では最後発の自動車メーカーであるが，エンジン，安全システム，燃料電池の技術では世界トップクラスを誇っている。それらを武器に効率化を徹底して小型車「フィット」の生産に着手して，業績を回復させている。ハイブリッド分野でも，トヨタの「プリウス」に続き，比較的低価格の「インサイト」を2009年に販売してエコカーブランドの大衆化に貢献している。

以上，大手自動車メーカーの製品戦略からのコンテキスト（文脈）は，ブランド重視の製品戦略という流れが主流であるものの，①依然としての高級化，贅沢化に向けた消費への対応，②今日の多様化している少量消費への対応，③脱エネルギー社会を背景とした効率化，経済化への対応が読み取れる。

第4節　自動車産業のチャネル戦略

1. 草創期の自動車販売

戦前の日本における自動車の販売は，アメリカの自動車メーカーのフォードおよびゼネラル・モーターズ（以下GM）による日本法人（1925年の日本フォードおよび1927年の日本GM）の設立を契機に，当該法人による全国的なフランチャイズ・システムの確立に遡ることができる。当該法人とフランチャイズ契約をおこなった各ディーラー（販売店）には，販売担当地域，すなわちテリトリーが設けられており，一定数量の在庫および所定のディスプレイ・サービス工場の設置が契約条件として課されていた（塩地・キーリー 1994, p.3）。

1930年代に入り，国産自動車メーカーの代表格であるトヨタは，「豊田自動織機製作所自動車部」として設立（1933年）され，1937年にはトヨタ自動車工業株式会社が誕生している（大石 2009, p.230）。その後，トヨタは独自の専売店方式での販売網を構築していくが，それに加えて，1936年に公布・施行された「自動車製造事業法」を背景として，前述の各府県にある日本フォードや日本GMのディーラーを，①自社の専売店として転換させたり，②日本

フォードあるいは日本 GM のディーラーでありながら自社製品を併売させたりして，自社の販売網の整備拡充を図った（塩地・キーリー 1994, p.6）。

　この点は石川（2009）によれば，アメリカ自動車メーカーの販売を請け負っていた日本フォードと日本 GM の各ディーラーは，自動車製造事業法，軍需特化型生産によって日本市場から姿を消すが，販売店の数的制限を「一県一店制」にて行い，先の各メーカー製品のみの販売を行う「専売制」は，日本の自動車流通システムの源流となったことを指摘している。

2．ディーラー制度の萌芽期

　第二次世界大戦中は，自動車販売は配給統制が採られ，1942 年に設立された日本自動車配給[注5]およびその下部組織の地方自動車配給における自動車流通が行われたが，戦後まもなくの 1946 年 7 月には組織は解散した。戦後もこの統制体制は続き，とりわけ 1945 年 12 月に実施された「自動車配給要綱」により国産自動車の配給は決定的になったが，翌年の同要綱改正により，戦前同様にメーカーごとの自動車販売が可能となった。このことは，各メーカーによる排他的なマーケティング・チャネルの復活を意味する出来事として捉えることができる。

　戦後において積極的な自動車生産・販売に乗り出したのがトヨタである。トヨタは，既述の通り，戦前において日本フォードおよび日本 GM のディーラーを自社の専売店として取り込んだり，他社ディーラーに自社商品を販売させたりすることでチャネル構築を行ってきたが，特に地元資本を重視しながら，同時に他社ディーラーのリクルートも行うことで，販売力を強化していった（石川 2009, pp.53-54）。その後，トヨタは 1950 年に新しい販売会社であるトヨタ自動車販売（以下トヨタ自販）を設立することで本格的な戦後からの再建を果たした。

　一方，2 大自動車メーカーのもう 1 社の日産は，トヨタよりも早い段階の 1945 年に日産興業を改組して日産自動車販売（以下日産自販）を設立した。この日産自販は総代理店（卸機能を担った販売店）の役割を果たし，日産の完成品

および部品をディーラーへと販売したが，日産が1949年には日産の各ディーラーとの直接契約による直売制を採用したために，総代理店契約は解約されている（石川2009, pp.56-57）。

また戦前までは，ほぼ軍需のみの自動車生産に携わっていたために販売組織をもたなかったヂーゼル自工は，1946年にディーラー設置を試み，チャネル構築を開始した。

戦後のこの時期は，戦前に他社を凌駕していた日産の抱える有力ディーラーがトヨタのディーラーへと鞍替え，転向していくことが特徴である。つまり，トヨタでは生産志向に加えて販売政策としてのマーケティング志向が他社よりも先行しており，ディーラー制度の確立に非常に力を入れたことが，今日まで引き継がれることになる。

3. 複数チャネルの拡大とディーラー制度

上述したように，国内自動車メーカーは，海外メーカーのディーラーを自社専売店に転換していく過程で徐々に販売網を確立していく。そして，1954年の外貨割当制度によって海外メーカーの自動車の輸入制限が課され，その後の高度経済成長期と相俟って自動車生産を軌道に乗せていくことになる。

生産の拡大にともない，単一チャネルも複数チャネルへと変化していく。1960年代においては，貿易自由化（1965年）に向けて海外メーカーとの競争を意識した国内のチャネル構築が急務となっており，トヨタは1953年に「東京トヨペット店」を新設したのを皮切りに，1956年から全国展開した「トヨペット店」，1961年に「パブリカ店（現カローラ店）」，1967年に「オート店」を設置するなどの複数チャネル戦略を採用した。

日産は1956年に「モーター店」の全国展開を開始し，1965年の「サニー店」の一県三店制の採用，1970年の新ディーラー「チェリー店」の設置などの一方で，国際競争力強化の一環としてプリンス自工との合併を1966年に実施して生産・販売管理を確立していった。

他方この頃，東洋工業（1984年にマツダに改称）は「マツダ店」，「マツダオー

ト店」，いすゞは「いすゞ店」，「モーター店」を展開した（表8-2）。

表8-2 日本の主要自動車メーカーのディーラー系列（1970年）

メーカー名	ディーラー名	系列
トヨタ自工	トヨタ店	4系列
	トヨペット店	
	カローラ店（旧パブリカ店）	
	オート店	
日産	日産店	5系列
	モーター店	
	サニー店	
	チェリー店	
	プリンス店	
いすゞ	いすゞ店	2系列
	モーター店	
東洋工業	マツダ店	2系列
	オート店	

出所：石川 2009, p.89.

　しかし，この各自動車メーカーが採用した複数チャネル戦略は，現在のチャネル系列の基礎をなしているが，各ディーラー間での熾烈な競争を招き，いわゆる「複数系列競合」問題を引き起こす。例えば，トヨタにおいては1975年頃までの各系列店で取り扱うブランドはほとんど重複することはなかったが，1978年には大衆車店で上級車を販売したり，兄弟車発売にあたり各々を別系列店にて販売したりするなど，すでに市場セグメント戦略の機能を果たさない施策が採られた[注6]。

4. ディーラー制度の危機と再編

　すでに企業間競争が激化していた状況に加えて，自社チャネル内競争が激化していくのが1980年代から90年代である。バブル経済期までとそれ以降では様相は異なるが，新規需要よりも代替需要への期待が高まるなか，各自動車メーカーの施策は，①新ディーラーの設置と既存の各ディーラーの主要取り扱い車種の見直し等の新しいチャネル構築，②生産・販売の体制の再構築およびグローバル化へ向けた経営視野の拡大を意図する方向へシフトした。トヨタの

場合，1980年に既存チャネルに加えて「ビスタ店」を全国展開している。それにともない，店舗の新築，広告宣伝費の重点投入，店頭における販売員の教育力向上に努めている。収益改善のために，1982年にはトヨタ自工とトヨタ自販を合併してトヨタ自動車を発足させ，経営体質の強化および海外戦略も世界規模の体制で臨むことをアピールしている。

次に，この頃より「技術の日産」と呼ばれた日産もトヨタよりも多い5系列の複数チャネルを有していたが，1987年からの地域別体制への移行を契機に，5チャネル体制を4チャネル体制へと縮小して，自社販売のディーラー間競争を緩和させる施策を打ち出している。一方でバブル経済の象徴である高級車の「シーマ」を1988年に発売して，一大ブームを作り上げたが，既存ディーラーの再編もさることながら，常態化しつつあった経営面での改善策を余儀なくされることとなる。

マツダは「マツダ店」，「マツダオート店」，「オートラマ店」に加えて，新チャネルの「ユーノス店」，「オートザム店」の合計5チャネル体制を1989年に構築した。とりわけ，チャネル別のコンセプトが明確だったと言われるのは，外国メーカー車の取り扱いを中心とした「オートラマ店」，若年者向けのスポーティ車種の取り扱いを中心とした「ユーノス店」，「オートザム店」である。しかし，バブル経済崩壊後にはマツダの5チャネル構築は独自性を有していたものの，トヨタや日産のような強固な体制を構築する間もなく，実質的には3チャネルへと縮小へ転じていった。

各社のチャネル再編は，バブル経済崩壊以降，2000年代に加速する。それは各自動車メーカーの経営改善とともに実施されている。トヨタは2004年に1967年設置の「オート店」を「ネッツ店」に変更し，さらに1980年設置の「ビスタ店」をその傘下に組み込んでいく。また北米での販売が好調であった新ブランドの「レクサス」の店舗を2005年に設けることで，明確なチャネルにおける差別化を進めた。

日産は1999年にルノーとの資本提携に注力し，経営刷新を図るとともに，チャネル再編を2軸で実施している。すなわち，ブルーステージとレッドステージの2つの新コンセプトの下でのチャネル再編を行い，ブランドの再復活を含

めた販売力を高めている。

ホンダは「クリオ店」,「ベルノ店」,「プリモ店」でのチャネル構築を実施していたが，2006年にはそれらを統合して単一チャネルへ移行して，「Honda Cars」における販売戦略にシフトしている。

第5節　今後の展望

1. 戦略変化の確認

自動車産業における主要メーカーの市場行動を端的に示し，かつ理解を深めるために，自動車製品のライフサイクルを軸に据えながら，4P's戦略のうちで主要部分を占める製品戦略およびチャネル戦略を見てきた。特に日本の自動車産業のマーケティング行動を特徴づけてきたのがチャネル戦略である。自動車の進化とともに自動車産業におけるディーラー制度が採用されてきた歴史は看過できない。本章では自動車販売におけるチャネル構築とその拡大・縮小の趨勢を時系列に見ることで，自動車産業のチャネル戦略の意義を確認した。

今一度，自動車産業の製品・チャネル戦略の変化を，表8-3で確認することにする。

表8-3　自動車産業の製品・チャネル戦略の変化

	製品ライフサイクル	生産体制・技術面等	販売志向	製品戦略	チャネル戦略
1940〜50年代	導入期	海外メーカーからの技術移転	プロダクト・アウト	模倣	専売・併売の禁止
		国産技術の開発		新製品開発	単一チャネル，系列店
1960〜70年代	成長期	各社の模倣・新技術の移転		新製品開発，製品差別化	複数チャネル，系列店
1980〜90年代	成熟期	工場の海外移転の加速	マーケット・イン	製品差別化	複数チャネル，系列店
		事業部編成や経営統合		フルライン（市場細分化）	複数チャネルの絞り込み
2000年代		環境を意識した効率化		グローバル	
				新コンセプト	新チャネルの模索

注：各戦略においては当該時期固有のものも含む。
出所：筆者作成。

自動車のマクロ的な製品ライフサイクルに基づいて1940年代から2000年代までを大きく導入期，成長期，成熟期の3つの区分に分割することができる。販売志向は，前半部分のプロダクト・アウト志向が1970年代を境にマーケッ

ト・イン志向へと変化する。製品戦略は海外メーカーの模倣を組織学習効果で国産技術開発へと活かし，新製品開発へと資本投入がなされてきた。やがて，企業間で競争関係が明確となり，製品差別化が戦略に盛り込まれ，市場細分化（セグメンテーション）や標的化（ターゲティング）も重視される。そして今日，市場の成熟化にともないグローバル競争も視野に入れた戦略がマーケティングとして要求され，新製品開発にも新コンセプト戦略が必須となってきている。

他方，日本の自動車の販売は，戦前から海外自動車メーカーの販売店のフランチャイズ・システムを取り込み，自社の専売店化あるいは併売店化していく過程から始まる。そして，戦後メーカーとは経営を異にした独立専門の販売会社の販売店（ディーラー）における自動車販売が定着していく。やがて，製品多様化にともない複数のチャネル構築が戦略として定石となっていく。しかし，複数チャネル戦略は，メーカーにとっては競合他社間におけるブランド競争ではなく，自社内におけるブランド競争を招いた。つまり，市場細分化の結果，どのディーラーも大衆車から高級車までをも揃え，ディーラー間における熾烈な販売競争を引き起こす結果となっている。現在ではチャネル再編と新チャネルを模索する時代に突入している。

2. 今後の課題

日本の自動車産業は，戦後の経済を牽引してきたが1960年代から90年代前半にかけての競争行動パターンは，その発展段階に着目すれば，「プロダクト・イノベーション競争」から「プロセス・イノベーション競争」への移行であった[注7]。それは常に製品の品質向上を目指し，さらなる改善を模索しつつ，大量生産を意図しながら生産コストを削減するための創意工夫の連続である。その成果は「トヨタ生産方式」に代表されるような世界的に有名な技術力を駆使した仕組み作りを含む生産システムの改革を生み出したと言える。

しかし，1990年代以降のIT革命による製造業を取り巻くグローバル経済の加速は，デジタル化やモジュール化というキーワードに象徴されるように日本の製造業の生産環境を劇的に変化させ，製造面だけでなく販売面における脆

弱性を露呈し，競争優位性を低める方向に作用してきている。

　今後の自動車産業におけるマーケティング戦略には，成熟化した市場での新たなビジネスモデルの投入が求められている。例えば，安部（2011）が指摘するブルー・オーシャン戦略を自動車産業のマーケティング戦略に当てはめてみるとわかりやすい。それは，国内市場にも海外市場にも該当する。当然，新興市場における市場成長性を重視しての販売戦略を打ち立てるのか，あるいは中国市場を例として，都市部（東部沿岸部）と地方部（内陸部）とで大きな格差が生じている空白地帯を狙うのかという市場観も要求されてくるであろう。

　最重要課題であるのが，自動車メーカーの製品のリサイクルまでをも視野に入れた環境問題への取り組みである。その先駆的事例は北九州市にある北九州市エコタウンにおける自動車リサイクルシステムの構築等である。自動車のリサイクル工程で生じる「シュレッダーダスト」の削減なども，今後各メーカー一丸となって取り組むべきマーケティング上の課題であり，それは山積している。

　ともあれ，自動車産業における製品戦略やチャネル戦略をマーケティング・ミックスとして駆使する前に十分な顧客満足の分析は必要となるであろう。

注
1）ここでは，資本参加，合併，買収としての資本提携および技術供与，完成車供給，共同生産などの技術提携が含まれる。
2）折しも，社会現象とまでなった1974～78年頃の「スーパーカーブーム」は，日本の自動車産業にとっても追い風となった。
3）このことが同一メーカーにおけるディーラー（販売店）間の競争構造を生み出すことへと繋がる（白石1995, p.122）。
4）フルライン戦略における過度な新製品の投入は，オーバー・セグメンテーション問題を引き起こす。したがって市場セグメント数を絞り，適度なブランド数を管理することで規模の経済の部分的回復に基づいたコスト引き下げを行い，低価格製品の生産に向けたカウンター・セグメンテーション戦略が必要であることを陶山氏は主張する。
5）自動車統制会（1941年12月発足）の配給機関である。なお戦時中には12の重要産業部門で統制会設立が指定された。
6）この点は，自動車市場が成熟し当時の新規需要後の買換需要に対応するために，トヨタの各系列店が，大衆車から上級車までを取り揃えることで生じたとされる（塩地・キーリー1994, p.91）。
7）商品の標準仕様による企業間競争が，商品の大量生産仕様によるコスト競争へと移

行することを指す。

参考文献
1) 安部義彦（2011）『ブルー・オーシャン戦略を読む』日本経済新聞出版社。
2) 石川和男（2009）『自動車のマーケティング・チャネル戦略史』芙蓉書房出版。
3) 石川和男（2011）「自動車流通における企業境界の変化」渡辺達郎・久保知一・原頼利編『流通チャネル論』有斐閣。
4) 大石芳裕（2009）「トヨタ自動車」大石芳裕編『日本企業のグローバル・マーケティング』白桃書房。
5) 久保田秀樹（1995）「チャネル管理と問題点」曽我信孝編『マツダマーケティング戦略』白桃書房。
6) 塩地 洋，T.D. キーリー（1994）『自動車ディーラーの日米比較』九州大学出版会。
7) 塩地 洋（2002）『自動車流通の国際比較』有斐閣。
8) 塩見治人（2008）「対日『逆キャッチアップ』とそれへの対応」塩見治人・橘川武郎編『日米企業のグローバル競争戦略』名古屋大学出版会。
9) 下川浩一（1989）「自動車メーカーのチャネル戦略の展開方向」『季刊マーケティングジャーナル』第35号。
10) 下川浩一（2009）『自動車産業危機と再生の構造』中央公論新社。
11) 白石善章（1995）「自動車のマーケティング」マーケティング史研究会編『日本のマーケティング』同文舘。
12) 椙山泰生（2009）『グローバル戦略の進化』有斐閣。
13) 陶山計介（1995）「自動車産業のマーケティング」角松正雄編『日本企業のマーケティング』大月書店。
14) 東洋経済新報社編（2011）『会社四季報業界地図2012年版』東洋経済新報社。
15) 宮崎智彦（2008）『ガラパゴス化する日本の製造業』東洋経済新報社。
16) Cusumano,M.A. (1991), *The Japanese Automobile Industry;Technology and Management at Nissan and Toyota*,1991, 4th ed., Harvard University Press.
17) Liker,J.K. and Meier,D.(2006),*The Toyota Way –Fieldbook : A Practical for Implementing Toyota's 4P's*, NY, McGraw-Hill.

第9章 化粧品マーケティング

第1節　化粧品産業の特徴

1. 化粧品の定義

　化粧品については，薬事法によると，「人の体を清潔にし，美化し，魅力を増し，容貌を変え，また皮膚もしくは毛髪を健やかに保つために，身体に塗擦，散布その他これらに類似する方法で使用されることが目的とされている物で，人体に対する作用が緩和なもの」（第2条第3項）と定義されている（光澤・神保1995，p.159）。具体的には，人の体を清潔にする洗浄用化粧品，美化し魅力を増し容貌を変えるメイクアップ用品，皮膚もしくは毛髪を健やかに保つ基礎化粧品および頭髪用品，香水・オーデコロン類（魅力を増しに該当）といった用途の製品から成り立っている（山岡1990，p.30）。

　さらに，化粧品はコスメチック（cosmetic）とトイレタリー（toiletry）の2つのカテゴリーに分けることができる。第1に，コスメチックとは，基礎化粧品，メイクアップ用品，香水・オーデコロン類などで，製品の持つ用途・機能によって専門的な知識を必要とするもので，付加価値が高いものが多い。

　第2に，トイレタリーとは，石鹸，歯みがき，シャンプー，ヘアリンス，制汗剤などの体を清潔に保つための日常生活必需品としての化粧品を指している。これらの製品は，コスメチックに比べると高くなく，低価格な製品が多く，日用雑貨を主販売する店を中心に幅広く展開されている（山岡1990，pp.30-31，光澤・神保1995，p.159）。

　資生堂をはじめとするわが国の化粧品の大手メーカーは，コスメチック，トイレタリーの両方を取り扱っているケースが多くみられる。しかし，コスメチッ

クとトイレタリーとでは，メーカーにおける事業部門が異なる場合も多く，化粧品事業としてはコスメチックを指すケースが多い。

そこで，本章では，コスメチックを事業の中心とするメーカーを化粧品メーカーと定義し，化粧品産業のマーケティングについて述べていくことにしたい。

2. 化粧品の流通システム

わが国における化粧品は，その流通システム上の特徴から4つの形態に大きく分類することができる(表9-1)。第1は制度品流通システムとよばれるもので，メーカーから自社系列の販売会社を経由し，取引契約を締結している系列小売店を通じて一般消費者に販売される商品の流通システムである。

この流通システムはもともと1923年に資生堂が乱売防止を目的として資生堂チェーンストア制度を導入したのが始まりである。その後1927年には各地の問屋（卸売業）とともに販売会社を設立し，現在の流通システムの形が出来上がることになる（山岡 1990, p.97, 水尾 1998, p.14）。戦後，資生堂は，1953年に制定された再販売価格維持制度のもとで定価販売に守られながら（水尾 1998, p.14），制度品流通システムを基盤として化粧品業界のリーディングカンパニーへと成長を遂げることになる。

また，制度品流通システムは，資生堂以外にカネボウ，コーセー，花王（ソフィーナ）といった戦後に成長を遂げ，現在でもわが国の化粧品市場において上位のシェアを占めるメーカーで多く採用されているのが特徴であり，戦後のわが国の化粧品メーカーのマーケティングにおいて中心的役割を果たしてきた流通システムであるといえる。

第2は，一般品流通システムであり，この流通システムでは，メーカーから商品が自社系列の販売会社経由ではなく，一般の卸売業者を経由し小売店を通じて消費者に販売される（水尾 1998, p.15）。先に述べたように戦後は制度品流通システムが化粧品業界において中心的な位置を占めるようになるが，戦前期にはこの一般品流通システムが中心であった。

そういう歴史的背景もあって，一般品流通システムを採用しているメーカー

の代表例としては，柳屋本店，キスミーコスメチックス（旧伊勢半），クラブコスメチックス（旧中山太陽堂）といった明治期から昭和戦前期までに興隆したメーカーが多くみられる（水尾 1998, p.16）のが特徴である。

　第3は，メーカーの支社，販売会社，代理店などを経由し，地区営業所に所属するセールスレディ（あるいはセールスマン）が，家庭訪問や事業所訪問を行い直接消費者に販売する訪販品流通システムである（山岡 1990, p.90, 水尾 1998, p.17）。訪販品流通システムを採用しているメーカーの代表例としては，ポーラ，ノエビア，メナード等があげられる。

　第4は，通販流通システムであり，消費者が電話やインターネットで申し込むと，メーカーから郵便や宅配便で消費者に直接送付・販売される商品で，代表的メーカーとしてファンケル，再春館製薬等があげられる（水尾 1998, pp.18-19, 香月 2010, pp.311-313）。

表9-1　化粧品の流通システム

流通システム	流通経路
①制度品流通システム	メーカー → 販社・支社 → 小売店 → 消費者
②一般品流通システム	メーカー → 代理店・問屋 → 小売店 → 消費者
③訪販品流通システム	メーカー →販社・支社 → 営業所 → セールスレディ（セールスマン） → 消費者
④通販流通システム	メーカー→消費者

出所：水尾 1998, p.13 を修正。

　これらの流通システムについては，同じメーカーで一つの流通システムのみが採用されているとは限らない。例えば，資生堂の場合は，先に述べたコスメチックに該当する製品は制度品流通システムを採用しているが，トイレタリー製品の場合は，メーカー→販社→問屋→小売店→消費者といったコスメチック製品とは異なった流通システムを採用している（矢作 1996, p.260）。

3.　消費者意識の変化に伴う従来型マーケティングの限界

　わが国における化粧品産業は，戦後高度経済成長のなかで，消費者を一つの顧客集団として製品を展開し，マス・メディアを利用した全国的規模の広告・

宣伝活動を行い，消費者を全国的に画一的に整備された系列店に吸引する，いわゆる大量生産＝大量販売型（神保 1996, pp.41-44，小川 2010, pp.207-209）の従来型マーケティングによって成長を遂げてきた。しかし，この従来型マーケティングは，1970年代後半から行き詰まりだし（神保 1996, pp.44-47），1990年代に入ると戦略転換が求められるようになった。

このように，従来型マーケティングからの脱却が求められるようになる理由としては，まず消費の個性化や多様化があげられる。具体的には，女性の社会進出や高齢化社会の影響から，消費者欲求が個性化し，その結果として個人的志向が消費者行動に大きく影響するようになり，個々の製品を購入するだけでなく，それを個々人の志向に合った消費生活のために自由に享受する消費者が増加するようになった。さらに，消費者運動，環境問題，そして市場経済で遵守されるべき取引規範としての製造物責任問題へと拡大し，生活者志向と呼ば

表 9-2　年度別化粧品出荷額，国民一人当たり化粧品消費高（1989-2009）

（　）内は対前年比

年度	金額（千円）	人口（千人）	人口一人当たり消費額（円）
1989年	1,239,640,230 (3.6%)	123,255	10,058
1990年	1,264,889,427 (2.0%)	123,612	10,262
1991年	1,325,747,524 (4.8%)	123,611	10,725
1992年	1,363,957,519 (2.9%)	124,452	10,960
1993年	1,397,868,000 (2.5%)	124,764	11,204
1994年	1,431,935,000 (2.4%)	125,033	11,453
1995年	1,428,374,000 (－0.2%)	125,570	11,375
1996年	1,463,166,000 (2.4%)	125,864	11,624
1997年	1,518,887,000 (3.8%)	126,166	12,039
1998年	1,479,783,000 (－2.6%)	126,486	11,699
1999年	1,476,763,000 (－0.2%)	126,686	11,657
2000年	1,426,615,000 (－3.4%)	126,926	11,240
2001年	1,428,741,000 (0.1%)	127,370	11,217
2002年	1,434,246,000 (0.4%)	127,435	11,254
2003年	1,437,727,000 (0.2%)	127,680	11,233
2004年	1,422,141,000 (－1.1%)	127,687	11,138
2005年	1,505,637,000 (5.9%)	127,753	11,784
2006年	1,499,725,000 (－0.4%)	127,770	11,738
2007年	1,510,696,000 (0.7%)	127,662	11,832
2008年	1,507,105,000 (－0.2%)	127,529	11,817
2009年	1,390,243,000 (－7.8%)	127,413	10,911

出所：『2011年版 粧界ハンドブック 化粧品産業年鑑』週刊粧業，2010年, p.111, p.131 より作成。

れる生活者としての欲求が生じてくるようになった（垣本 2005, p.15）。

また，この時期には量販店やドラッグストアに押されて化粧品専門店の業績不振が目立つようになる（垣本 2003, p.127）など，チャネル間の競争も激化してくるようになる。

以上のような経営環境の変化がみられるなか，それまで増加傾向にあった化粧品の年度別出荷高，国民一人当たりの化粧品消費高も 1990 年代後半以降は増減を繰り返すようになった（表9-2）。高度経済成長期以降，わが国の化粧品業界をリーダー企業として牽引してきた資生堂についても，1990 年代後半以降は必ずしも売上高が増加傾向にあるとはいえない（図9-1）。

しかし，資生堂は，1990 年代後半にはマーケティング戦略の転換を図り，その後も国内市場におけるリーディングカンパニーとしての地位を維持し続けている（表9-3）。そこで，次節では，資生堂を具体的事例として取り上げ，90年

図9-1　資生堂の売上高推移（1995-2010年，連結売上高）

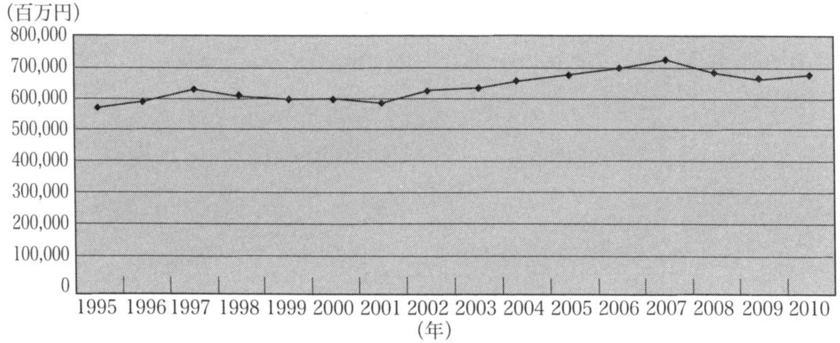

出所：資生堂有価証券報告書第97-108期，110-111期より作成。

表9-3　化粧品メーカーの国内市場シェア（2010年）

順位	メーカー	シェア（%）
1位	資生堂	23.7
2位	カネボウ化粧品	16.5
3位	コーセー	10.3
4位	ポーラ・オルビスHD	8.6
5位	花王	6.3

出所：日経産業新聞2011年8月2日。

代後半におけるマーケティング戦略の転換についてみていくことにしたい。

第2節 資生堂のマーケティング戦略

1. マーケティング戦略の転換

　資生堂は，1995年10月に，新マーケティング戦略を発表した。この新マーケティング戦略は，資生堂が従来とってきたマーケティング戦略の重点を次の3方向にシフトさせようというものである。すなわち①商品の品質とカウンセリング（対面販売）品質の充実・強化，②カウンセリング内容の区別による個別的要望への対応，③セルフ・セレクション（対面販売を必要としない）の化粧品における商品選択のための的確な情報の提供である。

　具体策としては，①品質基準の革新（「お客様品質」を基準に），②カウンセリング品質の向上とスーパーカウンセラーの養成，③チェーン契約の複線化（顧客特性，立地条件等を踏まえた複数のブランド別契約），④チェーンストアの個性化推進（主たる顧客層の要望に沿った取扱ブランド，取扱商品，店のデザイン，カウンセリング等の組み合わせにより店舗の個性化を推進），⑤ボーダレス社会への対応，⑥コスメティックガーデンCの拡大，⑦組織機構改革といったものである（垣本2003, p.129）。

　以上のように，資生堂はマーケティング戦略の改革に本格的に乗り出すことになった。そこで，1990年代後半において資生堂がマーケティング活動の各領域において，いかなる戦略を展開していったのかについてみていくことにしたい。

2. 1990年代後半における資生堂のマーケティング戦略

(1) 製品戦略

　1990年代後半における製品戦略としては，既存の主力ブランドの強化およびチャネル対応型ブランドの導入が図られている。まず，既存の主力ブランドの強化策として，25～54歳の女性を対象とするブランドであるエリクシールブランドについての事例をあげておくことにする。

もともと同ブランドは，肌の悩みである「くすみ」に焦点を当てたスキンケアブランドとして発売されたもので，1995年10月にリニューアルを図り機能性をアップさせた。さらに翌96年にはマッサージとパックのダブル機能を持った集中ケアマスク「エリクシールエステティブマスク」と明るい素肌が手軽に実感できる日中用乳液「エリクシールトーンアップデーミルク」を発売した。

　発売の背景としては，家庭や仕事で多忙な毎日を過ごすといった女性の社会進出があり，またいつまでも若く美しくあるためには，効果的な手入れは大切という意識が同ブランドの顧客層の間で強く実感されていた。そこで，これらのアイテムは，そうした彼女たちの化粧ニーズに応えるために，「無理なく手軽に，しかも快適に，楽しく満足感の高い手入れができる」というコンセプトで開発されたものである（垣本 2003, pp.135-136）。

　また，同ブランドは，1998年に「くすみのない，うるおい，はりのある明るい肌」への新たな技術対応として，皮脂の酸化を防ぐ生体関連成分「チオタウリン」（皮脂抗酸化成分）を配合したことで，肌にはりと潤いを与えるというブランドリニューアルを図った。排気ガスやスモッグ，タバコの煙，紫外線などの悪影響が肌表面の皮脂を酸化させ，肌機能を低下させていることに着目したものである（垣本 2003, p.136）。

　次にこの時期に導入されたチャネル対応型ブランドとして，専門店対応型ブランド，百貨店対応型ブランドについて代表的なものをあげておきたい。

　第1に，専門店対応型ブランドについては，資生堂は1996年にベネフィークブランドを発売した。同ブランドは，一人ひとりの客の肌の状態を正しく把握し，表皮ケアと真皮ケアの両循環によって，肌本来が持つ活力を高めることを基本コンセプトとしており，30代後半から40代の女性を対象としたものである（垣本 2003, p.139）。

　第2に，百貨店対応型のブランドについては，資生堂は1996年にSブランドを発売した。商品構成は，基礎化粧品およびメイクアップ用品で構成され，百貨店の主力顧客層である25〜35歳のキャリアウーマンをターゲットとしたものである（垣本 2001, p.8）。

(2) 価格戦略

　1990年代後半に発売されていた資生堂のブランドを価格帯別にみていくと，高価格 (5,000円以上)，中価格 (2,000円以上5,000円未満)，低価格 (2,000円未満) と，それぞれの価格帯を中心とするブランドを展開している。代表的ブランドとしては，高価格ブランドとしては，リバイタル (1981年発売, 900〜20,000円)，クレ・ド・ポー・ボーテ (1996年発売, 1,500〜50,000円)，中価格ブランドとしてはエリクシール (1983年発売, 650〜8,500円)，ユーヴィーホワイト (1985年発売, 800〜6,500円)，低価格ブランドとしてはパーキージーン (1982年発売, 350〜3,600円)，ヌーヴ (1994年発売, 280〜800円) 等があげられる[注1]。

　なかでも，高価格ブランドでは35歳以上の女性を対象とするリバイタルを展開し，低価格ブランドのパーキージーン，ヌーヴはいずれも10代から20代前半の女性を対象としていることから，価格帯別のブランドによってあらゆる年代の需要層に対応した市場細分化戦略を図っていることが明らかである。

　これらの価格帯別市場細分化のほかに，さらに1990年代後半における戦略上の特徴として，小売価格を顧客との接点である販売店が，提供するサービスの内容などを考慮して独自に決定するオープンプライスを採用したことがあげられる。このオープンプライスは，ベネフィークブランド，ナチュラルズブランド (1996年発売) において採用された (垣本 2003, p.142)。

(3) プロモーション戦略

1) 広告

　化粧品の広告の場合は，ムードやイメージを確立するメッセージを作成することは不可欠であり，消費者の心に他社製品とは差別化されたイメージを植えつけることが必要となるため，テレビをはじめとするマス・メディアを利用したブランドプロモーションが展開されてきた。また，季節ごとに展開されるシーズンキャンペーンではイメージキャラクターを起用し，流行を作り出し，CMから数々のヒットソングを生み出してきた。さらに，CMソングは宣伝から独立した新しいコミュニケーション媒体としてキャンペーンをバックアップするまでにもなった (垣本 2005, p.16)。

しかし，1990年代後半には，以上のようなムードやイメージを確立するばかりでなく，消費の個性化・多様化傾向のなかで製品そのものの持つ機能を訴求するような広告も展開されるようになった。例として主力ブランドのひとつであるエリクシールの1998年リニューアル時においては，イメージモデルに小泉今日子を起用し，「さびない，ひと」のタイトルのもと，TVや雑誌などを通して，肌も心もさびることのない，明るく前向きで生き生きとした女性像をメッセージしている。また，1997年4月に「美しく粧った時，新しい時間と誇りが生まれる」ことをブランドコンセプトとして発売されたプラウディアブランドにおいては，世界的カメラマンであるリチャード・アヴェドンにより，肌の仕上がりの美しさを訴求した（垣本2005，p.17）。

2）人的販売

資生堂は，販売員の教育・訓練の一環として美容部員のカウンセリング力を強化するため，1997年に，消費者の個性に応じた美容方法を提供できるトータル・ビューティー・クリエイター（TLBC）の育成を本格化した。このTLBC育成策は，資生堂の伊豆研修所（静岡県熱海市）に12日間宿泊し，消費者ニーズを汲み取るコミュニケーション技術や個性を引き出す美容法などの講座を設けた（垣本2005，p.17）。

3）その他のプロモーション

広告戦略，人的販売以外のプロモーション戦略として，コスメティックガーデンCの開設による顧客サービスの提供があげられる。

コスメティックガーデンCとは，販売を一切行わず顧客に自由に化粧品を試してもらう化粧品のショールームとしての機能と，最新の機器を活用した幅広いカウンセリングサービスを提供できるという機能，また個々から得たダイレクトな顧客情報を，商品開発をはじめとするマーケティング全般に生かしていくことを目的に1994年2月に東京・表参道に開設された。開設以来，多くの顧客に支持され，来場者は1996年4月末までに述べ40万人（月平均1.5万人）にのぼっていた。

さらに2年後の1998年には，パソコンにデジタルカメラと肌測定用機器を

接続し，顧客の肌情報をパソコンに取り込み，「肌の色」と「顔立ち」の両面から最適なメイクアップを提案し，両面の上で化粧の仮想体験ができるシステムである「ビューティー・ナビゲーター」を開発し，コスメティックガーデンCに併設した。このビューティー・ナビゲーターは販売を一切行わず，顧客が自由に化粧品を試せるという機能を生かし，顧客との双方向なコミュニケーション，情報の交換システム，プレゼンテーション性の高い自由選択システムの構築を目的に，資生堂が長年蓄積した美容ソフトを最先端のハードにのせて開発されたものである（垣本2005，p.18）。

(4) チャネル戦略

資生堂にとって，系列店（チェーンストア）の強化策が課題となる。まず，チェーンストアの個性化推進策がとられるようになった。具体的にはチェーンストアをニーズ別に対応させるため「消費者の購入の仕方」＝「店の売り方」で次の3タイプに方向付けた。

①ハイタッチカウンセリング—高度でパーソナルなカウンセリング，すなわち顧客に合った応用カウンセリングを実践するチェーンストア。

②ベーシックカウンセリング—気軽な雰囲気で相談ができて使い方や商品説明など基本的なカウンセリングをして欲しいという顧客が多いチェーンストア。

③品揃え＆アドバイス—商品に自由に触れられて必要に応じて知りたいことを的確にアドバイスしてもらいたいという顧客が多いチェーンストア。

さらに，売り場面積100㎡以上で集客力の高い場所に立地し，5～10メーカーの商品を扱っている店を対象に「ザ・シンボリックショップ構想」を提案した。このシンボリックショップとは，メーカーの看板を取り去り，ブランド，売り方，店舗を融合させ，「21世紀型の専門店づくり」を具現化した店舗であり，店づくりにおける基本的要素は，ブランドが見える，商品を生かす売り場であること，そして商品を顧客に自由に選んでもらい，必要があればアドバイスや本格的なカウンセリングを行うものとした。

資生堂にとっては，メーカー名の看板を掲げないかたちにする同戦略をとることで，店舗内の系列色が薄まることになるが，それでも，同戦略の目的とし

ては，顧客にとって利便性の高い売り場づくりを提案し，化粧品専門店の業績自体をてこ入れすることで，自社製品の販売増にもつなげる狙いがあった（垣本2003，pp.129-130）。

第3節　化粧品マーケティングの現状

前節で述べたように，1990年代後半にはマーケティングの戦略転換がなされ，その後も資生堂はわが国におけるリーディングカンパニーとしての地位を維持し続けている。しかし，資生堂の売上高は2007年をピークに下降気味である。2010年の売上高は増加しているものの，これは海外売上高の増加によるものが大きく，国内売上高は減少している[注2]。

国内での売上高が減少しつつある現在，海外での新たな市場開拓を進めていくと同時に，国内市場における戦略強化も求められるようになる。そこで，最近の資生堂のマーケティング活動について，以前にも増して積極的に展開されつつある海外戦略，および国内市場における戦略について事例を取り上げみていくことにしたい。

1．海外市場における展開

まず，2006年から発売されているヘアケア製品のブランドであるTSUBAKIブランドの海外展開についてみていくことにする。同ブランドは，シャンプーやコンディショナー等からなるいわゆるトイレタリーに分類される製品であり，日本以外に香港，中国，台湾，韓国，タイ，シンガポール，マレーシア，ロシアでも販売されている。2011年には，アジア全域での展開を目標とするために，製品開発，およびプロモーション面における同ブランドの強化が図られることになる（国際商業2012年3月号）。

第1に，製品開発については，2011年7月に長崎県の五島列島産のツバキ油を配合し，保湿・保護効果を大幅に高めることによる製品の機能性の強化が図られている。第2に，プロモーションについては，アジア各国での広告戦略

を展開するために，同年12月から日本人モデルのほかに，中国，ロシア出身の広告モデルも起用されるようになった（国際商業2012年3月号）。

以上のようなアジア地域以外にも，最近新興国における市場開拓は積極的に展開されている。代表例として，2010年度には米国，日本に次ぐ世界第3位の化粧品市場に成長したブラジルについては，2012年に資生堂は子会社であるベアエッシェンシャル（米国カリフォルニア州）の主力ブランドベアミネラルの販売を開始した。ブラジルの化粧品市場は需要の拡大が見込まれるため，資生堂は，現地の直営店や化粧品専門店を販売チャネルとしてベアミネラルブランドを展開し始めたのである（日本経済新聞2011年12月14日）。

2. 国内市場における展開

国内市場におけるマーケティング戦略の代表例としては，最近以前にも増して積極的に展開されるようになってきているウェブ・マーケティングについて取り上げておくことにしたい。

まず，資生堂は，2012年4月にインターネット上の仮想商店街「ビューティー・アンド・コー」を開設した。このビューティー・アンド・コーは資生堂以外にパナソニックやJTBといった他の業種も参加し，業界の垣根を越えて幅広い業種のネット通販と連動させ，相互に顧客を融通しあうことを目的とするものである（日本経済新聞2011年12月16日）。ネット通販については，美容家電，化粧品，ヘルスケア，ファッションなど10カテゴリーから情報を発信し，消費者が商品を購入できるようにしている（ビューティー・アンド・コーホームページ）。

また，専門サイト「ワタシプラス」を開設し，一部の高価格ブランドを除くほとんどの自社製品のインターネット販売を開始した。このワタシプラスでは，予約すれば動画や電話を使って化粧方法の指導なども受けることができ，また，店舗でのカウンセリングをインターネットで予約できるようにした（読売新聞2012年4月30日）。

資生堂がそれまで慎重であったインターネット販売に参入した理由としては，ネットを頻繁に利用する10〜20代の若年層をそれまで十分に取り込め

ていなかったという危機感によるものである（日本経済新聞 2011 年 4 月 13 日）。また，背景としてカウンセリングを受けることにわずらわしさを感じる若い女性が増加してきたこともある（読売新聞 2012 年 4 月 30 日）。

　また，資生堂は以上のようなウェブ・マーケティングばかりでなく，高齢者施設での美容サービス（日本経済新聞 2011 年 6 月 24 日）や，2011 年の東日本大震災の被災地では美容部員が被災者に対するボランティア活動を行う（産経新聞 2011 年 6 月 17 日）など，社会貢献活動を積極的に展開している。こうした活動は，企業のイメージアップにつながり，資生堂が長年にわたって幅広い消費者層に受け入れられ，かつリーディングカンパニーとしての地位を維持し続けている要因の一つではないかと考えられる。

　しかし，最近の国内市場においては，細分化しつつある消費者層に対し，国内外の多様なメーカーが進出してきている。国内のメーカーについては，特にロート製薬や富士フイルムといった異業種からの新規参入が活発である。今後は，こうした競争環境の変化に伴い資生堂も国内市場においては，これまで以上に戦略の強化が求められるであろう。

注
1) 価格については，各ブランドが最初に導入された年から 1999 年までの間に発売された新製品の価格であり，かつ，株式会社資生堂社内報『椿の友』（1981 － 91 年），『週刊粧業』（1990 － 95 年），『東京小売粧報』（1993 － 99 年），『化粧品マーケティング総鑑 88 年版』矢野経済研究所，1988 年，『化粧品石鹸年鑑（1991 年版，1994 － 98 年版）』日本商業新聞社，資生堂宣伝部編（1992），資生堂企業資料館研究紀要編集委員会編（1997），資生堂企業資料館研究紀要編集委員会編（1998）より判明分。
2) 2010 年度の海外売上高は，2009 年度の 2,375 億円から 2,878 億円へと増加しているが，国内売上高は，4,067 億円から 3,829 億円へと減少している（資生堂第 111 期有価証券報告書）。

参考文献
1) 小川孔輔（2010）「日本的マーケティングの源流とその戦後史」橘川武郎・久保文克編著『講座・日本経営史　第 6 巻　グローバル化と日本型企業システムの変容―1985 〜 2008―』ミネルヴァ書房。
2) 垣本嘉人（2001）「90 年代の化粧品産業のブランド戦略―資生堂・カネボウを事例として―」（國學院大學大学院）『國學院大學経済学研究』第 32 輯。
3) 垣本嘉人（2003）「90 年代後半の化粧品産業のマーケティング―資生堂を中心に―」

(九州産業大学大学院)『商学研究』第 2 巻第 1 号。
4) 垣本嘉人 (2005)「90 年代後半における化粧品メーカーのプロモーション戦略―資生堂を事例として―」『日本産業科学学会研究論叢』第 10 号, 日本産業科学学会。
5) 香月秀文 (2010)『新版 化粧品マーケティング』日本能率協会マネジメントセンター。
6) 資生堂企業資料館研究紀要編集委員会編 (1997)『おいでるみん』Vol.4, 株式会社資生堂企業文化部, 資生堂企業資料館。
7) 資生堂企業資料館研究紀要編集委員会編 (1998)『おいでるみん』Vol.5, 株式会社資生堂企業文化部, 資生堂企業資料館。
8) 資生堂宣伝部編 (1992)『資生堂宣伝史』株式会社資生堂。
9) 神保充弘 (1996)「低成長期における化粧品のマーケティング―差別的マーケティングの機能と限界に関する一考察―」(同志社大学大学院)『同志社大学大学院商学論集』第 31 巻第 1 号。
10) 水尾順一 (1998)『化粧品のブランド史 文明開化からグローバルマーケティングへ』中公新書。
11) 光澤滋朗・神保充弘 (1995)「化粧品のマーケティング」マーケティング史研究会編『日本のマーケティング―導入と展開―』同文舘。
12) 矢作敏行 (1996)『現代流通―理論とケースで学ぶ―』有斐閣。
13) 山岡良夫 (1990)『化粧品業界』教育社新書。

第10章 食品マーケティング

第1節　食品産業の構造

1. 食品産業の定義

　食品産業とは,「農畜産物や水産物の各種形態の原料を加工処理し,加工食品として流通・消費されるまでの総合的な供給体系を構成しており,原料の加工処理の段階としての食品製造工業,流通段階としての食品卸売業と小売業,さらには食品サービス業としての外食産業等からなっている」(宇野 1995, p.175)。これを本章では狭義の食品産業と呼ぶ。さらに,広義には,農業や水産業から構成される原料の生産段階及び流通段階なども含まれる。

　広義で食品産業を捉えると,食品は生鮮食品と加工食品に大別される。生鮮食品は,青果物,水産物と精肉のように自然に採取される素材として,末端の消費者に提供される。これらの食品は鮮度や安全性が要求され,卸売市場制度を基軸にして生鮮食品流通が形成されている。青果,魚介や精肉といった生鮮食品は,品質の劣化がはやく,鮮度の維持が難しい反面,消費者からは新鮮さが求められる。さらに生鮮食品は天候などの諸要因によって収穫量が変動し,その結果,価格が大きく変動するので,需給調整を行い,価格をできるかぎり安定化させる必要がある。また生産者が小規模で散在することから,それらを1カ所に集荷した上で,各消費地に分散し,供給することが求められる。こうした需給調整と集荷,分散の拠点となっているのが卸売市場である。卸売市場は生鮮食品の流通において重要な機能を発揮しているが,他方で卸売市場を介さない市場外流通の比率も高まっており,生鮮食品の流通経路は多様化している。

　次に加工食品は農水畜産物を原材料として製造・加工された飲食料品を意味

する。加工食品の場合，商品特性にもよるが，卸売業者を介在させて小売業者に販売する場合や，卸売業者を介さず小売業者などに販売するなど製造業者が多様な流通経路を用いて商品を流通させている。加工食品は常温流通のものが多いが，低温物流が要求される食品もある。こうした生鮮食品や加工食品は商品特性に合わせた温度帯別の流通システムが形成されている。温度帯別流通システムは低温と常温に分けることができる。さらに低温流通システムはコールドチェーンと呼ばれ，冷凍，冷蔵そして定温がある。生鮮食料品や冷凍食品のように温度が高いと品質低下が著しいため，最初の品質を維持するように品温を低く保持する必要性がある。つまり，コールドチェーンとは，物流の途中で切れ目がないように，生産から消費まで連続して低温を維持する物流手段のつながりを意味している（日通総合研究所編 2007, pp.67-68）。たとえば，冷凍された青果物，冷凍食品やアイスクリームなどは，－18℃以下の冷凍温度帯で維持管理される流通システムが要請される。そして乳製品，食肉加工品や生麺などは商品特性に応じて－5℃～＋5℃の冷蔵温度帯で低温管理されることが要請される。また定温流通システムは一定の温度帯に保持することを意味するが，他方で温度を10℃～20℃の間の一定温度に保持するとともに，湿度も一定範囲に保たれることでも用いられている。チョコレートやビールなどは定温流通システムを活用する場合も見受けられる。

2. 食料消費支出の動向

　農林水産省（2012, pp.130-132）によれば，全国・二人以上の世帯における消費水準指数（総合）の推移について消費支出の中・長期的な動向では1981年を100とした場合，1992年には117.2まで上昇した。しかし，その後に指数は低下し，2011年は105.5となっている。一方，消費水準指数（食料）については，1981年から1990年頃まで横ばいで推移しているものの，その後は，低下傾向を示しており，2011年には86.0の指数となっている。

　家計消費支出に占める飲食費の比率はエンゲル係数と呼ばれる。エンゲルの法則では，所得が増加するにつれて，エンゲル係数は低くなる（中山・金森・

荒編 1971）とされる。わが国のエンゲル係数は，所得の増加に伴う家計消費支出の増加により，戦後，減少をたどってきたが，1995年頃からは，家計収入の減少に伴い，家計消費支出が減少しているにもかかわらず，23％前後で停滞している。同期間における家計消費支出額の費目別増減については，被服及び履物費や，こづかい・交際費等その他の消費支出等の支出が，食料費の減少率を上回って減少する。しかし他方で，携帯電話等の通信費や高齢化による保健医療費等が増加している。

　また，同期間における食料消費支出額の費目別増減についてみると，米（49％減）や魚介類（38％減）等の支出が減少しているが，他方で飲料（20％増）や調理食品（12％増）等の支出が増加している。このようにエンゲル係数が停滞している期間の飲食についての家計行動は，家庭内調理で必要とされる米や生鮮食品等の支出を減らすが，他方で調理食品への支出の増加や外食の活用を遂進している状況があると推論できる。

　上記の背景には，所得の減少に伴う家計収入の低下を補うため，配偶者等がパートタイマーとして働く機会が増加し，そのため家事に要する時間が少なくなった結果，外食及び調理食品に依存するという，家計の状況が反映されていると考えられる。

3. 食品産業の動向

　食品産業の国内生産額は，食料品価格の値下げ等により1990年代後半をピークに減少傾向にある。2009年における国内生産額は約79兆円で全経済活動（約876兆円）の9％を占めている（農林水産省 2012, p.138）。

　また経済産業省（2011）によれば，2008年の製造業の全事業所数を産業別の構成比でみると，金属製品の13.5％がもっとも高く，次に食料品の10.5％，そして繊維工業の10.4％の順になり，上位3産業で全体の30％超を占めている。また2008年の製造業の従業者数を産業別に構成比でみると，食料品の13.4％がもっとも高く，次に輸送機械の11.9％，そして金属製品の8.1％の順になり，上位3産業で全体の30％超を占めている。2008年の製造

業の出荷額を産業別に構成比でみると，輸送機械の18.9％がもっとも高く，次いで，化学工業の8.3％，そして食料品の7.4％と続いている。こうしたことから食品製造業は大規模な製造業者だけでなく，中小規模の製造業者も多数，存在する業界であるといえる。

　他方で，食品卸売業の事業所数は，2009年で約7万6千事業所となっており，減少傾向である。これらの卸売業の商品販売額（食品以外の販売額も含む）は，2009年で約82兆円（農畜産物・水産物卸売業で約38兆円，食品・飲料卸売業で約44兆円）となっている。減少傾向にある。食品流通業のうち飲食料品小売業の事業所数は2009年で約37万8千事業所であり，商品販売額は約41兆円程度となっており，たとえば食料品スーパーでは，1994年の約13兆円から2007年の約17兆円に増加し，またコンビニエンス・ストアでは，1994年の約4兆円から2007年の約7兆円と増加している。他方で，食料品専門店や中心店は同期間の商品販売額は4割程度，減少しており，食品小売業全体としても減少傾向になっている。そして，外食産業の市場規模は2010年では約24兆円と推計されている。しかし，この数値は1998年の約29兆円をピークにして減少傾向にある。一方，総菜店，ファストフード等を中心とする中食の市場規模は，緩やかな増加傾向を示している（農林水産省2012, pp.139-143）。

4. 国際展開

　インドや中国等の経済成長を遂げている諸国では，所得の増大によって食料消費が拡大している。特にアジア諸国では，中・高所得者層が今後増加すると予測されるなかで，アジアに立地する日本の食品製造業の現地法人数は，1997年の178社から2009年には288社まで増加している（農林水産省2012, p.150）。たとえば，先進的な事例としての味の素株式会社は1909年の創業であり，はやくも1917年にニューヨーク事務所，1918年に上海事務所を設立して以来，今日まで積極的に海外展開し，現地法人の研究開発力を活用し，独自の流通経路を構築している。同社は，おいしく食べたいという普遍的なニーズを捉え，進出先の食文化を研究し，メニューにあった製品の使用についてのプロモーショ

ン戦略を重視し，現地の状況にうまく適合する戦略を取っている（吉峰 2010，pp.177-194）。

第2節　加工食品製造業者のマーケティング戦略

　ここからは加工食品製造業者に焦点を当てて論じていく。加工食品製造業者は広告を中心としたプロモーション戦略を展開する。食品は個人間の好みの差が小さく，差別化がはかりにくいため，価格競争に陥りやすい。そのため，加工食品製造業者は，広告を通じてブランド・イメージを創出したり，安全性を強調する。こうしたプル戦略を通じて，習慣性のある購買行動を形成しようと企図する。他方で販売員を通じて，小売業者に積極的に営業活動を展開し，小売店で自社の商品の陳列する棚のスペースを確保するように流通経路においてプッシュ戦略も推進している。

　わが国の加工食品市場は 1980 年代前半まで加工食品製造業者や卸売業者による流通支配が優勢であった。特売品価格の設定も製造業者の統制範囲内であったとされる。しかし 1980 年代以降，食料消費は相対的には頭打ちとなり，鈍化していった。食品の市場が同質的で安定的な市場から異質的な市場へと変化しており，既存企業と新規参入企業との競争も激化し，大規模小売業者の支配力が増すにつれて，マーケティング戦略も質的に変わっていくことになる（渕田 1998, pp.136-150）。

1. 製品戦略の動向

　加工食品の製品開発の動向についてみていく。1960 年代には缶詰食品の取り扱いが低調になるものの，それと同時期にインスタント食品の分野が成長し始める。そして 1970 年代以降ではレトルト食品や冷凍食品が普及し始める。続いて 1980 年代になり，女性の社会進出が進んでいくと，日常の家事を助けるものとして冷凍食品が普及していった。こうしたライフスタイルの変化から低価格で多様な商品が求められていった。1990 年代に入るとグラタンなどの

電子レンジ対応食品が普及していった。加工食品製造業者は市場の成熟化に対して，多くの製品がライフサイクル上，成熟期に位置することになるだけに，市場細分化戦略に依拠した新製品の開発，たとえば健康志向の強い製品の開発に焦点を定めるなど，需要の伸びが期待される分野での新製品開発を積極的に展開していこうとする。

現在では冷凍食品では安全面や健康面，調理の手間などからハンバーグ，餃子，麺類などが伸びており，また弁当用に1つずつ使えるものや加熱せずに自然解凍できるものなどの新製品が開発されている（斉藤2010）。

2．広告戦略の動向

加工食品は個人的な好みの差が小さいものの，習慣性が強いといわれる（宇野1995, pp.173-202）。したがって価格競争に巻き込まれる危険性があるものの，消費者に受容されると，習慣性の強さからブランド・ロイヤルティを保持しやすいともいわれる。

日経広告研究所の広告白書（2011）によれば，業種別広告費での食品業種のマスコミ4媒体広告費の推移をみると，2005年においては約3,002億円規模から，2010年においては約2,880億円規模と減少傾向になっている。飲料・嗜好品業種のマスコミ4媒体広告費においては2005年の約2,822億円から，2010年においては約2,179億円となっており，同様に減少傾向がみられる。こうした全体としての広告費全体の減少傾向がみられるなかで，2010年の食品業種の媒体別構成比はテレビが73.0％，新聞が17.9％，雑誌が5.1％そしてラジオが4.0％である。そして飲料・嗜好品の業種では，テレビが79.5％，新聞が11.0％，雑誌が6.4％そしてラジオが3.1％である。このように食品製造業者はテレビを主要な媒体として選択していることが分かる。つまりテレビ広告を通じて製品差別化を図ろうとしている。

3．流通経路戦略の動向

加工食品は商品の種類や特性によって，多様な流通経路を形成している。わ

が国では加工食品製造業は中小企業が多いこと，小売業でも中小企業が多いこと，物流では小型の配送車が用いられることから，流通を担う卸売業者の役割が重視される。卸売業者は一次卸，二次卸といったように多段階の流通経路を形成している。一次卸は大規模小売業者と取引し，二次卸は規模の小さく，小口の取引を行う小売業者を対象にしている。しかし，今日，小売市場では中小規模の食品小売業が減少する一方で，チェーンストアの市場占拠率が高まるにつれて，二次卸が減少傾向にある。また一次卸でも大手有力卸が同業の卸売業者を吸収・合併するなど再編成が進んでいる。さらに酒類卸売業，菓子卸売業など業種別に分かれていた卸売業への再編成に波及していく傾向にある。

　食品では小売店頭で実際に商品が品揃えされていない場合，消費者がブランド・スイッチを行うことがあるため，これまで加工食品製造業者はリベートや帳合制，建値制等の取引制度をもとに，流通経路を統制し，いわゆる流通系列化政策を推進してきた。そこでは小売店頭で自社商品の陳列棚のスペースを確保し，プッシュ戦略を展開してきたのである。

　しかし，他方で少子高齢化による市場の縮小，原材料価格の上昇トレンドや消費者の価格感度の変化などが進んでいる。加えて，食品業界では欧米と比べると比率は低いものの，小売業は上位集中化の傾向を示しており，卸売業界が再編される傾向のなかで，小売サイドにおいて流通経路のパワーがシフトしつつある（渡辺 2009, pp.4-14）。こうした背景から，加工食品製造業者のなかには取引制度を見直し，簡素化する企業も一部，現れている。その例としては，リベートの廃止・簡素化や，オープン価格の導入，手数料の廃止，購買機能の評価，販売機能の評価や返品の削減などである。つまり製造業者，卸売業者そして小売業者における機能重複の除去と機能分担の明確化とその評価，店頭活性化にむけての協働プロモーションの展開などといった，流通経路全体の最適化を志向していると考えられる（高橋 2009, pp.32-38）。

第3節 プライベート・ブランド商品戦略

1. プライベート・ブランド商品の台頭

　近年,小売業者がプライベート・ブランド商品(以下;PB商品とする)を企画し,市場導入する傾向が活発化している。ブランドは誰がそれを設定し,責任を持つかによって大きく2つに分けられる。それはナショナル・ブランド(以下;NBとする)とPBである。NBとは製造業者によって設定されるものであるため,製造業者ブランドともいわれるものである。NB商品は販売する店舗や地域が全国的であり,また広告などのプロモーション活動が積極的に行われることによって知名度が高く,品質が重視される。これに対して,PBとは,小売業者や卸売業者といった流通業者が自己の所有するブランド名を付けた商品を導入し,一般的にはNB商品よりも低価格で市場導入される傾向が強い。近年では中小規模の製造業者だけではなく,大手の製造業者もPB商品の生産を受託していることが多くなっている状況である。

　政策金融公庫(2009)の調査結果では,食品製造業者の64.2%,小売業者の71.8%がPB商品を取り扱っている。そして食品製造業者の23.2%が取り扱いを増やしたい,9.8%が新たに取り扱いたいと回答している。他方で小売業者の側も36.3%が扱いを増やしたい,8.0%が新たに扱ってみたいとしている。このように,わが国では欧米と比べるとその比率は低いものの,PB商品の導入が活発化している。

　加えて,PB商品による導入が増加によって,大規模小売業者が商流,物流の改革に着手し,製造業者の流通経路戦略に大きな影響を与えると予測されている(堀2007, pp.1-10)。

2. PB商品の供給の動機

　製造業者がPB商品の供給を行う動機として,Verhoef et al. (2002, pp.1309-1326) は,「経済的動機」,「リレーションシップ動機」および「競争的動機」を

指摘している。「経済的動機」とは，製造業者の工場の余剰な生産能力を活用し，工場の稼働率を高めることである。続く「リレーションシップ動機」は，PB商品の供給を通じて小売業者との長期的で持続的なリレーションシップの強化を図ることである。最後の「競争的動機」とは，自社がPB商品の供給をすることで，競争相手から売上高を奪取していくことであり，それは競争相手のPB商品の供給に対抗するためである。

3. PB商品への加工食品製造業者の対応パターン

小売業者が手掛けるPB商品の範囲は食品や日用雑貨，衣料品などの多様な商品カテゴリーにわたっている。しかし，食品需給研究センター（2010, p.71）が実施した食品製造業へのPB商品の調査では，PB取組の経営貢献度は，「高い」と「やや高い」を合計すると16％，「どちらともいえない」が41％，「やや低い」と「低い」を合計すると43％となっている。つまり，PB商品供給の経営貢献度については，低いことが理解できる。そのなかで加工食品製造業者としてどのような対応策をもつべきであろうか。一般的に，Kumar and Steenkamp (2007) や中村（2009, pp.27-35）は，製造業者の対応策として3つの戦略的選択肢をあげている。

第一はPB商品を生産せず，革新的なNB商品を投入する戦略である。わが国の大手製造業者には，この戦略を志向している企業もある。これは革新的な機能や優れた品質を有するNB商品を積極的に市場投入し，市場を活性化させ，消費者の当該NB商品のロイヤルティを創出，維持することで，小売業者のPB商品の入る余地を少なくする戦略である。

第二はPB商品を専用に生産していく戦略である。この専用生産戦略を採用する製造業者は，一般的には中小規模で，大量生産・低マージンの製造業者である。生産能力を十分に操業するため，多様な商品を短期で生産する経営スタイルである。新しい商品カテゴリーの創出と需要創造はNB商品の製造業者にゆだねており，専用生産戦略の製造業者の研究開発は，NB商品の製造業者による新製品導入を予想し，注目し，そして模倣することにある。専用生産戦略

を採用する製造業者は収益を確保するためには，下記の条件を満たすことが必要である (Kumar and Steenkamp 2007,p.153)。

・低コスト
・生産ラインの卓越した柔軟性
・市場の知識が，革新的な製品が市場に出現した際に，それを識別し，模倣することに焦点を置く。

　このPB商品の専用生産戦略はわが国では現在，主流とはいえない。
　そして第三に挙げられるのが，NB商品とPB商品を併存させる二重戦略である。次にこの二重戦略について検討していく。

4. 二重戦略

　食品需給研究センター (2010) による，PB取組の経営貢献度の調査結果から分かるように，二重戦略を採用する際に，NB商品の製造業者はPB商品の

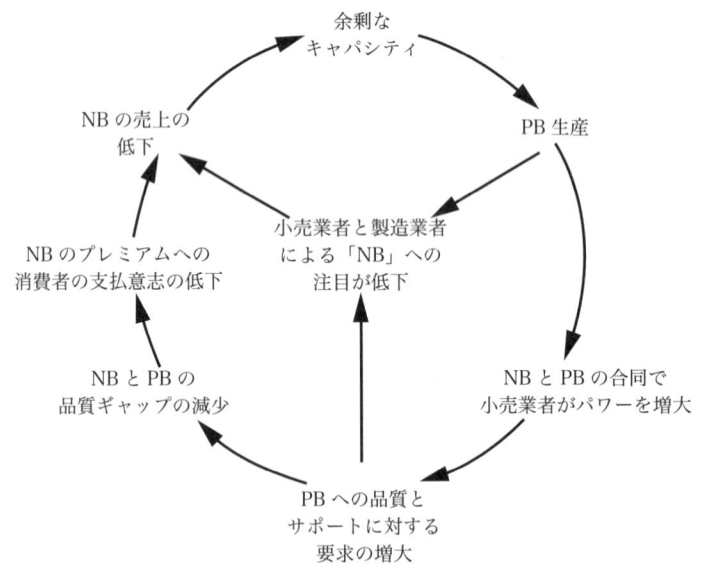

図10-1　PB商品の生産の失敗サイクル

（余剰なキャパシティ → PB生産 → NBとPBの合同で小売業者がパワーを増大 → PBへの品質とサポートに対する要求の増大 → 小売業者と製造業者による「NB」への注目が低下 → NBとPBの品質ギャップの減少 → NBのプレミアムへの消費者の支払意志の低下 → NBの売上の低下 → 余剰なキャパシティ）

出所：Kumar and Steenkamp (2007, p.140)

生産の失敗サイクルに陥る危険性が生じる場合もありうる（図10-1）。それは，企業の自分自身のブランドに注力できなくなってしまうことや，NB商品を販売する営業部隊とPB商品を販売することとの対立を減らし，契約を交渉するのに，多くの時間を費やされなければならないからである。

さらにPB生産は，NB商品とPB商品の間の品質ギャップの減少につながることがある。なぜならば小売業者は製造業者に最新の技術を使うように仕向けていくからである。製造業者にとって，PB商品の生産が意味を持つ状況はどのようなときか。Kumar and Steenkamp（2007, pp.141-145）によれば，生産コストがPB商品の生産を行うか否かについての決定に重要な役割を果たしている。ここでは競争相手は機会主義的で，短期的な計画を志向すると仮定して，3つのシナリオを提示している。

① 自社のトータル・コスト＜競争相手の変動費 ⇒ PB供給の実施。

プライベート・ブランド商品を生産する単位当たりのトータル・コストが，競争相手の変動費よりも低い場合には，会計基準に従って，PB商品にも固定費を配賦する。この場合，PB生産は経済的に健全であり，企業のトータルの収益に寄与するであろう。この戦略を実現化させるためには，大量購入，グローバル・ソーシングやコストの低い場所での生産活動の実施などのコスト優位を達成する必要がある。

② 自社の変動費＞競争相手の変動費 ⇒ PB供給を行わない。

自社のPB商品の生産の変動費が競争相手のPB商品の生産の変動費を超えた場合，PB生産の受託は行うべきではない。

③ 自社のトータル・コスト＞競争相手の変動費＞自社の変動費 ⇒ 状況に応じた対応を行う。

この場合，自社は生産の変動費を超える，PB商品に対する価格を指示できる。PB商品の生産は固定費に寄与する。しかし，もし企業は余剰設備を有していないのであれば，PB商品の生産は行うべきではなく，それは利益を減らしてしまうことになるだろう。

企業の余剰設備がある場合には，余剰のキャパシティが一時的なものか構造

的なものかどうかを判断しなければならない。一時的なものである場合，企業はPB商品の生産の受託をするべきではない。需要が増大した時には，自社のブランドの需要と衝突するからである。

また余剰なキャパシティが構造的である場合には，予測される需要に見合う生産キャパシティになるようにリストラ計画を策定することであり，もしくはリストラ計画が実施されるまでPB商品の生産を受託することである（図10-2）。

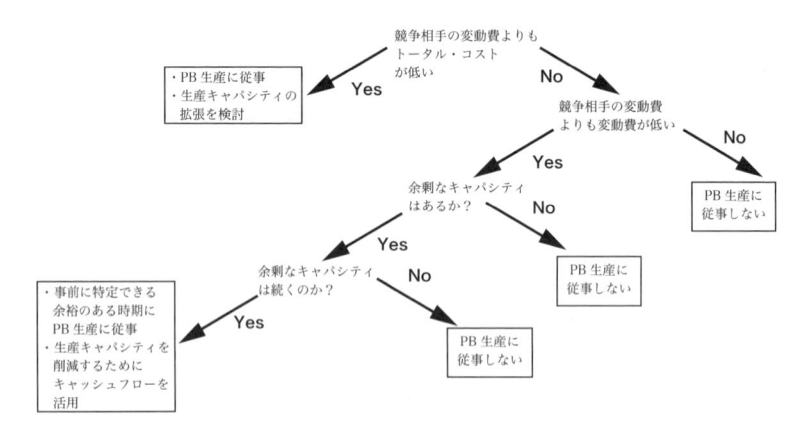

図10-2　PB商品の供給にNB商品の製造業者は従事すべきか

出所：Kumar and Steenkamp（2007, p.143）

いずれにせよ，製造業者，とくに加工食品製造業者のPB商品の生産の受託と供給に関しては，短期的な視点ではなく，むしろ中・長期的な視点からの経営方針の策定が重要である。こうしたコストの視点からの検討は，PBを受託する際の指針となるだろう。

※本研究は，平成22年度文部科学省科学研究費基盤研究（c）（研究課題名「プライベート・ブランドの調達ネットワークに関する研究」課題番号：22530461　研究代表者小川智由）の成果の一部である。

参考文献

1) 宇野史郎 (1995)「加工食品業のマーケティング」，角松正雄編著（1995）『日本企業のマーケティング』大月書店．
2) 吉峰英虎 (2010)「味の素のグローバル戦略」，新井ゆたか編著（2010）『食品企業のグローバル戦略』ぎょうせい．
3) 経済産業省 (2011)『わが国の工業 変化を続ける製造業』．
4) 斉藤訓之 (2010)『食品業界の仕組み』ナツメ社．
5) 食品需給研究センター (2010)『食品企業財務動向調査報告書－食品企業におけるPB取組の現状と課題―』．
6) 政策金融公庫 (2009)『食品のプライベートブランド商品に関する調査』．
7) 高橋佳生 (2009)「最寄品メーカーの取引制度の変化の方向」，『流通情報』流通経済研究所，No.478.
8) 中村博 (2009)「PBシェア増加に対するNBの対応戦略」『流通情報』流通経済研究所，No.480.
9) 中山伊知郎・金森久雄・荒憲治郎編集 (1971)『経済事典』有斐閣．
10) 日経広告研究所 (2011)『広告白書 2011』日本経済新聞社．
11) 日通総合研究所編 (2007)『ロジスティクス用語辞典』，日経文庫．
12) 農林水産省 (2012)『平成 23 年度食料・農業・農村白書』．
13) 渕田嘉勝 (1998)「食品マーケティング」，安部文彦・岩永忠康編著『現代マーケティング論』ミネルヴァ書房．
14) 堀千珠 (2007)「注目される特定小売業者限定品の拡大とメーカーへの影響」『Mizuho Industry Focus』みずほコーポレート銀行，Vol.60.
15) 渡辺達朗 (2009)「小売業の上位集中化と卸売業界の再編成―食品・日用雑貨業界を対象にして」，『流通情報』流通経済研究所，No.476.
16) Kumar,N. and Jan-Benedict E.M.Steenkamp(2007) *Private Label Strategy-How to Meet the Store Brand Challenge-*,Harvard Business School Press, Boston, Massachusetts.
17) Verhoef , P.C. and E.J.Nijssen and L.M.Sloot(2002) " Strategic reactions of national brand manufacturers towards private labels: An empirical study in The Netherlands," *European Journal of Marketing*, Vol.36 No.11/12.

第11章 医療マーケティング

第1節　医療サービス関連産業の現状

1. 医療サービス関連産業

　医療サービス関連の産業は今後ますますの成長・発展が見込まれる。それは医療サービスが私たちの生命と深く関係する商品であるためである。簡単ではあるが，この点から説明しよう。過去と比較して，平均寿命は飛躍的に伸びた。それは生活そのものの改善・向上だけでなく，出生時から高齢に至るまでの様々な生命の危険性を医療技術の発展によって，回避してきた結果でもある。

　人間は高齢に伴い医療サービスを受ける機会が増加する。更に，それは生命の危険度が高まる可能性を意味し，それに比例して，医療サービスは高額になる。超高齢社会は医療サービスの全体的提供量と総額を必然的に増加させる。また，革新的技術による医療サービスはそれ相応の資源の投入による産物であり，価格が高額になることも国民医療費高騰の要因となる。

　このように将来的にも成長・発展する産業ではあるが，その可能性が予測されるだけに，それを事前に可能な限り抑制しようとする動きもある。国民医療費の高騰という問題に対応するため，医療保険制度という枠組みによる矯正が行われる。この政策は「医療サービスの向上・充実は必要である。しかし，無駄な医療サービスは認めない」という姿勢であると筆者は認識する。

2. 病院・診療所

　医療サービス産業の中核は病院・診療所である。医療サービスそのものを提供する組織がこれらに限定されるからである。病院と診療所との違いは入院施

設の基準となる病床数（ベット数）が19床以内であるか否かである。20床以上の病院の中には，地域の病院・診療所と連携を図るため，都道府県知事によって承認された地域医療支援病院，または，高度医療サービスの開発・研修，その提供を目的とする厚生労働大臣の承認による特定機能病院などがある。

病院・診療所（以降は基本的にまとめて病院と表記）は非営利組織であり，一般企業とは異なる。後述するが，社会制度の枠組みの中で国民全体のために提供される医療サービスの性質からすれば当然である。非営利組織は剰余金配当の禁止という制約を受け，一般企業にみられる株式配当のような利益の組織外への分配が禁止されている。確保された利益は将来のよりよい医療サービス提供のために投入されなくてはならない。

過去において，病院経営は護送船団方式による政策的な安定を享受する時代もあった。しかし，国民医療費の高騰を抑制するため大幅な政策的転換が行われ，病院も倒産する時代に突入した。倒産が出始めた当初，一般企業と同様な市場での競争関係が激化した結果ではなく，財務的な管理問題が多かった。しかし，この問題は深刻化し，本格的に経営者能力が求められるようになった。

このような状況に至らしめた特徴的な要因として，薬価差益問題，社会的入院を取りあげる。薬価差益について，投薬に係わる利益が大きく，患者に処方・調剤する量を増やせば，単純に利益が増加するという構造があった。非営利組織としての使命を遵守しない病院運営陣にとって，経営管理者としての能力が不十分であっても簡単に利益を確保できた。社会的入院はそのような運営陣に更なる利益獲得の機会をもたらした。しかし，社会的入院は私たち患者側にも根本的な問題がある。もう少し丁寧に表現すれば，高齢者を抱える家族機能における問題である。経済社会の発展と女性の社会進出は家庭内での労働を減らした。社会的入院とは，老人の世話をする担い手が家族から病院へと移行することであり，病院は介護施設であるかのように使用された。先述したように，医療技術の進歩に伴い平均寿命も延びた。年齢が高くなればそれだけ医療サービスを受ける機会は増える。また，高度な技術を伴う医療サービスは非常に高価であり，ますます国民医療費高騰の原因となる。

そのような状況の継続は財政的破綻につながると判断され，強力な政策的転換が矢継ぎ早になされる。薬価差益の縮小，それに伴う包括支払い制度の導入，平均在院日数の設定，療養型病床群の設置などがある。薬価差益の縮小は直接病院の利益に影響する。包括支払い制度はある病気に対する医療サービス全体の価格が設定されているため，投薬の量を増やせば利益が減少するので，過剰な投薬の抑制になる。病院での入院期間が一定の日数（平均在院日数）を超えると医療サービスに適用される診療報酬の点数が大きく下がる。繰り返せば，同じ医療サービスに2つの価格があることを意味する。それにより社会的入院を抑制する。介護福祉施設に入所するには至らない場合，中間的な役割として，療養型病床群という施設の設置を政策的に推進した。このような政策の動きは直接病院経営に影響を及ぼす（竹下2006，第1章，第2章，第4章，第5章）。

3. 美容整形・自由診療にウェートを置く歯科診療所・出産入院施設のある産婦人科診療所

　診療報酬点数制度の適用を受けない美容整形や歯科診療所での医療サービス，出産に伴う医療サービスの提供にウェートを置く診療所は直上の行動とは大きく異なる。医療サービスという大きな括りには入るものの，その性質は一般的なサービス商品と一致する。市場原理がそこには働き，競争関係が発生する。

　競争的優位性を確保するため，一般企業にみられるマーケティングが積極的に展開される。これは本章の内容からは外れるため割愛するが，各主体のホームページを参照すればその実態が直ぐに理解されよう。

4. 医療機器・製薬企業

　医療サービスの品質向上には医療関連技術の発展は欠かせない。高度医療サービスは優れた医療機器なくして成立しない。また，薬剤の発展は直接的に病気の治療に役立つ。このような医療機器や薬剤は医療サービスの根幹的部分を力強く支える。しかし，それらを生産する企業は営利企業であり，診療報酬点数制度の適用を受けない医療サービスと同様に，それらを医療マーケティングには含められない。

第2節　医療サービスの特徴

　医療サービスはサービス商品の代表的なものであり，この提供の難しさを顕著に示すものである。この提供システムを学ぶことは一般的なサービス商品を提供する際に有益となる。しかし，本章の目的は単にこのシステムを学ぶことに止まらない。私たちは医療サービスを受ける患者である。医療サービスに係わる様々な問題点も含め，このサービス商品の本質を理解することにより，病院の選択をより適切にする。患者としての成熟も目的の1つである。医療サービスは個人の欲望や欲求の対象からは分離されたものとして，社会システムの中で公正に提供されることを筆者は前提とする。

　医療サービスは医療保険制度という枠組みがもっとも重要である。公的医療保険は会社員やその家族が加入する健康保険，自営業者や健康保険に加入していない者が加入する国民健康保険，船員保険，公務員とその家族や私立学校の教職員が加入する共済組合，老人保健から構成されている。医療保険制度は皆保険制度として，国民全てに均質な医療サービスを均一価格で提供することを目的とする。この具体的な内容や価格は診療報酬点数制度で定められている。逆に，それ以外の医療サービスはこの制度の適用を受けない自由診療と呼ばれ，美容整形や出産，矯正歯科に伴う費用などが典型例である。診療報酬点数制度は国の政策であり，この社会的な制度に医療サービスの内容は規定される。具体的に，この点数は厚生労働省内に設置された社会保険医療協議会が厚生労働大臣の諮問に応じて診療報酬の検討をした後，答申を行うという手順によって決定される（北村 2006, 第1章）。

　このような事実は医療サービスが一般的なサービス商品とは大きく異なる根本となる。一般的なサービス商品からみていこう。商品価格は需要と供給との関係による市場原理に従い決定される。同じサービス商品ではあっても，地域によっては異なる価格設定がなされる。品質は多様であり，それに見合った価格設定がなされる。それだけではなく，市場環境が激化すれば，競合するサー

ビス商品との差別化を図るため，様々な工夫がなされる。それに対して，医療サービスは価格が診療報酬点数制度によって全て設定される。理想的には同じ医療サービスは均質である。また，病院における一般広告は規制されている。

それ故，医療サービスの差別化を図ることは基本的に困難である。このような事実は市場での競争を想定した商品開発が困難であり，淘汰される病院は基本的に一定水準の医療サービスを提供できなかったためと理解され，一般企業にみられる競争関係とは基本的に無縁である。病院開設に係わる許認可という手続きは競争関係を調整する手段だからでもある。

医療サービスの中核は医療技術に支えられた治療行為そのものである。しかし，患者は身体的・物理的な改善だけでなく，精神的な面でのサポートが必要となる。その点からすれば，過去には軽視された治療に関する積極的な情報の提供，入院施設の食事内容やアメニティなども医療サービスの重要な要素となる。厚生労働省も近年「医療」から「医療サービス」へと表現を変えたように，医療サービスは適正な範囲でより一般的なサービス商品に近づく傾向にある。しかし，患者の満足度を高めることは必要ではあっても，過剰にそれを求めるものではない。

第3節　医療マーケティングの性質

前編で説明したが，一般的なマーケティングの性質をもう一度確認しておこう。マーケティングが成立する要件は市場における競争関係の激化である。特に，自らの市場の拡大が直接他社市場を奪うような状況下での市場獲得手段がマーケティングである。また，マーケティングは単なる競争手段ではない。利益の極大化も目的とする。消費者からより多くの利益を獲得するための意識操作活動も積極的になされる。その代表的・具体的な手段はブランドである。本来，ある商品の品質が優れているという事実が多くの消費者に認知され，よりよいブランドイメージが形成される。しかし，マーケティングにおけるブランドは商品が市場に導入される当初より付与され，商品とブランドは一体化さ

れ，あたかもそれらが同一であるかのように消費者に認識させる。そして，商品そのものではなく，ブランドを積極的に宣伝する（岩永1995, 補章Ⅳ）。このようなマーケティングは歴史的な流れの中でより社会性を強めてはいるものの，その本質を忘れてはならない。

　医療マーケティングが直上のような特徴であり，医療サービスが一般的なサービス商品と同様に市場原理による価格設定がなされたとしたら，私たち患者はどうなるのであろうか。例えば，比較的簡単な手術でも，その患者にとって非常に重要であれば，価格が過剰に吊り上げられる可能性もある。特に，緊急性を要する治療の場合，ますますその傾向が強くなる。医療サービスは高度な専門性を有するものであり，その内容の理解は困難である。医療サービス提供者とその受け手との間には情報の非対称性が存在する。情報の非対称性を最大限に活用するならば，マーケティングによる患者への意識操作性は格段に高くなるが，このような医療マーケティングが社会的に認められるはずがない。

　国民全てに均質で均一価格の医療サービスを分配するという皆保険制度では，医療マーケティングには社会性がその本質に備えられる。従来のマーケティングのような利潤極大化のための手段とは異なり，医療マーケティングは医療サービスという商品を道路・通信・水道などのような社会資本と同質であると認識し，それを公平かつ効率的に配分する手段でなくてはならない。確かに，医療マーケティングの主体は個々の病院である。しかし，それらの主体はあくまでも医療サービスに係わる政策的方針の具体的な担い手に過ぎない。

　医療マーケティングと従来のマーケティングの性質はブランドと意識操作の点で大きな違いがある。医療マーケティングにおいて，本来的なブランドの形成過程が求められる。医療サービスの中核部分に直接係わる製品戦略が中心となり，真摯な態度での質的向上が求められる。医療サービスを効率よく提供するシステムを従来のマーケティングを応用・活用することで構築しなくてはならない。また，医療サービスに対する情報の非対称性をより低くするよう，患者への意識操作活動，もう少し丁寧に表現するならば，患者への医療サービスの学習指導活動（啓蒙的活動）がマーケティング的になされなくてはならない。

その点からも，何度も繰り返すが，医療マーケティングの本質は真に社会的でなくてはならない。

第4節　医療マーケティングの枠組み

1. インターナル・マーケティング

　インターナル・マーケティングは組織内部の従業員に対する管理活動である。経営学に置き換えれば，労務管理・人的資源管理の領域に近づく。両者の違いはどこにあるのか。経営学ではどのようにすれば従業員が動機づくのかを研究するアプローチもあれば，内発的に動機づけが生じるという視点からの心理学的なアプローチもある。それらの研究蓄積は膨大であり，かつ，有用である。

　そこでの蓄積は積極的にインターナル・マーケティングの研究に吸収されるため，両者の領域が不明確になりがちである。そこでインターナル・マーケティング以前に，サービス・マーケティングが登場した必然性から理解しよう。従来のマーケティングは有形の商品を対象にした。サービス商品の生産は従来のマーケティングとは大きな相違点があるため，サービス・マーケティングが独自領域として登場した。マーケティングは大量生産された商品が売れ残り，その販売問題を解決するための手段として登場した。大量生産が可能であることはマーケティング登場における絶対的な条件であった。繰り返せば，商品の生産管理問題はマーケティング登場以前に解決されていた。この点がもっとも重要である。ところが，サービス商品の生産は機械という安定的な活動ではなく，人という不安定な生産手段に頼らざるを得ない。それ故，サービス商品の場合，生産管理問題をマーケティングの中に直接取り込む必要があり，これは従来の体系を大きく変更しなければならず，特殊領域としてのサービス・マーケティングが必要となった（松井　2006, pp.20-23）。

　このような理由から，サービス・マーケティングの中心はサービス商品の生産に直接係わるインターナル・マーケティングとなる。これ以降，医療サービスに係わって説明しよう。インターナル・マーケティングは医療サービスを生

産する医師や看護師を中心的対象とし，彼らの活動をマーケティング的なアプローチから管理しようとする。マーケティング的な視点からすれば，従業員は消費者と同様に多様な性格とニーズがある。それらを探求することから始める。各個人を，または，ある特定の特徴（属性）をもった従業員に分類し，それぞれを分析する。もちろん，分析によって得られる結果は常に変化していることを忘れてはならない。

　各従業員の状況に合わせてアプローチするが，マーケティングの基本にある「消費者は管理が困難な対象である」（Howard 田島訳 1960, pp.3-5）という前提のもとに，権限の強引な行使によらず，従業員への意識操作活動による管理がなされる。実質的にはインターナル・マーケティング管理者と従業員との日々のコミュニケーションによって，具体的な調整がなされる。各従業員の組織人と個人の成長を共に促すことを前提とする。しかし，組織は全体としてのバランスが重要である。ある特定の要素が欠ければ組織としての効率性は低下する。たとえば，インターナル・マーケティングの調査結果に基づいた判断がなされる場合，適材適所の人員配置が困難になるであろう。それ故，最終的な従業員への説得的活動と調整が重要となる（松井 2001, pp.139-151）。

　インターナル・マーケティングの出発点にあえて戻るが，この活動には従業員への教育活動は含まれていない。組織と個人のニーズのマッチングが基本となる。このような姿勢は組織外部からの応募の際，より優れた人材を確保することにマーケティング的なアプローチが積極的になされる。これが出発点となる。また，もう少し広く言及すれば，サービス・マーケティングの研究対象とする消費者や従業員は全てではなく，一定水準に達する限定的な・選択された対象であることを忘れてはならない。

　動機づけの分析ポイントについて，医師は診療報酬点数制度の対象となる医療サービス生産の中心的担い手であり，医療技術を中核とする職務にアプローチすべきである。それに対して，看護師は医師と同様な医療技術だけではなく，医療サービスの重要な構成要素である看護サービス技術，もしくは，その実践としての患者への接遇活動も含まれ，よりその範囲は拡張する（松井 2002, pp.151-160）。

2. エクスターナル・マーケティング

　組織外部に向けての医療マーケティングは従来のマーケティングにおける販売促進活動の中の広告・宣伝活動になる。ただし，病院の広報活動には厳しい制限が設けられている。また，何度も述べたように，医療サービスの社会性からしてそのような活動は必要がないのかもしれない。

　ただ，エクスターナル・マーケティング機能の理解は重要である。もう少し丁寧に説明すると，エクスターナル・マーケティングを積極的におこなわなくても，その活動と同じ役割を担う別の活動もある。エクスターナル・マーケティング活動は消費者へのアプローチを行うための費用である。この活動を他の活動で補うことができれば，費用の節減につながる。

　先述したブランドの話を繰り返そう。医療サービスの質が高く，それによって，広くブランドイメージが形成されたならば，エクスターナル・マーケティングの必要性がなくなる。誠実な医療サービスの提供が大切である。この際の広報手段は患者による口コミであり，費用は発生しない。医療サービスの生産過程そのものにエクスターナル・マーケティング機能が内在することを忘れてはならない（伊部・今光 2012, 第4章）。

3. インタラクティブ・マーケティング

　患者と医療サービス提供者との相互作用がインタラクティブ・マーケティングである。これは医療サービスを提供する際，患者との接点における諸活動に関する情報の蓄積である（伊部・今光 2012, 第4章）。もちろん，経験的に蓄積できる。この活動はより実践的・現場的な内容になるため，本章では割愛する。

4. 医療サービスの生産効率と品質管理問題

(1) 医療サービスの生産効率

　有形の商品の生産からみていこう。機械設備や生産システムを向上させることによって，生産効率は直接的に高まる。もし生産効率そのものが高まらなかったとしても，生産活動の時間を延長することで，生産量を増加できる。

それに対して，サービス商品の場合，ある従業員が従来は1人の消費者に対応していたとする。生産効率を高めるという目的で，消費者2人に同時対応したとしよう。生産効率が2倍にならないことは明白である。サービス商品の品質が半分に低下したと認識される。医療サービスの場合，複数のスタッフによって提供される場合も多く，生産効率を高めることがますます困難になる。

(2) 医療技術の発展と生産効率

医療技術は日々進歩する。また，その基礎となる医療機器の発達も重要となる。そして，それらを活用する医療サービスは高度になる。これは医療サービス提供者の学習時間を増加させる。高度医療サービスの提供技術を習得することは医師や看護師にとって，やりがいのある職務ではあるが，生産効率はますます低下する。このような状況に対応するため，医療サービスの専門分化が促進された。

このような専門分化はある面において，優れた技術を習得・実践する効率的なシステムではあるが，人間は単なる物質ではないため，治療中に様々な問題を併発する可能性がある。専門分野外の対応能力が不十分であれば，専門性は如何に高くとも，医療サービスの質がそれだけを持って高いと評価されるのは難しい。専門分化する今日の医療サービスに対して，統合的・総合的な医療サービスに関する知識の重要性が叫ばれている。

専門分化と統合医療サービスにみられる矛盾を解決するためにはより多くの学習時間が必要となる。しかし，診療報酬点数制度の引き締めが厳しくなり，費用問題から，この矛盾も加速度的に深刻化している。

(3) 患者へのインフォームド・コンセントの推進と生産効率

過去において，医師に対して，患者は「お医者様」という表現を用いた。医師や看護師は患者に対して高圧的な態度で接することもしばしばであった。しかし，患者はよりよい医療サービスを受けるため，そのような態度に甘んじた時代が長くある。医師は高額所得者であり，社会的地位も高かった。医師は社会的な役割を担う公的な存在であるべきなのに，それを逸脱する者がいた。そ

のような時代には，患者が自分の病気について，詳しく医師に尋ねることがはばかられるほど，抑圧されていた。

　医療サービスは身体的・物理的な修復・改善を図るだけではなく，治療に対する精神的な不安を解消することも重要である。医療サービスが如何に社会的・公的な性質を持ったものであろうとも，単に与えられるだけ，分配を受けるだけという性質のものではない。今日，医療技術が発達し，ある治療に対する具体的医療サービスは複数存在する。具体的な医療サービスの選択が病院側に全て委ねられる時代ではない。医師から様々な情報を聞き，患者自らの判断で医療サービスを選択するというインフォームド・コンセントは患者の権利を確保しようとするものである。このような推進は当然診療報酬点数にも現れる。医療サービスに関する説明行為に対して点数が算定されるようになった。

　上記の内容は患者の視点からの考察である。医療マーケティングはあくまでも病院側から患者に対するアプローチであり，もう一度，補足を加えながらこれまでの内容を整理する。

　インフォームド・コンセントの推進や患者の権利意識の向上は診療報酬点数制度によるものだけではない。先述したように，病院経営が困難な時代になり，患者への対応が丁寧に，低姿勢になったこともある。これらの活動は医療サービスの中核的部分ではない。中核的部分は医療技術に支えられた治療行為である。それに対して，患者へのインフォームド・コンセントや丁寧な説明という行為は付帯的な要素である。中核的部分と付帯的部分の認識や活用の仕方によって，医療マーケティングの性質は大きく変わる。

　まずは付帯的部分を医療マーケティングの中心とする病院から分析していこう。中核的部分は医療技術が集約されたものであり，患者はその具体的内容に対する知識が乏しい。医療サービス提供者と患者との間には情報の非対称性は高く，様々な問題を生じさせる。より多くの患者を獲得しようとする場合，中核的な医療サービスを充実させるよりも，付帯的部分での改善を優先する傾向がある。付帯的な要素は患者にも評価されやすく，それらも医療サービスであることから，その病院に対する全体的評価を高める。最近，患者に「様」を付

ける病院もある。医療サービスの中核的部分よりも付帯的部分において，患者からの評価を得ることは費用面からも効率的である。インフォームド・コンセントは政策的に推進されたものではあるが，医療マーケティングにとっても，患者へのアプローチの手段として積極的に活用されている。

　しかし，付帯的な医療サービスには効率・効果での優れた面と同時に，逆方向に機能する根本的な問題がある。この矛盾を理解しておこう。例えば，開業間もない診療所をイメージしよう。患者を獲得しなくては診療所の運営は継続しない。医療サービスの中核部分は患者には評価されにくいため，患者への説明を丁寧に，ゆっくりと何度も行うようにする。患者は本当に親切な医師であると高く評価する。患者の気持ちをしっかりと受け止め，誠実に医療サービスを提供するその診療所は口コミによって急速に患者数を増やす。患者が常に混雑した状況になる。この状況を院長がどのように認識するのかが分かれ目になる。このような状況を患者獲得の限界点，目標点と認識するのであれば，全く問題は生じない。

　しかし，それは患者獲得の過程であると認識するならば，大きな問題を抱える。言い換えれば，これまでの患者への様々な丁寧な対応はあくまでもより多くの患者を獲得するための積極的なマーケティング活動であると認識されていたならば，その活動の継続は困難になる。これまでの活動は販売促進活動であり，患者の口コミでの効果を期待するため，医療サービスの生産性を下げて，患者の獲得を優先させたのである。これまで以上の患者を獲得するためには生産性を高めなくてはならない。そのため，過剰なまでに丁寧な対応はなされなくなる。しかし，その行為に対して，患者はそれらも医療サービスであると認識していたため，質が低下したものと判断され，患者は激減する（松井 2003, p.165）。

　付帯的部分に依存する医療マーケティングの限界をしっかりと理解しておこう。

(4) 品質管理問題

　上記の内容を踏まえて，医療マーケティングにおける品質管理問題を考える。何度も繰り返すが，医療マーケティングは医療サービスを適正かつ公平に配分

する社会的なシステムである。それは歴史的なマーケティングにみられる利潤の極大化を目的とはしていない。医療マーケティングの中核は真摯な態度で行われる製品戦略であり，品質管理に重心が置かれる。当然，よりよい医療サービスの生産性を高めることは社会的使命でもある。

　品質管理問題で最も重要な点は先述したように，人の管理問題であり，その出発点における人材の募集・発掘である。人的資源管理とは異なり，サービス・マーケティングが応用・適用される医療マーケティングにおいて，組織内での人材教育活動が積極的に行われるわけではない。全ては優秀な人材の確保から始められる。その前提として，魅力ある医療マーケティングが実践されなくてはならない。医療技術の洗練ができる職場環境の提供により，優秀な人材を集めることで，高度な医療サービスを提供できる。

　しかし，先述した内容はこの方向性を阻害する現実があった。ではどのようにすれば品質を高く維持できるのであろうか。それは安心できる医療サービスを生産することである。安心と満足は全く異なる尺度である。満足も医療サービスには必要不可欠ではある。しかし，満足は何かを評価する際に表されるものであるが，安心は日常的には生起しない。相手を信じて何も不安のない状態が安心であり，満足のような評価尺度は存在しない。安心できる医療サービスを提供できれば，患者は何の不平・不満も生じない。「先生にお任せします」という表現がそのことを端的に言い表す。筆者はインフォームド・コンセントを軽視するものではない。しかし，気になることは全て聞くという患者の姿勢には医療サービス提供者への信用が不完全であることを示唆する。もちろん，精神的な不安を解消することは重要であり，そのための情報の提供は必要である。その際，医師に対する安心が形成されていたならば，かなりの時間的節約がなされるであろう。

　安心を担保にすれば，患者に対する様々な教育活動（啓蒙活動）の展開ができる。医療サービスの生産に係わる様々な問題を学習させることで，患者も当該サービスの共同生産者であることを自覚させることが重要である。最近みられる過剰なまでの患者の権利意識の高まりは医療サービス提供の効率性だけで

なく，医療サービス提供者のモチベーションをも低下させている。共同生産者としての患者意識の高まりは規範的患者行動を遵守させ，それを逸脱する患者行為を抑制する効果を持つ。そのような規範的な患者が多く集まることは医療サービス提供者への良好な動機づけとなり，品質管理問題を解決する手段となる。

第5節　事例から学ぶ

　ここに事例を紹介するが，人の評価には多様な価値基準があることや医療サービスの社会性を鑑みると，病院が特定化されることは望ましくないので，病院名は記さない。

　規模は小さく，建物施設も老朽化した乳癌専門の外科病院が地方都市にある。医師の態度は低姿勢とはほど遠く，手術を強く勧めることも多い。しかし，技術水準は非常に高く，外部の医療サービス関係者にも高く評価され，多くの患者を獲得している。このことは付帯的な医療サービスにマイナス要素が多くとも，中核的な技術が優れていることの重要性を示す。

　ある宗教系の病院では教義に則った病院経営がなされている。医療技術そのものだけでなく，患者の精神面でのサポートが重視されている。しかし，その行為はマーケティングにみられる販売促進的な性質が強いと筆者は認識できない。患者への誠実な態度の現れであり，多くの患者を獲得している。当然，そのような医療サービスを提供する職員の職務負担は大きい。しかし，それらの行為は医療サービスの中における重要性が高いと認識する職員が集まり，ますます医療サービスを充実させる。その基礎として，インターナル・マーケティングの部分的実践である職員の人としての多様性を十分に配慮したシステムが用意されている。全体として，患者は規範的な態度であることも職員の動機づけとなる。

　大学病院は専門分野の研究を行う機関である。それだけ医療サービス提供者も職場として選択する傾向が強くなる。患者も医療サービス向上のための研究

対象となる可能性を承知していることを含め，この機関は医療サービス発展の中核的担い手である。病院の社会的重要性は非常に高い。医療事故件数は多いかもしれない。しかし，それはそれだけ多くの医療サービスを提供し，それが高度であることを示唆するものであり，医療事故件数が増えれば，その病院の質は低いと評価され，患者数が減るという関係にはならない。

　老朽化した建物の歯科診療所がある。医療技術そのものが非常に高く，遠方からの患者も多い。筆者が転居に伴いやむを得ず他の歯科診療所で受診した際も，どこで治療を受けたのかと尋ねられたほどである。インフォームド・コンセントは十分とは言えず，また，患者の行動に問題があれば，厳しく注意するほどであるが，「先生にお任せします」という患者が多く，安心できる医療サービスが提供されている。

　スポーツ選手の治療を得意とする整形外科診療所の院長は診断が的確であり，患者に媚びることなく，誠実に医療サービスを提供している。しかし，隣接した診療所が開院したことで，患者が急減した。医療サービスに対する教育的活動が足りなかったのであろう。付帯的部分にウェートを置いた隣接する診療所に患者が移ったものと推測される。

　和痛分娩や無痛分娩がほとんど行われていなかった時代，その院長の医療技術が高く評価され，多くの患者を獲得していた。それだけでなく，スタッフの入院患者に対するサービスも素晴らしいものがあった。しかし，出産にウェートを置く産婦人科医療サービスには市場原理が働くため，その後に開業した診療所は競争関係をよく分析しているかのような行動がみられ，その診療所の患者数は減った。

参考文献
1）伊部泰弘・今光俊介編 (2012)『事例で学ぶ経営学』五絃舎。
2）岩永忠康 (1995)『現代マーケティング戦略の基礎理論』ナカニシヤ出版。
3）北村庄吾 (2006)『医療保険の基本と仕組みがよくわかる本』秀和システム。
4）竹下昌三 (2006)『わが国の医療保険制度 第3版』大学教育出版。
5）松井温文 (2001)「インターナル・マーケティングの概念構築に向けて」『星陵台論集』第34巻 第2号。
6）松井温文 (2002)「看護師の動機づけ因子に関する基礎的考察−患者との関わりを中心として−」『星陵台論集』第35巻 第3号。
7）松井温文 (2003)「医療サービスの構造と機能に関する基礎的考察−サービス・マーケティング研究の予備的考察として−」『星陵台論集』第36巻 第2号。
8）松井温文 (2006)「サービス・マーケティング研究の登場−歴史的規定を受けた必然性から−」『流通』第19号。
9）J. A. Howard(1957), *Marketing Management: Analysis and Decision*, Richard D. Irwin, Inc.(田島義博訳（1960）『マーケティング・マネジメント−分析と決定−』建帛社)。

第12章 観光マーケティング

第1節　観光の特性

1. 観光および関連する概念

　観光という言葉は，元来，中国の易経における「観光乃光」から取られた用語であり，国の優れた景観や文化を人にみてもらう，ということから出来している。観光業でよく用いられる，お客様へのサービス（奉仕），ホスピタリティ（おもてなし）がお客様に対する運営上，行動上の概念を含んでいるのに対して，観光という言葉自体にはそうしたものがみられず，運営や行動を示す言葉ではない。幕末の幕府の軍艦である「観光丸」にみられるように，「国の威光を輝かせる」という意味さえも，一部含まれている。

　観光の定義は，「自由時間における日常生活圏外への移動を伴った，生活の変化に対する欲求から生じる一連の行動」(羽田・中西 2005, p.180)というものである。

　その条件としては，①日常生活圏外への移動の目的は自由であること，②本人の意志で移動を決めること，また③再び日常生活圏に帰ってくること，があり，いずれも満たす必要がある。観光（ツーリズム：tourism）の語源 tour は，円を描く用具のラテン語から発生したと言われ，「出発点に戻る観光客」の意味がある。

　観光の目的は自由であることから，観光の範囲は広くて，見物（遊見遊山），ビジネス上の用事による外出，宗教的な旅行，一時的な逃避なども含まれる。

　そうした観光へのニーズに対処して，観光経営を運営・管理するには，ホスピタリティ（同等の立場による，愛情ある温かい心による，相手へのおもてなし，いたわり）の概念が必要であり，ホスピタリティ・マネジメントの理論・手法が用いられている。また，顧客の要望に対して，「顧客第一」の態度が要求されることから，今日のビジネスではサービス・マネジメントも，ホスピタリティ・

マネジメントと合わせて実施することが必要である。

「ホスピタリティ」とは，歓待精神，お客をもてなす行動規範を意味するもので，特に西洋では異人歓待に始まって，キリスト教のもとでの巡礼者歓待，病院やホスピスへの受入れへとつながっていった長い歴史をもつ。

「ホスピタリティ・マネジメント」とは,服部勝人によれば次の通りである。「広義のホスピタリティを経営理念に導入し，組織（営利・非営利を問わず）の事業目的を達成することと同時に，全ての組織関係者がウェルビーイング（安寧・健康・幸福・繁栄 etc.）な状態と最適な満足を創出するための多元的最適共創型の経営」(服部 2006, p.122)である。広義のホスピタリティの定義とは,「共同体, 国家の枠を超えた広い社会における相互性の原理と多元的共創の原理からなる社会倫理」のことである（服部 2006, p.117)。

なお，観光に類縁の言葉として，リゾート（resort），レジャー（leisure）があるが，リゾートは元来，人が多くゆく場所・行楽地の意味であり，今日では観光地,楽しめる自然環境地域,保養地という意味で用いられている。レジャーは余暇を指している。余暇産業というとらえ方があり，余暇による観光は，観光の根幹をなしている。広い意味では，観光はビジネス目的の出張をも含めるので，余暇時間での観光のみではない。

2. 観光資源の保全，活性化

観光サービスは，特に政府・地方自治体の観光政策，制度的整備との関係性が強く，資源の保全は大変重要である。

資源保全としては，世界遺産に代表される資源の保全が代表的である。世界遺産条約は「世界の文化遺産および自然遺産の保護に関する条約（世界遺産条約）」として，1975年に発効した。世界遺産は，本来，人類が共有するべき「重要な普遍的価値」をもつ不動産であり，その保全のためには多大な労力と費用が掛かるが，同時に遺産，建築物，自然等が世界遺産に登録されることにより，周辺地域の観光産業に大きな影響を及ぼす。その意味で,観光業との関わりが深い。

世界遺産は分類として,①文化遺産（顕著な普遍的価値をもつ建築物や遺跡など),

表 12-1　日本の世界遺産登録状況および未登録の物件

①文化遺産

暫定リスト登録年月	登録状況（12件）	未登録（10件）
1992年9月（平成4年）	法隆寺地域の仏教建造物（1993.12）、姫路城（1993.12） 古都京都の文化財（1994.12） 白川郷・五箇山の合掌造り集落（1995.12） 厳島神社（1996.12） 古都奈良の文化財（1998.12） 日光の社寺（1999.12） 琉球王国のグスク及び関連遺産群（2000.12）	彦根城 古都鎌倉の寺院・神社ほか
1995年9月（平成7年）	原爆ドーム（1996.12）	
2001年4月（平成13年）	紀伊山地の霊場と参詣道（2004.7） 石見銀山遺跡とその文化的景観（2007.7） 平泉―仏国土（浄土）を表す建築・庭園及び考古学的遺物群（2011.6）	
2007年1月（平成19年）		富士山 富岡製糸場と絹産業遺産群 飛鳥・藤原の京都とその関連資産群 長崎の教会群とキリスト教関連遺産
2008年1月（平成20年）		国立西洋美術館
2009年1月（平成21年）		北海道・北東北を中心とした縄文遺跡群 九州・山口の近代化産業遺産群 宗像・沖ノ島と関連遺産群

②自然遺産

候補として選定	登録状況（4件）	未登録
1992年9月（平成4年）	白神山地（1993.12） 屋久島（1993.12）	
2003年5月（平成15年）	知床（2005.7）	
2007年7月（平成19年）	小笠原諸島（2011.6）	

(出所) 富士宮市ホームページ記載のものに加筆。富士宮市のホームページは次のとおり。
http://www.city.fujinomiya.shizuoka.jp/isan/sekai-kaisetu.htm

②自然遺産（顕著な普遍的価値をもつ地形や生物，景観などをもつ地域），③複合遺産（文化と自然の両方について，顕著な普遍的価値を兼ね備えるもの），の3つがある。日本は1992年の批准であり，125か国目の条約締結と出遅れており，世界遺産としては2011年現在，文化遺産12件，自然遺産4件の計16件に留まっている（ヨーロッパ，アメリカ，中国など世界遺産の物件数はずっと多い）（表12-1参照）。これから世界遺産登録を進める意向が強いが，まだこれからの体制整備も必要である。

観光資源の保全としては，世界遺産条約によるもの以外にも，文化遺産，自然遺産を含めて，次のものが挙げられる。

・有形文化財：国宝，重要文化財，登録有形文化財
・無形文化財：重要無形文化財
・民俗文化財：重要有形・無形民俗文化財，登録有形民俗文化財
・遺跡，名勝地，動植物等：史跡，名勝，天然記念物，登録記念物
・棚田や用水路等：重要文化的景観
・歴史的な集落・街並み：重要伝統的建造物群保存地区
・自然の風景地：国立・国定公園，「歴史的風致維持向上計画」認定
・その他：都市公園など

これらの資源を活用することによって，その意味を，観光客を含む多くの人に知らせ，また意識の上で共有を図ることができる。特に，地域の歴史的，文化的シンボルである史跡等については，保存のための整備，建物復元，遺構の展示やガイド施設の設置といった整備が行われて，その魅力は高められる。

3. 地域社会と観光

近隣の関係者が連携して2泊3日以上の滞在型観光ができるような観光エリアの整備が推進されている。それは「観光圏の整備による観光旅客の来訪及び滞在の促進に関する法律」に基づいて，2008年認定の16地域，2009年認

定の14地域に加えて，2010年には15地域の観光圏整備計画の認定が行われた。また民間組織の取り組みを一体的に支援する「観光圏整備事業補助制度」について，41地域が対象として選定されている。さらに2008年度から「観光地域づくり実践プラン」の認定が行われ，観光圏整備の促進に係る社会資本整備などの支援が実施されている。

これらの施策によって，先進事例の調査・発信，地域独自の魅力を生かした旅行商品の創出，観光・集客サービスや地域資源の活用への支援，構造改革特区・地域再生が実施されている（これまでに1,149件の特区計画を認定）。（以上，平成23年度観光白書より）。

内容は，宿泊施設，食事施設，案内施設その他の施設整備事業として，地域の自立・活性化の総合的支援，ホテル・旅館の整備，地域の街づくり支援，個性あるまちづくり推進，街並み環境の整備，都市再生・地域再生に資する市街地再開発事業，道を舞台にした美しい国土景観の形成，道路空間の有効活用などの社会実験，河川空間等の活用，都市内の水路等の保全・再生，無電柱化の推進，など多様な取り組みが行われている。

これが定着すると，市民生活の身の回りでも地域観光が活用されることになる。日常の生活環境において，観光が根付き，地元住民も他所から来た観光客も，その地域の良さ，以前からの歴史の意味を共有するというスタイルが築かれようとしている。それはまた新しいサービスを作り出すきっかけづくりになる。民間の法人によるナショナル・トラスト運動も，こうした方向に沿うものと考えられる。

こうした発想は，日本のみならずヨーロッパでも同様であり，観光形態につながっている。わが国においていえば，これまで何でもないと思われてきた身の回りの生活資源（里山，棚田，植林され維持されてきた山林，貯水・排水設備，伝統的な農家，商店街・広場など）についても，文化資源の保全・活用化の上で意味があることを理解するべきである。保全・再構築された伝統的な街並み・商店街，古い農家を再利用した展示場・店舗などは，利用客に好まれる傾向がある（一例として，TVの報道番組によると，千葉県で明治時代の醤油蔵がフランス料理

レストランに変わった例などが紹介されて，人気を呼んでいるとのことである）。

4. 文化現象としての観光（交流文化）

　交流文化とは，交流することが形成する文化のことである（違った系統のものが交流することで形成される（新しい）文化）として捉えられる（椎野 2010, p.129）。

　交流文化の視点で観光に接近すると，観光と文化の関わりが問題となる。これまで観光と文化は異なった系統のものと考えられていたが，両者が交流することで，形成される新しい文化に着目する。

　立教大学の観光学部交流文化学科では，国際交流による文化的影響を重視しており，例えば「観光化」が地域に与える影響などのフィールドワークを重視している。

　このように，交流文化は国際観光の推進と深い関係があり，テーマとしては，外国人社会との交流，芸術文化交流，魅力ある文化施設づくり，街づくりとエコツーリズム，国際機関への協力を通じた国際観光，発展途上国などの観光振興に対する協力，青少年における観光交流などが挙げられる。

　エコツーリズムは，街づくりと深い関係があり，地域社会の生態学（エコロジー）的な文化創造の姿を探し求めようとするものである。

　元来，観光には異民族のもてなしによる情報の入手，交流という伝統的接点があり，観光の分析の上で，交流文化を避けて通ることはできない。

　まず，観光開発における交流文化について述べることにする。

　地域観光のマーケットを開拓する場合，その地域の観光資源を確認することになるが，旅行会社との提携・協働によって実施されることが多い。国内最大の旅行会社である JTB では，2005 年度から「交流文化大賞」を創設しており，また日本旅行の「地域観光プロデュース」，近畿日本ツーリストの「地域ブランディング大賞」も知られている。

　そこで重視されるのは，地域固有の魅力の創出・需要の創造，地域住民との双方向での文化交流であり，一過性のイベントでなくて，オリジナル性に基づいた「持続可能な観光」が志向されている。交流文化を推進して，観光振興・

地域活性化に貢献することが目指されている。それは旅行商品の開発につながるが，地域ブランド開発，街づくり，体験プログラムの作成に連動してゆく。

これは海外の観光開発の場合においても同様であり，単に観光地や景観の楽しみ，衣食住の味わいだけでなく，文化交流が根底に作られねば，持続可能な観光として成功できない。

地域と旅行会社が協働して，域外から観光客を誘致するという「インバウンド」型の観光開発は，従来あまり行われていなかったが，今日では各地域の持つ固有の魅力を反映させた，創意工夫の豊かな企画旅行が主流となった。当然ながら，地元の自治体，住民，企業との提携が必要となり，「着地型旅行商品」や「着地型旅行業」が必要となる。

地域の受け入れ体制を成熟化させることも必要で，地域のビジョン明確化，行政と民間との一体感醸成，地域リーダーの育成，地域全体でのホスピタリティ（おもてなし）態勢整備，周辺環境の整備（交通アクセス，駐車場・飲食施設，物産店など），顧客目線でのマーケティング戦略の展開などが求められる。

交流文化を進めるためには，こうした観光開発の他に，国際間・地域間の文化交流，「地元学」の展開，芸術文化や生活文化の共有と博物館・美術館での展示，といったベースになる活動が必要になってくる。

第2節　観光産業と観光マーケティング

1. 観光立国による観光産業の発展

世界で年に10億人の人々が観光目的で旅行していると言われる。観光は主要なサービス産業の一つとなり，経済的・文化的影響は多大である。観光は国際的な相互理解や地域振興に貢献する一方で，自然破壊や環境汚染も引き起こしがちなことから，それに対処するエコツーリズム，グリーンツーリズムの科学・活動領域も発達してきている。

わが国でも，「観光立国推進基本法」（2007年1月施行）に従って，観光振興が国内の各地で浸透してきている。観光立国推進基本法では，基本的施策とし

て，①国際競争力の高い魅力ある観光地の形成，②観光産業の国際競争力の強化および観光の振興に寄与する人材の育成，③国際観光の振興，④観光旅行の促進のための環境整備，を掲げている。

観光は地域活性化，国際親善や文化交流における役割が大きく，交流的側面，文化的側面への効果がある。

観光産業には，大きく見ると，旅行業，宿泊業，交通機関（鉄道，バス，エアラインなど），飲食業（フード），土産物製造・販売業といった業種が含まれる。さらにホスピタリティ産業という概念では，医療・病院関連サービスも含まれることとなる（羽田・中西 2005, p.179）。これは，ホスピタリティにおける「おもてなし」の考え方が，医療を通じて患者救済の概念を含むためである。

我が国の 2009 年における国内の旅行消費額は 22.1 兆円であり，我が国経済にもたらす直接的な経済効果は，直接の付加価値誘発効果が 11.0 兆円（国内総生産—名目 GDP—の 2.3％），雇用誘発効果が 211 万人（全就業者数の 3.4％）と推計されている（平成 23 年　観光白書による）。旅行消費額は，表 12-2 を参照されたい。国内の旅行消費額には，宿泊旅行（14.9 兆円，67.1％），日帰り旅行（4.8 兆円，21.7％），海外旅行の国内分（1.2 兆円，5.6％），訪日外国人旅行（1.2 兆円，5.5％）が含まれている。

この旅行消費額がもたらす間接的な効果を含めた生産波及効果は，48.0 兆円（国内生産額の 4.9％），付加価値誘発効果は 24.9 兆円（名目国内総生産の 5.2％），雇用誘発効果は 406 万人（全就業者数の 6.3％）と推定されている。このように，観光産業の規模は大きい。

観光立国推進基本計画によれば，①訪日外国人旅行者数を 2010 年までに 1,000 万人にする，②日本人の海外旅行者数を 2010 年までに 2,000 万人にする，③国内における観光旅行消費額を 2010 年までに 30 兆円にする，などの計画が立てられていた。実際の訪日外国人数は 2010 年度に 861.1 万人で，出国者数は 1,663.7 万人であり，それに至っていない。さらに 2011 年 3 月の東日本大震災は，特に訪日外国人数の落ち込みとして，大きな影響があった。

もっとも政府観光庁の発表では，2012 年 6 月の訪日外国人数は 2010 年 6

表12-2　旅行消費額の推計（2009年）

（単位：10億円）

区分\費目	a 宿泊旅行（国内）	b 日帰り旅行（国内）	c 海外旅行（国内分）	d=a+b+c 国民の旅行（国内分）
旅行消費額（旅行中＋前後）	14,860	4,806	1,244	20,911
対前年度増加率	-4.7%	-2.4%	-27.0%	-5.9%
旅行前後支出	2,486	903	356	3,746
旅行前支出	2,337	830	333	3,499
旅行後支出	149	74	23	246
旅行中支出	12,374	3,903	888	17,165
旅行会社収入	211	43	193	446
交通費	4,542	1,932	591	7,064
宿泊費	2,943	0	20	2,963
宿泊費（別荘等帰属計算）	598	0	0	598
飲食費	1,493	556	27	2,076
土産代・買物代	1,888	974	46	2,909
入場料・施設利用料	596	377	0	973
その他	104	21	11	136

　　e　訪日外国人旅行　旅行消費額　　1,222 (-8.4%)
　　f　国内の旅行消費額　　　　　　　22,133 (-6.1%)
　　g　海外旅行（海外分）　　　　　　3,280
　　h=d+g 国民の旅行（海外分含）　　24,191

（出所）観光庁編「平成23年版　観光白書」，2011年8月，p.145
　　　　国土交通省観光庁「旅行・観光産業の経済効果に関する調査研究」により，観光庁作成。

月のそれを上回る68万6,600人となり，初めて訪日客数が震災前を1.4％上回った。ここにきて，訪日観光客数は震災前の水準にほぼ回復している。

　さらに政府が2020年までの成長戦略をまとめた「日本再生戦略」（2012年7月発表）の中には，観光が大きな戦略の柱として含まれており，内容として，次のような特徴が示されている（日本経済新聞7月10日，第1面）。

　①格安航空会社（Low Cost Carrier；LCC）の新規参入促進策の実施等により，国内の旅行消費額を2015年度に30兆円規模に拡大する。
　②訪日する外国人旅行者を2020年に11年比で約4倍の2,500万人に増やす。

その他の再生戦略には，医療・介護・健康関連，人材育成，環境，アジア貿易といった項目があり，2020年度までの平均で，名目経済成長率3％，実質2％の目標を掲げている。

サービスなどの付加価値の高い産業に重きを置く経済においては，観光産業の占める位置は高くなってゆく。国民生活の中に国内外の観光客を受け入れて，観光を楽しむように導くためには，観光資源の保全，観光ビジネスの活性化が重要な課題となる。

このように，今後，観光領域のGDPに占める部分はさらに大きくなるすう勢にあり，観光産業はわが国の基幹産業の一つになろうとしている。官民協力の努力によって，海外からの観光客（インバウンド）誘致と日本人の海外旅行数（アウトバウンド）の増加で，観光のグローバル化が図られようとしている。

外国人観光客については，オーストラリアからの観光客の北海道のスキー場，中国人観光客の北海道・京都・飛騨高山，韓国人観光客の大分県湯布院への人気が目立っており，今後，日本観光への関心は高まる方向にある。

2. 観光マーケティング（ツーリズム・マーケティング）

ツーリズムのマーケティングとは，B.M.コルブによれば，リゾートであれ，都市や地域であれ，さらに国であれ，目的地に訪問者を惹きつける戦略を計画するために，マーケティング・コンセプトを適切に応用することである（コルブ著，近藤監訳，p.3）。

ツーリズムの成功は，短期的な効果を目標とするのではなく，リピーター訪問者に市場のターゲットを置くという性格がある。従って，リレーションシップ・マーケティング（関係性マーケティング）としての性格を有しており，持続的に長期間をかけて，顧客との関係性を作ってゆくことが重要と言える。

小笠原諸島が我が国の世界遺産に認定されてから，来訪する観光客数は年間で，それ以前の2倍以上に増えたが，公式ガイドが設けられて，観光客との間で関係性をもつようになっている。

ツーリズム・マーケティングは訪問者のニーズに合致しており，しかも消費

者の生活の質の改善をもたらすことに意を払わねばならない。

　ツーリズム・マーケティングの展開に当たっては，観光商品の分析，顧客の市場セグメント化，顧客の満足度・リピート率分析を実施する。観光地の競争戦略評価を実施して，観光産業のもたらす経済・社会への効果（正の効果，負の効果）が分析される。負の効果が発生するとしても，それは極力抑制されて，観光ニーズに基づいた長期的な名声の確立が目指されねばならない。

　ツーリズム・マーケティングの一環として，「地域ブランド」の開発・普及が重要な位置を占めている。地域ブランドには，青木幸弘によると，企業の製品におけるブランド構築と同様の構築方法が適用され，地域資源の加工品（特産品など），農水産物ブランド，商業地のブランド，観光地のブランドは企業の製品ブランドに相当し，一方，地域全体のブランドは企業ブランドに該当するという（青木 2004, p.16）。

　その論理によれば，第1段階では，ブランド化可能な個々の地域資源を選出して，地域性を取り入れたブランド化を図り，第2段階では共通する地域性をコアにして，全体にわたる「傘ブランド」を構築する。また第3段階では，地域ブランドによる地域資源ブランドの底上げが実施され，第4段階では地域資源ブランドによる地域の活性化がもたらされる，という概念枠である。ここでいう「地域資源ブランド」とは，資源としての地域性を指しており，地域性が地域資源ブランドの基盤になっている。ここには，観光以外にも，加工品，農水産物，商業集積などが，地域ブランドとして構築され，総合的に地域性を示したブランドづくりにつながる，ということである。

　観光ブランドは，このように関係する地域性をもった個々の製品の開発があって，総合的に展開される，という特徴をもっている。地域性の把握とその資源のブランド化が強く求められている。

　では，こうした観光開発に資するための関係者の役割分担は，どう考えらればよいであろうか。「身の丈に合った地域ブランドの開発」とよく言われるが，地域の自治体，産業，地元民の先覚者が集合して，中央の観光企業などからの援助を受けつつ開発する，ということだけでは物事が解明されない。

観光事業（リゾート事業）の活動には，①開発，②所有，③運営，④金融の4事業があり，我が国では，従来は④を除いて，①～③までを1つの事業体が兼ねて実施することが多かった（④は,地元地域の地方銀行などが担当することが多い）。

　日本の地方の限られた経済規模の中で，こうした方式が一般的に実施されており，この方式は欧米諸国や欧米資本による開発での「役割分担方式」（運営に特化した観光企業，観光ビジネスへの投資家などに機能分担する）と異なる。

　1つの地元の企業や関係者による事業体が，限られた土地・不動産の担保力の範囲内で資金を調達（借出し）し，開発から所有,運営までを実施するのでは，大規模な投資や事業展開は困難である。どうしても限定的な観光開発にしかならないのであり，この点が我が国の観光事業の問題点になっていた，と言える。資金力が限られて，また何もかも抱え込んでの事業になりがちであった。それは事業の専門的能力育成，広範な人材資源育成を妨げ，リスク丸抱えの運営体制となって，弊害が大きいと言える。

　従来は，日本では交通費の高いこと，国内での大都市からの早急な移動を容易にする交通システムの未発達があり，地域ごとに孤立した地域ブランドの開発，全て丸抱えでの地元観光開発にならざるを得ない素地があった。ただ，20世紀末から，こうした動向を打ち破る「運営特化型」（投資との分離）の企業が現れてきた。

第3節　観光経営の展開

　観光経営には，投資家の資金拠出が必要であり，投資家は収益性のある事業に分散投資する方向にある（いくつもの通貨建てで世界各地の事業に投資する）。

　観光産業は，投資先として安定した収益が望める分野であり，将来我が国へ来る観光客数（インバウンド）が日本人の海外旅行者数（アウトバウンド）を上回ることも予想される。

　日本は，①国の知名度，②訪問の容易さ，③安全性の3点において，いずれも優れた観光地になり得る条件を備えている。ただ現実には日本は受け入れ

た海外旅行者数は2010年で861.1万人であり，国際的比較では2009年には第33位（アジアで8位）に甘んじている。ちなみに外国人訪問旅客数で，中国は世界4位，香港は14位，韓国は27位である（2009年ベースで）。国際旅行収支で，輸出が輸入を上回る国が多いのに対して，日本は2010年に旅客輸送を含めないでも，1兆3,329億円の赤字である。旅客輸送を含めて2兆1,370億円の赤字である（平成23年　観光白書による）。

　わが国の場合，国内顧客のみでなく，海外顧客を引き入れられるような観光経営が必要であり，そのためにはLCC（低価格のエアライン会社）やハブ空港（国内移動の中核となる空港）の整備も必要であるが，同時に観光経営の革新も求められる。国際間の移動と比して，国内の交通費はあまりに割高である。

　観光分野での国際競争力アップのためには，国の政策としては，観光地の特性を生かした良質なサービスの提供（魅力ある観光地の形成，先進事例の調査・発信，地域独自の魅力を生かした旅行商品の創出，観光・集客サービスや地域資源活用への支援，構造改革特区・地域再生の活用）が考えられ，観光圏による観光旅客滞在の長期化などが目指されている。

　観光経営が果たすべき運営課題としては，①市場における集客力向上，②需給の差の問題への対処，③資本生産性の向上，④投資不足の問題解決，⑤予約方式の革新，などが挙げられる。投資不足の件は，上記のように運営特化型経営の導入によって，投資家の資金を導入することが重要である。

　我が国では国民の休暇の日が短い期間（ゴールデンウィーク，お盆，正月など）に決まっており，その結果，交通機関や宿泊施設の繁忙の差が激しくなっている。繁忙の差を埋める努力はあまり行われておらず，国民が長期間の休暇を取るという習慣も確立していない。それは観光業の構造的な生産性の低さにつながっており，臨時雇用の労働力への依存が起きる原因ともなっている。

　サービス産業の中でも，観光業は労働集約性が強く，現場の生産性は高くないとされている。これを改革するには，従来の旅館などでのおもてなしの方法を変えて，組織の変革や新しい方法への対応も必要である（経営がうまくいっている場合は，従来の接客方法を踏襲することが考えられるが，そうでない場合は改革が

必要である)。

　宿泊場所の予約は，従来からの電話によるものがまだ多いが，インターネットによる予約方式を主体とするべきである（国際的な予約形態は，大きく変化してきた）。

　各種の経営革新を行い，労働集約性から資本生産性の経営へ転換することが方向として考えられる。宿泊場所の国内各地における確保によって，スケールメリットを発揮することも重要である。これによって「世界に通用する日本のリゾート」を提供し，国内のみならず海外からの旅客にとっても魅力ある観光場所を提供することが求められる。それには日本語，英語のみならず，中国語，コリア語での対応能力，ホームページ作成も必要であろう。

　国内各地での宿泊場所，観光スポットの確保は，例えばビーチリゾート型，伝統地域型，山林型などいくつもの異なるタイプのリゾートを用意して，スケールメリットを発揮しての経営を行うことを可能とする。

参考文献
1）菊地俊夫編著（2008）『観光を学ぶ―楽しむことからはじまる観光学―』二宮書店。
2）古閑博美（2003）『ホスピタリティ概論』学文社。
3）国土交通省観光庁編（2011）『平成23年度　観光白書』全国官報販売協同組合発売。
4）ボニータ M. コルブ著, 近藤勝直監訳（2007）『都市観光のマーケティング』多賀出版。
5）佐々木正人（2000）『旅行の法律学（新版）』日本評論社。
6）敷田麻実編著（2008）『地域からのエコツーリズム―観光・交流による持続可能な地域づくり―』学芸出版社。
7）須藤廣（2008）『観光化する社会―観光社会学の理論と応用―』ナカニシヤ出版。
8）田中掃六編著（2008）『実学・観光産業論』プラザ出版。
9）羽田昇史, 中西康夫（2005）『サービス経済と産業組織（改訂版）』同文館出版。
10）服部勝人（2006）『ホスピタリティ・マネジメント学原論』丸善。
11）平野文彦編著（1999）『ホスピタリティ・ビジネス』税務経理協会。
12）平野文彦編著（2001）『ホスピタリティ・ビジネスⅡ』税務経理協会。
13）山口一美, 椎野信雄編著（2010）『はじめての国際観光学』創成社。
14）山本哲士（2006）『ホスピタリティ原論―哲学と経済の新設計―』文化科学高等研究院出版局。

第13章
商店街マーケティング

第1節　商店街マーケティング

1. 商店街の概念

　商店街は，一定の地域に個々の小売店舗等が自然発生的に立地し，そこで相互に競争しながら共存共栄して，一定の小売商業集積を形成しているところである。しかも，それは，小売機能の地域的集積の小売中心地あるいは買い物中心地であり，小売店舗等の集合形態として把握されている（鈴木 1974, p.399）。
　このように商店街は，都市・地域の一定地区において，主に買回品や日用品などを取扱う多数の小売店から構成される商業地域をいい，通常は，中小小売店やサービス店等（以下，小売業等とする）の集合地域として把握されている（久保村・荒川 1982, p.138）。このような商店街は，小売商業集積の特質として，①小売業等の経営の場，②消費者の買い物ないし生活の場，③都市・地域施設の一部という3つの側面を有している（久保村・荒川 1982, p.138）。
　そこで，商店街の役割についてみると，第1に，商店街は小売業の経営の場である。これは，商店街での消費者の買い物によって個々の小売業の経営が成り立っている。しかも都市や地域にとっての商店街は，雇用の場であり，所得の源泉となり，租税の徴収の基盤ともなる。都市や地域にとって商店街が盛んになることは，都市や地域に旺盛な経済力をもたらす要因の1つになる（鈴木 1994, p.16）。
　換言すれば，商店街の経済的役割である。これには，①地域社会の人々の生活に必要な商品を安定的かつ効率的に提供すること。②地域社会に対して雇用・所得・税金の機会を提供すること。③従来，地域経済をリードしてきた第2次産業に代わり，第1次産業ないし第2次産業をリードする産業として地域経済

の振興に貢献することなどがある（宮原 1984, p.45）。

　第2に，商店街は人々の生活と直結した買い物の場であるとともに生活環境の場である。社会的分業が進展した今日の社会において，人々の生活に必要不可欠な商品やサービスはほとんど家計の外部から購入される。そのためその入手先である小売業やサービス業の態様やあり方は，人々の生活や福利厚生と密接な関係がある。商店街によって提供される商品の品揃えや価格帯ならびに各種のサービスは，人々の生活の質に関連した生活環境を形成している（鈴木 1994, p.16）。

　換言すれば，商店街の社会的役割・文化的役割である。これには，①社会的利便の提供として地域社会の人々にとって安住の場を提供すること。②地域社会の人々に社会的連帯感を醸成し育成するために，社会的行事を開催すること。③生活情報ないし地域情報などの情報交流の促進を図ること。さらに商店街の文化的役割は生活文化の提案，文化的行事の企画・遂行，文化施設の提供などがある（宮原 1984, pp.46-47）。

　第3に，商店街は都市や地域にとって不可欠な施設である。都市や地域には店舗，住宅，事務所，工場，娯楽施設，官公庁，交通機関，駐車場，道路，広場・公園など，さまざまな機関や施設が存在し，都市や地域の内外の住民に対してさまざまな機能を提供している。小売店やサービス業の集積地域としての商店街は，都市や地域の住民に不可欠な施設であり，都市や地域の発展ないし衰退に伴う諸施設や機能の変動が商店街に影響を与え，逆にまた商店街の繁栄・衰退が都市や地域のあり方に影響している（鈴木 1994, p.16）。

　一般に，商店街は，それを構成している個々の商店の業種構成や業態構成などの内的環境要因，人口集積規模をはじめとして街路・道路や交通体系，消費者ニーズや購買力，商業以外の事業所や施設の状態などの外的環境要因によって，その規模と特徴が規定される。一般に商店街は，次の3つのタイプに分けられる（高山 1958, p.119）[注1]。

　（1）近隣型商店街——消費者が日常買い物をするような商店街であり，最寄品業種の商店が中心となり，農村地域や近隣住宅地域などに立地している。

（2）地区型商店街——消費者が週1回程度の買い物をするような商店街であり，近隣型商店街よりも買回品業種の商店のウェイトが高く，小都市の中心部や大都市周辺の地域中心部などに立地している。

　（3）広域型商店街——消費者が月1回程度の頻度で買い物をするような商店街であり，買回品業種や飲食・サービス業種の商店が中心となり，大都市中心部などに立地している。

　さて，商店街はどのような根拠で形成され，地域の消費者にどのような利益ないし効果をもたらしているのか。結論からいえば，それは商業の社会的存立根拠の延長線にあるといえる。すなわち，商業は，多数の生産者から多種多様な商品を購入し社会的品揃え物として多数の消費者に販売することによって，効果的・効率的な販売と市場を拡大するという，いわば社会的分業による専門化の利益によってその存立基盤が与えられている（森下1984, p.22）。このような小売業等の集積形態としての商店街は，多くの地域住民に容易に接近して存在し，しかも商業機能の集合体として多種多様な商品やサービスを提供している。したがって，商店街の存立基盤は，本来の商業存立根拠に加えて，大量の消費購買力に容易にアクセスできるという接近・接触の利益と独立の経営組織の集合によって生じる規模の利益の一形態としての結合の利益から成り立っているのである（宇野1993, p.96）。

2. 商店街マーケティング

　マーケティングは，もともと巨大生産企業の市場獲得・市場支配のための諸方策（森下1993, p.164），あるいは市場環境に対する企業の創造的で統合的な適応行動（三浦1991, p.2）と定義づけられている。さらに，一度確立されたマーケティング手段・技法は，中小企業であれ流通業者であれ，企業経営のうえで極めて有効な手段・技法として応用可能である（岡田1992, p.8）。このような考え方は，1960年代後半から台頭してきたソーシャル・マーケティング概念の1つであるマーケティング概念の拡大化の方向にみられる。

　そのために，最近では小売マーケティングとか卸売マーケティング，商店

街マーケティングなどの商業領域，さらに学校マーケティングや病院マーケティングなど，さまざまな主体によるマーケティングが唱えられている（岡田 1992, pp.8-9）。商店街マーケティングは，このようなマーケティングの拡張概念として，商店街による一定の商圏をめぐる市場獲得・市場支配のための諸方策と規定することができよう。

さて，商店街は，個々の独立した小売業等が一定地域内で自然発生的に集まって形成された共同組織体としての小売商業集積である。そのために商店街マーケティングの特徴は，小売マーケティング[注2]とその共同組織体のマーケティングとの特質を兼ね備えている。

小売業は，もともと地域住民をターゲットにして商品を販売する立地産業として，多数の生産者や卸売業者から多種多様な商品を購入し社会的品揃え物として多数の消費者に販売するという固有の機能を果たすところに特徴をもっている。そのために小売業マーケティングは，対象地域がそれぞれ小売店舗のもつ商圏に制限されながら，その商圏の消費者が必要とする多種多様な商品を幅広く取り扱わざるをえない（高山 1958, p.137）。

また，商店街は共同組織体として二面性をもっている。すなわち，商店街は外に対しては一体となって競争の主体としてゲゼルシャフト的組織でなければならない。同時に，内に対しては個々の商店が自立しながら連帯・協調するゲマインシャフト的組織であることが必要である。こうして商店街は，二面的な組織形態として構成メンバーの信頼感に基づく運命共同体として活動することに特徴がある（清成 1983, pp.93-94）。

したがって，商店街マーケティングは，商店街組織を構成する一員として個々の商店の個別マーケティングとともに，商店街組織全体の共同マーケティングを展開するところに特徴がみられる（南方・岡部 1991, p.66）。もちろん，商店街マーケティングは，商店街全体によって行われる共同マーケティング活動を対象とするものである。そのために商店街マーケティングは，基本的には商店街組織の結束力に依存しながら，商店街の共同マーケティング活動が個々の商店のマーケティング活動を支援し，それがまた商店街組織に貢献しなけ

ればならない。すなわち，商店街マーケティングは，一方では単一の経営体である大型店に近い効率的なマーケティング活動を発揮するとともに，他方では個々の商店の個性あるマーケティング活動を発揮して消費の多様化に十分対応する（南方・岡部 1991, p.25）ことができ，全体としての商店街マーケティングが効果的に行われるのである。

3. 商店街マーケティングの基本戦略

　商店街マーケティングとは商店街による一定の商圏をめぐる市場獲得・市場支配のための諸方策である。そのために商店街マーケティングは，一定の商圏における消費者需要の獲得・維持ならびにその消費者需要をめぐる競争戦略として差別的優位性を確立することが基本戦略となる。換言すれば，商店街マーケティングの基本戦略は，商店街を取り巻く商圏の拡張とその商圏における消費者需要ないし消費者ニーズの増大による需要創造である。それとともに同一市場や商圏をめぐる市場競争において他の商店街や大型店に対して，なんらかの差別的で優位的な競争戦略を展開しなければならない。

　したがって，商店街マーケティングの基本戦略としては，1つには顧客ニーズに適合しつつ，競争関係にある商店街や大型店と差別化を図るために，商店街そのものがもつ経営資源やその構成要素である個店がもつ経営資源を活用していくマーケティング戦略がある。もう1つには，マーケティング基本戦略を具体化していくために，製品・価格・経路・販売促進といった個々のマーケティング活動についての部分戦略ないしそのマーケティング・ミックス戦略がある（南方・岡部 1991, p.71）。

　さて商店街マーケティングの基本戦略には，ソフト事業とハード事業が考えられる。ソフト事業は，主として消費者を集めるためのイベント，消費者を固定化するためのスタンプやクレジットなどがあげられる。それに加えて，これらのソフト事業の基盤的な活動としては顧客管理と店舗の商品品揃えがある。顧客管理は，商店街のいわば共同的な情報資源となる顧客リストの作成とその管理によって消費者の固客化を図るものである（石原・石井 1992, p.26）。

店舗の商品品揃えは，個々の商店ならびに商店街が全体としてふさわしい商品を取り揃えて，それを消費者に提供する一連の商品提供機能といえる。つまり，それは，一方では商店街全体が適切な業種・業態構成による商品品揃えによって，ワン・ストップ・ショッピング機能による売買の効率性を高め，他方では個々の商店固有の商品品揃えによって消費者ニーズの多様化に対応することである。このように商店街全体と個々の商店による商業固有の商品品揃えの充実が消費者の集客力と固客力を高めていくのである。

次に，ハード事業には商店街を構成し特徴づける店舗立地戦略ならびに街並み・環境整備事業がある。店舗立地戦略は，商店街全体として商店街に必要な店舗を導入したり取り除いたりするものであり，それによって商店街全体にふさわしい業種・業態構成が形成され，それが商店街の魅力を高める。

そのために，この店舗立地戦略は商店街の基本戦略として長期安定的な集客力と固客力を高める構造的なものといえよう。街並み・環境整備事業には街の彩りを添える街路灯やベンチの設置，アーケードや街路の舗装，駐車場やコミュニティー・センターの設置などがある。これらの街並み・環境整備事業も商店街マーケティングを特徴づける重要な戦略の一環として長期的・構造的な集客力と固客力を高める基盤事業といえる（石原・石井 1992, pp.26-27）。

第2節　商店街マーケティング・ミックス戦略

1. 商品戦略

商店街には商品の提供をはじめ，飲食・レジャー・社交・文化などさまざまなサービスを提供する機能が存在し期待されるが，消費者が商店街に来街する最も基本的な目的は買い物である。そのためにいかなる商品を取り揃えて販売するかという，商品提供機能としての商品品揃え戦略が商店街マーケティングの中核的戦略となっている。つまり，個別商店の商品品揃えからみた業種・業態構成によって商店街が特徴づけられるかぎり，業種・業態構成としての商品品揃え戦略が商店街マーケティング戦略の基本となるのである。

また，商店街の業種構成として重要な役割を演じるものがサービス業種の存在である。サービスの特質は，生産と消費が同時に行われるために，輸送や保管が不可能なことである。そのために商店街におけるサービス業種の集積は，顧客誘因の重要な要因であるとともに，そこでの滞留時間を長くする効果が期待できる。近年，商店街は，単なる買い物場所から都市機能としての役割が高まるにつれて，これら各種サービス業種の集積が重視されてきている。これらの商店街におけるサービスには，個人サービス機能としてレストラン・喫茶店・バー・パチンコ・ボーリング場・映画館などがある。また事業者サービス機能として金融業・保険業・不動産斡旋業・広告代理業などがある。さらに公共サービス機能として市役所・郵便局・学校などがある（岩澤 1992, p.182）。

2. 価格戦略

商店街マーケティングの価格戦略は，業種構成に基づく商店街タイプに規定され，かつ業態構成に基づく質的な要因によっても規定される。 商店街の業態構

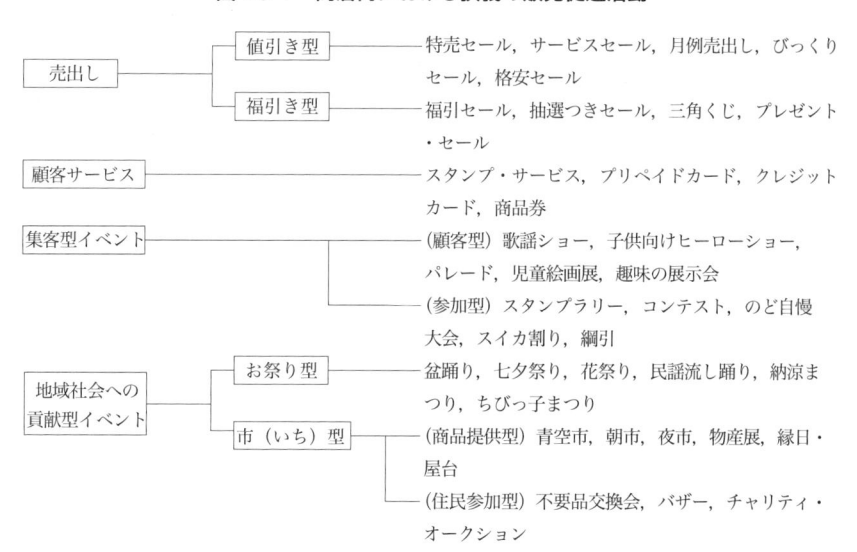

図 13-1　商店街における狭義の販売促進活動

```
売出し ─┬─ 値引き型 ──── 特売セール，サービスセール，月例売出し，びっくり
        │                  セール，格安セール
        └─ 福引き型 ──── 福引セール，抽選つきセール，三角くじ，プレゼント
                          ・セール

顧客サービス ──────────── スタンプ・サービス，プリペイドカード，クレジット
                          カード，商品券

集客型イベント ─┬──── (顧客型) 歌謡ショー，子供向けヒーローショー，
                │            パレード，児童絵画展，趣味の展示会
                └──── (参加型) スタンプラリー，コンテスト，のど自慢
                              大会，スイカ割り，綱引

地域社会への ─┬─ お祭り型 ── 盆踊り，七夕祭り，花祭り，民謡流し踊り，納涼ま
貢献型イベント│                つり，ちびっ子まつり
              └─ 市（いち）型 ─┬─(商品提供型) 青空市，朝市，夜市，物産展，縁日・
                                │              屋台
                                └─(住民参加型) 不要品交換会，バザー，チャリティ・
                                               オークション
```

出所：南方・岡部 1991, p.90.

成による価格戦略においては，同種商品・同一商品でもそれを取り扱う小売業態の店舗レイアウトやサービス戦略などによって価格帯も商品特性も異なってくる。一般に，わが国における百貨店や高級専門店では，高額品の品揃えによってその価格帯は高く，他方，量販店やディスカウントストアでは価格帯は低い傾向にある（岩澤 1992, pp.183-185）。したがって，商店街の多種多様な業態構成が，同種商品・同一商品でも消費者に広範囲な商品選択の機会を与え，それだけ商店街の魅力につながって集客力を高めている。

さらに，商店街マーケティングの価格戦略として重要な役割を演じるものが，商店街の共同活動として行われる特売・格安セールなど各種の値引き戦略である（図13-1参照）。

3. 経路戦略

マーケティングの経路戦略は，生産者が消費者にどのような経路や手段によって商品を販売するかという戦略である。その意味からして，商店街の経路戦略は，商店街と消費者の空間的・時間的距離を克服するための諸活動であり，商店街に消費者を集客するための集客戦略（岩澤 1992, p.187）としてのアクセス戦略が重要である。そのための基本戦略としては，商店街の業種・業態構成に規定された店舗立地戦略があり，それとともに商店街へ容易に接近し，そこで安全で快適な購買行動ができるような基盤施設の整備がある。

このような基盤施設の整備としてのハード事業には，商店街へのアクセス整備事業ならびに街並み・環境整備事業（施設サービス・ミックス）などがあげられる。そのうち商店街へのアクセス整備事業には，バイパス・歩道・陸橋などを含む道路交通網の整備があげられる。また街並み・環境整備事業には，買い物の安全性の確保および回遊性や一体性を中心として，これに便利性・快適性・情報性などを加えた施設や雰囲気の創出があげられる。商店街の施設サービスは，図13-2のように，安全な買い物環境の確保，商店街イメージの明確化，買い物に付随するサービス施設に分けることができる（南方・岡部 1991, pp.94-97）。

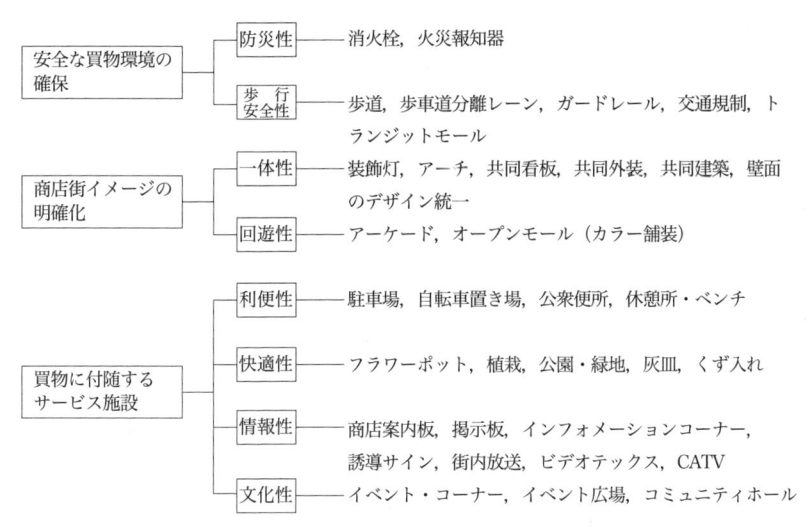

図 13-2　商店街における施設サービス

- 安全な買物環境の確保
  - 防災性 ── 消火栓，火災報知器
  - 歩行安全性 ── 歩道，歩車道分離レーン，ガードレール，交通規制，トランジットモール
- 商店街イメージの明確化
  - 一体性 ── 装飾灯，アーチ，共同看板，共同外装，共同建築，壁面のデザイン統一
  - 回遊性 ── アーケード，オープンモール（カラー舗装）
- 買物に付随するサービス施設
  - 利便性 ── 駐車場，自転車置き場，公衆便所，休憩所・ベンチ
  - 快適性 ── フラワーポット，植栽，公園・緑地，灰皿，くず入れ
  - 情報性 ── 商店案内板，掲示板，インフォメーションコーナー，誘導サイン，街内放送，ビデオテックス，CATV
  - 文化性 ── イベント・コーナー，イベント広場，コミュニティホール

出所：南方・岡部 1991, p.95.

4. 販売促進戦略

　商店街の販売促進戦略は，商店街やその構成メンバーである個々の商店に対する消費者の愛顧心を高めながら，集客力と固客力を高める戦略である。販売促進活動には広告，人的販売，狭義の販売促進の３つの活動があり，商店街の販売促進活動としては共同広告と狭義の販売促進が中心的な役割を果たしている。商店街による共同広告は，商店街への顧客愛顧心を高め顧客の吸引を図るもので，特に商店街を構成する個々の商店が顧客を共有する場合には効果的な顧客吸引の手段となっている（南方・岡部 1991, p.89）。

　また，狭義の販売促進活動も，商店街の共同活動として実施する方が集客や費用の側面からもかなり効果的であり，そのために商店街活動として最も多く行われている活動である。具体的活動としては，図 13-1 にみられるように，即効的な売上げの増大効果を目的とした売出し，顧客の固定化を目的とした顧客サービス，商店街のイメージアップや新規顧客の開拓を図る集客型イベント，お祭や市などを通じて地域住民のふれあいを図る地域社会への貢献型イベ

ントなど多種多様な活動があげられる（南方・岡部 1991, pp.90-93）。

第3節 「街づくり」マーケティング

1. 商店街の現状

　最近，商店街は，これらを取り巻く環境条件の厳しい変化に対応できない中小小売店の衰退・退店などにより，業種業態構成の欠落，空き店舗などによって商店街としての魅力が半減し衰退への途をたどっているのが現状である。

　小売業は，消費者を対象とした個別性・小規模性・過多性・低生産性を特徴としており，高度経済成長期におけるスーパーの急成長などによる流通機構の変化にもかかわらず，一貫して小売店舗数は増え続けてきたが，1985 年の商業統計から小売店舗数が減少し，その後も減少傾向を示している。特に，その減少の主要部分が中小零細小売業であり，その背景には経営者の高齢化・後継者難などの内部問題に加え，消費者ニーズの変化や商業立地基盤の変化，さらに小売競争の変化に対応できなかったことなどがある（岩永 2007, p.68）。

　これら中小小売商業の減少は，また中小小売商業集積としての商店街の衰退化とまさに表裏の関係にある。商店街実態調査によれば，調査対象となった全国の商店街のうち，停滞および衰退していると回答した商店街は，1970 年に 61.3％，1975 年に 67.8％であったが，その後，1981 年に 87.1％，1985 年に 88.9％，1991 年に 91.5％，1995 年に 94.7％，2000 年に 91.4％と急速に増加する傾向にあり，特にこの傾向は商圏の狭い近隣型商店街や地域型商店街ほど高くなっている（商店街実態調査委員会 1987, p.83, 中小企業庁 1993, p.60, 流通経済研究所 2000, p.71）。

　このような停滞・衰退感が強まっている背景には，都市・地域内外の商業集積間競争が激化するなかで，商店街が厳しい状況に直面しているという事実がある。つまり，主として市街中心地や駅前に立地している商店街が，近年のモータリゼーションの普及によって広い駐車場と新しい感覚をもった郊外型大型店や新しい小売商業集積（ショッピングセンター）に顧客を奪われたり，さら

に後継者のいない不振な店舗が閉店するなどによって停滞・衰退化している。それによって商店街に活力がなければ商店街全体としての魅力がなくなり，本来の商業集積のメリットが今度はデメリットとして悪循環しているのである（石原1993, p.249）。

2.「街づくり」マーケティング

　今日，全般的に停滞・衰退している商店街を公共政策[注3]の1つとして見直そうとする動きがみられる（石原・石井1992, pp.333-334）。それに弾みをつけたのが『80年代の流通産業ビジョン』であった。そこでは，流通を経済的効率性の視点からだけでなく，社会的有効性の観点からも評価すべきであり，したがってまた商店街に対する公共空間ならびに社会的・文化的役割などが再評価されてきている。つまり，商店街は単なる買い物場所としてだけでなく，公共サービスや余暇・スポーツ・文化といったサービス施設も併設した「暮しの広場」・「交流の広場」として見直されるようになってきたのである（岩澤1992, p.6）。

　こうした背景には，かつて地域のなかで果たしてきた商店街のコミュニティ機能への評価が高まり，商店街が都市・地域の顔であり生活インフラとしての役割を担うことによって，単なる買い物施設を越えたある種の公共性・社会性を見出そうとしている。そこで最も注目されているのが商店街を「街づくり」の一環として捉える取り組みであり，その目玉がコミュニティ・マート構想にある（石原1993, p.249）。

　このような商店街のコミュニティ機能は，都市・地域の公共機能としての一翼を担うものであり，これらのソフト機能を補完・補充する駐車場・道路・広場・公園などのサービス施設ないし基盤施設が公共施設として不可欠となってくる。そして，これらの公共施設は，商店街やそのメンバーである個々の中小小売店や企業だけが利用しているのではなく，なによりも地域住民や広く市民によって利用されているのである。

　このように商店街が都市・地域政策視点の公共政策から再評価され見直され

ている。こうした都市・地域政策視点からの商店街の再建・活性化は、『90年代の流通ビジョン』における「商店街の活性化と『街づくり会社構想』」にも強調されており、国や自治体が出資する第三セクターとしての「街づくり会社構想」によって推進されているのである。

このことは、従来の商店街管理者の商店街マーケティングが行き詰まり、その対策として国家ないし地方自治体が、公共政策のもとで商店経営者だけでなく公共機関や地域住民を包み込んだ「街づくり」マーケティングの一環として商店街マーケティングを展開しなければ、もはや存立していかないことを示唆しているといえる。

ともあれ、本来の商店街マーケティングないし「街づくり」マーケティングは、商店街・街づくりに関わる商店経営者が中心となり、これに地方自治体や地域住民が一体となって実践していかなければならない。それによってはじめて、都市・地域に根づいた「街づくり」マーケティングならびにその一環としての商店街マーケティングが実現できるといえよう。

注
1) 商店街は商圏と商品提供機能をベースとして、次の3つのタイプに分類でき、かつ、そこでのマーケティング戦略は、以下のようである（南方・岡部 1991, pp.45-46）。
　① 近隣型商店街——購買頻度の高い食料品など最寄品中心の日常生活関連商品の購買に対応するために、商圏範囲は狭いことから顧客を共有しなければならず、この範囲内に居住する消費者の最大公約数的部分を顧客ターゲットとせざるをえない。そのために地域住民特性に適合したマーケティング戦略を展開しなければならない。
　② 地区型商店街——周辺の近隣型商店街との相互補完により、地区内消費者の日常生活関連商品や一部の非日常生活関連商品の購買に対応するために、商圏範囲はある程度地域内に限定されて顧客を共有する部分が大きい。そのために商店街全体が一体となって地区住民特性に適合しながら競合する大型店や他の商店街と差別化したマーケティング戦略を展開しなければならない。
　③ 広域型商店街——買回品や専門品など非日常生活関連商品の購買に対応するために、商圏範囲は広く、専門店化を前提として形成された商店街を特徴とするものである。そのために個々の商店独自の絞り込まれた顧客ターゲットを対象とした個々の商店のマーケティング戦略が展開されるとともに、全体としての商店街マーケティングが多様な消費者ニーズに対応する戦略を展開しなければならない。

2）保田芳昭は，小売業マーケティングの特質として，次のような特徴をあげている。第1に，生産過程をもたず流通過程でのみ作用するマーケティングである。第2に，店舗が立地している地域の商圏ないし隣接する広域商圏内の最終消費者を対象とする消費財のマーケティングである。第3に，店舗の市場が地域限定的でローカル性をもつことから，その商圏内の競争が文字通り市場争奪戦となるだけに店舗間の対立・競争が激しくなる。第4に，立地産業であり，地域商業や地域住民の消費生活や都市構造に大きな社会的影響を与える。そのために法的・行政的規制を受けるものである（保田 1992，p.137）。

3）商店街が公共政策的課題として重視されてきている背景には，2つの要因があるようにおもわれる。第1は，街の中小小売業を軸とするわが国の商店街にとって，現在直面している問題の解決が容易でないという認識があること。第2は，「商店街は都市の顔」ではないかという，地域コミュニティの核としての商店街の再評価である（石原・石井 1992，pp.333-334）。

参考文献
1）石原武政・石井淳蔵（1992）『街づくりのマーケティング』日本経済新聞社。
2）石原武政（1993）「中小商業政策の軌跡」日経流通新聞編『流通現代史』日本経済新聞社。
3）岩澤孝雄（1992）『商店街活性化と街づくり』白桃書房。
4）岩永忠康（2007）『マーケティング戦略論（増補改訂版）』五絃舎。
5）宇野史郎（1993）「都市における小売商業集積の存立様式」阿部真也監修『現代の消費と流通』ミネルヴァ書房。
6）岡田千尋（1992）「マネジリアル・マーケティングの成立」尾碕 眞・岩永忠康・岡田千尋・藤澤史郎『マーケティングと消費者行動』ナカニシヤ出版。
7）清成忠男（1983）『地域小売商業の新展開』日本経済新聞社。
8）久保村隆祐・荒川祐吉編（1982）『商業辞典』同文舘。
9）商店街実態調査委員会（1987）『昭和60年度商店街実態調査報告書』。
10）鈴木安昭（1974）「小売業の共同組織」久保村隆祐・荒川祐吉編『商業学』有斐閣。
11）鈴木安昭（1994）「都市と商業集積」流通政策研究所『流通政策』No.55。
12）高山 守（1958）「ショッピング・センターと商店街」久保村隆祐・髙城 元編『小売流通入門』有斐閣。
13）中小企業庁（1993）『平成5年度商店街実態（中間調査）報告書』大蔵省印刷局。
14）三浦 信（1991）「マーケティング」三浦 信・来住元朗・市川 貢『最新マーケティング』ミネルヴァ書房。
15）南方建明・岡部達也（1991）『商店街のマーケティング戦略』中央経済社。
16）宮原義友（1984）「商店街の活性化」日本商業学会年報刊行委員会『地域商業の新展開』日本商業学会。
17）森下二次也（1993）『マーケティング論の体系と方法』千倉書房。
18）森下二次也（1984）『現代の流通機構』世界思想社。

19) 保田芳昭 (1992)「流通問題とマーケティング」保田芳昭編『マーケティング論』大月書店。
20) 流通経済研究所 (2000)『平成12年度 商店街実態調査報告書』。

索　引

(あ)

愛顧独占　70
アフター・マーケティング　6
アメリカ・マーケティング協会（American Marketing Associeation:AMA）　3,23

(い)

委託販売制　108
一店一帳合制　107
一般品流通システム　158
イノベーション戦略　49
医療保険制度　185
インターナル・マーケティング　191
インターラクティブ・マーケティング　6
インフォームド・コンセント　195

(う)

ウェブ・マーケティング　168,169
上澄み吸収価格戦略　84

(え)

AAA　13
AMA　23,117
エクスターナル・マーケティング機能　193
エコツーリズム　206
SCM　92
NB　70
MR（Medical Representative）　130
エンゲル係数　172

(お)

オープン・テリトリー制　108
オープン価格制　92
オクセンフェルト（Alfred R. Oxenfeldt）　41,46,82

(か)

買回品　47,57
外交販売員　128
開放的チャネル戦略　103
改良型新製品　85
価格革命　92
価格カルテル　11
価格管理　77
価格志向の二極分化傾向　93
価格先導制ないしプライス・リーダーシップ　87
価格訴求型小売業者　88
価格訴求型大規模小売店　109
価格破壊・革命　109
価格破壊現象　92
価格ライン法　81
加工食品　171
寡占市場　139
学校マーケティング　218
割賦販売　13
カルテル価格　86
関係性マーケティング　6
観光　201
観光経営　212
観光圏　204
観光産業　208
観光マーケティング　210
観光立国　207
慣習価格法　81
管理　23
管理価格　45,76

(き)

機構的販売　120
技術革新　6

技術革新のマーケティング　14,58
規制緩和　92,109
機能的戦略提携　110
機能別マーケティング組織　28
規模の経済性　143
強圧的マーケティング　13
業界広告　123
狭義の販売管理　127
狭義の販売促進　118,131
業種・業態　220
競争価格法　82
競争重視型価格設定方式　79
競争戦略　38
近隣型商店街　216

（く）

クローズド・テリトリー制　108
グローバリゼーション　6

（け）

経営者的アプローチ　5
経済的効率性　225
景品付販売　134
系列店　166
原価加算方式　79

（こ）

高圧的マーケティング　14
高圧的マーケティング戦略　40
広域型商店街　217
公共政策　225
広告　118
広告効果　126
広告戦略　164
広告戦略　165
広告媒体ミックス　125
広告ミックス　39
拘束付製品戦略　102
高度情報化社会　113

購買意志決定プロセス　18
小売業　218
小売業態　222
小売中心地　215
小売マーケティング　217
交流文化　206
コーリィ（R. H. Colley）　124
コール（Jessie V. Coles）　69
コールドチェーン　172
顧客管理　219
顧客別マーケティング組織　30
国民医療費　185
コスト・プラス方式　79
コスト・リーダーシップ　39
コスト重視型価格設定方式　79
コトラー（P.Kotler）　5
コミュニケーション　118
コミュニティ・マート構想　225
混合経済体制　13
コンシューマリズム　5
Consumer is King　14

（さ）

サービス・マーケティング　191
再販売価格維持　87,107
再販売価格維持契約　88
再販売価格維持制度　158
再販購入活動　103
サプライチェーン・マネジメント　92
差別価格法　81
差別的マーケティング　42
差別的優位性　219
差別的優位性ないし競争優位性　39
産業広告　123
産業合理化　12
産業財　57

（し）

事業部制マーケティング組織　30

索　引　231

事業本部制度　　30	商店街組織　　218
市場価格　　76	商店街マーケティング　　217
市場構造　　78	消費財　　47,57
市場行動　　78	消費者行動　　18
市場細分化　　154	消費者中心主義　　14,40
市場細分化戦略　　40,60,146,147,164	消費者は王様　　14
市場浸透価格戦略　　85	消費者プレミアム　　134
市場占有率　　26	消費の個性化や多様化　　160
市場調査　　41,113	商標　　68
市場適応戦略　　38	商標忠誠度　　69
市場標的選択戦略　　42	商品化効用　　58
市場問題　　7	情報通信技術　　113
JIS　　71	情報流通　　110
資生堂　　158,161,162,163,165,167	ショー（Arch W. Shaw)　　16
実勢価格　　79	食品産業　　171
実勢価格法　　82	新製品開発　　48,65,154
資本の生産性　　9	新製品計画　　48
資本の有機的構成　　9,120	人的販売　　118,126,165
嶋口充輝　　50	診療報酬点数制度　　187
社会的品揃え物　　217	
社会的有効性　　225	**（す）**
集客戦略　　81,222	垂直的戦略提携　　109
集中的マーケティング　　42	垂直的流通チャネル・システム　　99
従来型マーケティング　　159,160	スチュアート（John B. Stewart)　　65
自由流通チャネル　　99	
趣味・余暇関連商品　　93	**（せ）**
需要重視型価格設定方式　　79	生活必需品　　93
需要戦略　　38	生産財　　47,57
需要創造　　11,44,117,219	生鮮食品　　171
需要の価格弾力性　　78,85	制度品流通システム　　158,159
商業系列化　　101	製販統合　　92,109
商業集積間競争　　224	製品アイテム　　59
商業組織　　97	製品開発　　145
商業存立根拠　　217	製品改良　　67
商業排除　　100	製品差別化　　11,77,145,154
上層吸収価格戦略　　84	製品差別化戦略　　43
商的流通　　110	製品周期　　61
商店街　　215	製品周期戦略　　40
商店街実態調査　　224	製品多様化　　60,145,154

製品の機能的陳腐化　68
製品の計画的陳腐化　58,67
製品の計画的陳腐化戦略　48
製品の材料的陳腐化　68
製品の心理的陳腐化　68
製品のライフサイクル　58,60
製品廃棄　67
製品分化　42
製品別マーケティング組織　28
製品ミックス　60,77
製品ライフサイクル　40,77
製品ライン　59
セールスマン　119
セールスマンシップ　12,127
世界遺産　202
世界大恐慌　13
説得的広告　12
全国産業復興法　13
専属的チャネル戦略　104
選択的チャネル戦略　103
専売制　149
専売店　148
専売店制　108
専門品　47,57
戦略的価格設定　83
戦略的マーケティング　6
戦略同盟　109

（そ）

総合ブランド戦略　70
創造的セールスマン　129
ソーシャル・マーケティング　5,217
外売販売員　128

（た）

耐久消費財　47
大衆消費社会　106
代替製品　83
抱合わせ製品戦略　102

多段階的価格設定方式　79
建値制　88
多品種少量生産　147

（ち）

地域観光　205
地域の価格差別戦略　10
地域ブランド　211
地域別マーケティング組織　29
チェーンストア　162,166
知覚　80
知覚価格法　80
地区型商店街　217
チャネル間の競争　161
チャネル戦略　166
チャレンジャー企業　49
直接販売　100

（つ）

通信販売　100
通販流通システム　159

（て）

低圧的マーケティング　14
低圧的マーケティング戦略　40
ディーラー　148,154
ディーラー・コンテスト　133
ディーラー・プロモーション　40
ディーラー・ヘルプス　40,105,129,130,133
低価格商品開発　92
データベース・マーケティング　6
テーラーの科学的管理法　12
テリトリー制　107
店舗立地戦略　220

（と）

統一ブランド戦略　70
統合市場戦略　38

統合的マーケティング計画　24
統制価格　76
独占価格　76
独占禁止法　86
特価品法　81
トップ・マネジメント　38
トラスト　9
取引流通　110

(な)

内外価格差　93,109
ナショナル・ブランド　70,178

(に)

二重戦略　180
ニッチャー企業　49
日本工業規格　71
日本再生戦略　209
日本商業学会用語定義委員会　117
荷役活動　111
入札価格法　82
ニューディール政策　13
NIRA　13

(ね)

年功序列型賃金　48

(の)

農業調整法　13

(は)

パートナーシップ　109
バイイング・パワー　76
配給組織　98
ハウス・ヴォーガン　133
橋本勲　65
端数価格法　81
パッケージ　71
パワー・マーケティング　6,109

ハワード（John A. Howard）　16,46
販売員管理　12,127
販売促進　117
販売促進ミックス　39
販売店　148,154
販売店援助　40,105
販売部隊　127

(ひ)

PB　70
PB 商品　92
非価格競争　8,44
標準小売価格　88
標準操業度　80
標的化　154
品目　59

(ふ)

フォード　12
フォードシステム　12
フォロワー企業　49
複数チャネル　150,152,154
複数チャネル戦略　150,151
プッシュ戦略　40,119,175
物的流通　110
物的流通過程　71
物流　110
プライス・リーダーシップ　82
プライベート・ブランド　70,93,178
フランチャイズ・システム　148,154
ブランド　41,68,162,164,167
ブランド・ロイヤルティ　69,176
ブランド選好　70
ブランド内競争　108
ブランド認知　69
プリ・セリング　41
ブルー・オーシャン戦略　155
プル戦略　40,119,175
フルライン戦略　146

プロダクト・アウト　14,40,146,153
プロモーション　167
プロモーション・ミックス　119,132
プロモーション戦略　164,165
文化遺産　202

(ほ)

包括的戦略提携　110
包装　71
包装活動　111
報知的広告　12
訪販品流通システム　159
訪問販売　100
訪問販売員　128
ホームショッピング　113
保管活動　111
POS(Point of Sales)　113
ポストモダン・マーケティング　6
ホスピタリティ　201
ホスピタリティ・マネジメント　201
ホリートレイ（J.J. Wheatley）　124

(ま)

マークアップ方法　80
マーケット・イン　14,40,147,153
マーケット・シェア　79
マーケット・ターゲット　82
マーケティング　99
マーケティング・チャネル　149
マーケティング・チャネル・システム　99
マーケティング・チャネル管理　104
マーケティング・チャネル戦略　101
マーケティング・マネジメント　17,23
マーケティング・ミックス　40,77,219
マーケティング・リサーチ　46
マーケティング意思決定システム　24
マーケティング監査　34
マーケティング計画　24,37

マーケティング収益性　33
マーケティング手段・技法　217
マーケティング戦術　15,25,37
マーケティング戦略　15,25,37,
マーケティング組織　24,77
マーケティング調査　113
マーケティング統制　24
マーケティングの理念　26
マーシャル（Alfred Marshall）　122
マーチャンダイジング　14,41
マーチャンダイジング・ユーティリティー　58
「街づくり」マーケティング　226
街並み・環境整備事業　220
マッカーシー（E.Jerome McCarthy）　16,46
マネジリアル・マーケティング　5,16,23

(み)

三浦信　46
店会制　108
ミックス・ブランド　70
ミッショナリー・セールスマン　129
ミドル・マネジメント　38

(む)

無差別的マーケティング　42
無駄排除運動　12

(め)

名声価格法　81
メーカー希望小売価格　88
目玉ないし「おとり」　81

(も)

モータリゼーション　144,146,224
モーダルシフト　139
目標利益率　79
最寄品　47,57

森下二次也　　　8

(ゆ)
輸送活動　　111

(よ)
4人媒体　　124
4P政策　　46

(ら)
ラベル　　71

(り)
リーダー企業ないしトップ企業　　49
リーダーシップ　　31
リゾート　　202
リベート戦略　　89
流通加工活動　　111
流通機構　　97

流通系列化　　101,106
流通経路　　97
流通チャネル　　97
量販店　　109
リレーションシップ・マーケティング　　6

(れ)
レイザー（W.Lazer）　　5
レジャー　　202

(ろ)
ローゼンベルグ（Larry J. Rosenberg）　　83

(わ)
割引戦略　　89
ワン・ストップ・ショッピング　　220
ワン・ツー・ワン・マーケティング　　6

執筆者紹介(執筆順。なお＊は編者)

岩永 忠康＊(いわなが ただやす)
 第1章～第7章,第13章執筆
 中村学園大学流通科学部特任教授・博士(商学)

柳 純(やなぎ じゅん)
 第8章執筆
 福岡女子短期大学ビジネス学科准教授・博士(学術)

垣本 嘉人(かきもと よしと)
 第9章執筆
 NPO九州総合研究所所員・博士(経済学)

菊池 一夫(きくち かずお)
 第10章執筆
 明治大学商学部教授・博士(商学)

松井 温文(まつい あつふみ)
 第11章執筆
 追手門学院大学経営学部講師

那須 幸雄(なす ゆきお)
 第12章執筆
 文教大学国際学部教授

編著者紹介

岩永 忠康（いわなが ただやす）
中村学園大学流通科学部特任教授・博士（商学）
佐賀大学名誉教授

（主要業績）

著　書　『マーケティング戦略論（増補改訂版）』五絃舎，2007年。
　　　　『現代日本の流通政策』創成社，2004年。
　　　　『現代マーケティング戦略の基礎理論』ナカニシヤ出版，1995年。
　　　　『現代流通の基礎』（監修・編著）五絃舎，2011年。
　　　　『流通国際化研究の現段階』（監修）同友館，2009年。
　　　　『流通と消費者』（編著）慶応義塾大学出版，2008年。
　　　　他多数。
訳　書　『流通システムの日独比較』（共訳）九州大学出版会，1986年。
　　　　『ジャパンズマーケット』（共訳）同文舘，1989年。

シリーズ現代の流通　第2巻
マーケティングの理論と実践

2012年10月10日　　第1刷発行

編著者：岩永 忠康
発行者：長谷 雅春
発行所：株式会社五絃舎
　　　　〒173-0025　東京都板橋区熊野町46-7-402
　　　　Tel & Fax：03-3957-5587
　　　　e-mail：h2-c-msa@db3.so-net.ne.jp
組　版：Office Five Strings
印　刷：モリモト印刷
ISBN978-4-86434-017-5
Printed In Japan　検印省略　ⓒ　2012